在时间的河流里

——温儒敏问学叙录

温儒敏 著

人民文学出版社

图书在版编目（CIP）数据

在时间的河流里 ：温儒敏问学叙录 / 温儒敏著 .
北京 ：人民文学出版社，2025． -- ISBN 978-7-02
-019516-9

Ⅰ．I267

中国国家版本馆 CIP 数据核字第 2025V4X792 号

责任编辑　陈建宾　周方舟
装帧设计　刘　静
责任印制　王重艺

出版发行　人民文学出版社
社　　址　北京市朝内大街166号
邮政编码　100705

印　　刷　三河市中晟雅豪印务有限公司
经　　销　全国新华书店等

字　　数　249千字
开　　本　880毫米×1230毫米　1/32
印　　张　14.625
版　　次　2025年8月北京第1版
印　　次　2025年8月第1次印刷

书　　号　978-7-02-019516-9
定　　价　68.00元

如有印装质量问题，请与本社图书销售中心调换。电话：010-59905336

前记

　　算来今年我八十虚岁了，想想，都有点吃惊，得感恩上苍。年迈体衰，早该搁笔了，却有出版社垂爱，要为我出一本自叙传之类的书。我犹豫，不过一介书生，自知斤两，有什么值得做"传"的？也有人鼓动说，在书生中，我算是有些经历的，写下来或许可以留存某些资料，甚至还可从中看到时代变迁的某些侧影。这样，我又手痒痒了，就不顾老眼昏花，用了两个多月来编写这本小书，亦作闲谈，聊表芹献而已。

　　这不是什么"自叙传"，而是几十年的问学与执教，留下的些许雪泥鸿爪。其中多是以前发表过的回忆性散文，还有部分论著的自序，以及一些访谈。也有部分是新写的，包括《父亲的药房》《那时中文系的那些事儿》《我的语文教育著述与主张》，等等。书分三辑。

　　第一辑是忆旧文字，包括对我的家世、亲友，求学、执教、著述的回忆，以及当北大出版社总编辑、北大中文系主任、语文统编教材总主编等职的经历记述。

第二辑是本人著作的序言等文字。迄今我出版的学术专著（部分合著）和编著有五十多种，这里选了十六篇序言或类似文字，约略呈现我几十年"问学"的轮廓。

第三辑是几篇媒体的访谈。大概因为编语文教材，弄得"名声"很大，时常处于风口浪尖，各种报刊和其他媒体有关我的采访、报道非常多，网上的议论也层出不穷，其中自然有褒扬过奖，亦有不少"拍砖"。这里只选取四篇，也带有"叙录"的意味的。

"温儒敏学术年表简编"作为附录。这个"年表"原是《温儒敏画传》的一部分，刊载于《名作欣赏》2019年第3期"别册"，收进本书时做了补充。

此前，我已经出版过散文随笔集《书香五院》《燕园困学记》和《师友感旧录》，本书有几篇选自三书，有"炒冷饭"之嫌，这是要请读者见谅的。

回想数十年来，真正能静心做点学问，主要是上世纪70年代末到90年代，也就十多年时间。所幸那时还不至于那么"卷"，束缚较少，也无AI的便利与困扰，凭着对学术的喜好和专注，写了几篇在当时还算"拿得出手"的文章。后来抱着以学术"淑世"的愿望，介入基础教育，主编中小学语文教材，推进教学改革，也尽力做了些实事，但也承受巨大压力，留下许多遗憾。我一直在读书、教书、写书、编书，没有什么嗜好、交游，忙碌到2024年，快八十岁了，才真正退休。时过境迁，许多当日的较真、失意或欣喜，现在看来，也都淡然了。

编写本书，回顾过往，非常感谢我的亲友、老师、同仁和学生，他们的助益我都记在心里。还要谢谢内子王文英。前年，我们迎来了金婚，写了一首诗送她。现转录于此，但愿不被当作是"撒狗粮"吧，也是她促使我有那么一份心情编完此书：

"忆昔安展识得君，海棠初绽戏东风。青梅无猜撒花雨，人前有意递饭盆。雾锁五台重倚望，云开韶关依稀梦。相濡以沫五十载，再圆花烛钻石婚。"

遥想两千多年前，孔老夫子站在河岸边，看着滔滔不息的流水，感叹"逝者如斯夫"。时光其除，岁云秋矣，编成此书，也是对似水流年的一种怀想吧，于是便取用了《在时间的河流里》这有点朦胧的书名。

2025 年 5 月 8 日于碣石园

目 录

1

辑二

辑三

附录

辑 一

我的阿嬖

"阿嬖"（"嬖"读 mí）是我对母亲的称呼，如同叫"妈妈"。后来才知道这是古音，有些客家人保留了这种古代的称谓。我从小就这样称呼妈妈，有些特别，反而觉得亲切。遗憾的是阿嬖离开我们十三年了，我已经有十三年没有当面喊过"阿嬖"了。每年回广东老家给父母扫墓，兄弟姐妹、亲戚友朋几十口人，到了墓前拔草、祭奠、放鞭炮，每次都是那样"热闹"一番就过去了。我就想，若有机会能安静一点，让我一人在墓前坐坐，喊几声"阿嬖"，和母亲说说话，该多好呀。

今年，我特意选择一段平常的日子，与妻子回老家扫墓。到墓地的人少，祭扫完毕，和妻子及陪同的亲戚说，请你们先去别处等我，让我单独和阿嬖说说话。这才有了和我的阿嬖独处、可以痛快地喊声"阿嬖"的机会。

二十年前，阿嬖随我姐姐住广州，后又跟妹妹居深圳，年迈多病，心里肯定很盼我去看看她，但从来没有明说过。我老是工作呀，事业呀，一两年才去探望一次。阿嬖患青光眼，视力极差，模模糊

3

糊见到儿子，满脸皱纹松弛下来，绽放出笑容。她最欢喜的事情便是给儿女讲圣经故事，我从小就听过无数遍，也许她不记得，或者是陶醉于这种讲述，还是要不厌其烦地讲。我乖乖地倾听，有时装作对某些情节特别有兴趣，要她复述，她就兴致特别高，耶和华呀，摩西呀，所罗门呀，连声调都颇有些抑扬顿挫。这可能是她最快乐的时分吧。

但我每次回去探望也就住三五天，还有许多应酬，便要匆匆回北京了。她便有些焦虑，尽管不舍，还总是说，工作要紧，看看就赶紧回吧。现在回想，为何不能多陪老人几天，真的就那么忙，一年到头就很难多挤些时间和阿嬰说说话吗？而现在只能在墓地里和阿嬰说话了，真是后悔呀。

阿嬰名黄恩灵，1917 年生于广东紫金一个基督教家庭。我外祖父是牧师，毕生传教，乐善好施，在当地有很高的威望。牧师享年八十五岁，去世时正值"文革"爆发前夕，未曾受到冲击，甚至还有很多人披麻戴孝去参加葬礼，这也堪称传奇。阿嬰幼时颇受父母宠爱，上过教会学校，读到初中毕业。在二三十年代，女孩子读书是非常奢侈的事。十九岁，她由父母做主嫁给我父亲温鹏飞（望生）。父亲出身贫寒，虽然我祖父是"崇真会教士"，也以传教为业，但"级别"比牧师低，家里穷。父亲上过高中和英文学校，十六七岁就离家外出打工，在香港东华东院当学徒，多年苦练掌握了一些医术。二十六七岁到紫金龙窝镇开设西医诊所，是当地最早的西医

　　◎　全家福（1964 年）

之一。阿嬛嫁给父亲是不太情愿的，据说新婚不到一个星期就写信回娘家诉苦，毕竟大家闺秀，一时适应不了比较苦的生活。又因为父亲不是虔诚的基督徒，彼此感情始终不是很好，但也就这样互相扶持，过了一辈子，生下九个孩子（有两个夭折了）。作为子女评论父母的婚姻是有点难堪也不客观的，但我小时就感受到家里有不和谐的气氛。尽管如此，父母都很爱我们，他们很辛苦地把我们兄弟姐妹七人全都养育成人。

阿嬛有"男女平等"的想法，性格倔强，总希望能相对独立，有一份自己的工作。50年代土改时，她独自一人带着我的两个姐姐回去乡下，分了田地，盖起房屋。一个女人家，多不容易！后来公私合营，父亲的诊所被合并到国营的卫生院，父亲当了卫生院的医生。阿嬛说我连拉丁文都认识，看得懂药方，也要求去卫生院"工作"。那时有个"工作"似乎是很体面的事情。阿嬛果真当了大半年的药剂师，每天上班穿着白大褂给病人拿药。那是她最舒坦的日子，后来常常要提起的。

可惜很快就赶上各种运动，阿嬛重又回家当家庭妇女。此后几十年，经历了"大跃进"、三年困难时期、"文革"动乱，一家生活过得非常艰难。五六十年代，父亲的工资每月八十元，当时可谓高薪。可是家里人口多，七个孩子都要上学，花销很大，总是寅吃卯粮，入不敷出。阿嬛要靠为人家织毛线衣来补贴家用。一件毛衣织七八天，也就得八九元工钱。她总是在昏暗的油灯下织呀织，把眼

5

睛都熬坏了，后来得了青光眼。

"文革"前后，父亲先是下放到乡下，降格为"赤脚医生"，后又到一个制作氮肥的工厂当厂医。他到七十多岁才退休，长年累月在外，很多时候都不能和阿嫈在一起。孩子们陆续都成家了，像我早就远走高飞，到遥远的北京上学了，阿嫈经常一个人守着小镇上的店家，后来又独自回去乡下的老家，过"空巢"生活。那时她六十多岁了，还得自己烧柴打水。我们也不时会寄点钱给她，她连一盏灯都舍不得点，孩子们寄来的生活费，绝大部分都捐献给了当地的教会。据教会人士说，阿嫈的奉献是全县第一多。其实当时我们也知道她总是省吃俭用在做捐献，但只能随她，这是精神依托。

兄弟姐妹都想接阿嫈到城市住，七个子女的家她都住过，但终究还是想住自己的老屋。有一年回去她和我说，老了，还和"徙兜猫"（客家话，意思是居无定所的猫）一样！有些伤感。阿嫈何尝不想和孩子在一块，可是住个三月五月，她又要回乡下。阿嫈希望一个人独立清净，更怕"拖累"孩子，她总是为孩子着想。一直到八十岁上下，实在走不动了，才不得不到广州、深圳等地，由我的姐妹来照顾她。她最后就终老在深圳——对她来说总是喧嚣而又陌生的城市。

80年代初和90年代初，我也曾经接她老人家到北京来过，那是母子团聚的欢乐时光。上街时，我想搀扶她，她会突然甩开我，表示还不至于老成那样呢。我们陪她游北京动物园,她有些返老还童,最喜欢看老虎、狮子和大象,扒着围栏老半天不愿离开。那时我在中南海的业余大学兼课,想办法找来参观券,陪她参观过毛主席的菊香书屋。我们还游览过颐和园与故宫。每当她看到自己认为有趣的东西,就会像孩子一样惊呼"果绝呀!"(这是客家话中骂人的话,常在惊叹无语时使用)。这时,我是多么惬意。

可是阿嫲两次来京,都只住了个把月,就着急要回广东。她眼睛不好,希望住亮堂的地方,而我当时的寓所在未名湖北畔,老旧的四合院,树荫和竹影太浓,她觉得暗,住不惯。现在想来,阿嫲的不惯,也因为我当儿子的照顾不周。比如,有什么我们觉得好吃又有营养的东西,总希望阿嫲能多吃点,若老人不吃,就跟她急,不会从老人角度想想,为何不吃。我对自己的孩子有耐心,但对老人就不见得,当初若有对孩子耐心的三分之一去侍奉阿嫲,也许再"不习惯",她也乐于在北方多住些时日吧。

现在,我能做什么?只能一两年找个机会,独自上山坐在阿嫲的墓前,和她说说话,"逗"她喜欢。

墓前待久了,有时仿佛又能看到阿嫲正静静地坐在椅子上,拿着放大镜费劲地读《圣经》。阳光透过窗户流泻在阿嫲佝偻的身上,如同一幅迷离的油画。

2016 年 1 月

父亲的药房

　　书房里有一张翻拍的我父亲的旧照片，大概是上世纪20年代照的，目光柔和自在，西装领带，小分头，双手交叠侧坐，一个三十岁上下的"小帅哥"。当我仰头与照片中的父亲对视，总会想起那间小小的医疗诊所——"鹏飞药房"。1935年前后，我还没有出生，这间药房就在粤东紫金一个叫"龙窝圩"的小镇上开张了，一直到1954年公私合营，药房停业，前后二十年。"龙窝圩"的"圩"，是客家话，就是赶集的地方。龙窝是贫穷的山区，以种植水稻、油茶、茶叶等农作物为主，每隔几天有"圩日"，方圆几十里的农民就肩挑手提自产的物品来"赴圩"，摆摊出售，再换些日用品回去。龙窝圩不大，只有四条不足百米的小街，联结为"口"字形。窄窄的街道铺满鹅卵石，雨后的阳光下黑亮黑亮的。龙窝圩统共不过八九十间简陋的店铺，有杂货店、裁缝店、咸鱼摊、凉粉摊、午伙饭店、铁匠铺、银饰店、理发馆、镶牙所，等等，还有两间小教堂和一座破庙。"鹏飞药房"就挤在这些歪歪斜斜互相倚靠的店铺丛中。

　　药房的门面小，约宽五六米，高十来米，三层楼，瓦顶，木料楼棚，"红毛泥"（水泥）地面，还有几个百叶窗、一个木栏杆小阳台和一个天棚。这在当年算是挺"洋气"的罢。

　　店铺前厅是药房，后头做厨房，二三楼住人。进门右侧是一长条玻璃柜台，靠墙一排药柜，摆满各种盒装的西药和自制的丸散膏丹之类。左墙上有一罗马字挂钟，贴着一张"人体解剖图"和一张"药物配伍禁忌表"。最显眼的是那条厚木长凳，敦敦实实，油光锃亮的。每到"圩日"，长凳上总坐着有病没病的农民，抽烟聊天，喧闹得很。

　　药房除了问诊卖药，还类似现在的茶室或咖啡馆，担负着"赴圩"村民歇脚与信息交流的功能。在药房出入和歇脚的，多是贫穷而又有疾苦的人。在我刚能记事时，就见有一位钟姓的老伯，六七十岁了，双腿患"无名肿毒"，行走一瘸一拐，可是每逢"圩日"，还是肩挑沉重的牛轭来赴圩。牛轭就随意摆在药房门口的台阶上，无人问津，等一整天也卖不出一个。父亲可怜他，常给他一些"拔毒生肌"膏涂抹肿毒。还有一位叫"阿谬"的半盲的人，光棍，在破庙里留宿，饱一顿饥一顿的。父亲就让他帮家里每天挑几桶水，顺便也就接济一下他的生计。

　　这类悲苦琐碎的往事很多，几十年后还记得。我们的家境相对较好，但终究也穷，而成天与许多更穷的农民接触，他们的苦难和艰辛，在我幼小的心里刻下深深的印记。

　　虽然我在"鹏飞药房"住过十余年，但当时年纪小，不太在乎药房的来历。后来年长了，爱想些旧事，才有意去打听药房和父辈的琐闻。

我老家不在龙窝，在离龙窝八十里路的另一乡镇中坝。我是中坝出生，然后在龙窝长大的。祖父温福先去世早，我自然没有和他老人家亲近过。据老辈人说，祖父是三世单传的独子，当过崇真会的"宣教士"，家境贫寒。祖父母生有三子三女。我父亲最小，叫温望生。可能嫌这名字太"低调"，自己改名为"温鹏飞"。这是有些叛逆的。但他没有一举冲天，在那战乱频仍的岁月里，只能步步维艰地打拼谋生。因为家里供不起，父亲没有读完中学就辍学了，跟他姐姐过，帮忙看顾孩子。十六七岁只身跑去香港，在铜锣湾一家叫东华东院的医院打工。父亲极勤快聪明，一边做工，一边细心观察揣摩，学医疗知识和拉丁文（旧时开西药方都要用拉丁文），后来居然成为一名医生。

1935年前后，父亲二十六七岁，回到紫金，就在龙窝圩开设那间"鹏飞药房"。那时一般县乡都还没有医院，农民病了，没有住院的，就求神拜佛，叫魂消灾，在家里硬扛。实在扛不住，才请郎中把脉开方，喝点中药。而父亲开这间西药房，还是稀罕事，当时的乡下人对西医还有些半信半疑。父亲自学成才，边学边干，什么《解剖学》《内科学》《药理学》都是自修的，也不分什么内科、外科、儿科、妇科，碰到来求医的，总要想办法，几乎就是个全科医生。医学还是要靠临床经验。父亲在日积月累中摸爬滚打，医术还不错，也可能因为一般农民很少用过西药，往往用一点药就立竿见效，"鹏飞药房"很快就出了名。

父亲性格柔弱而谦和，他讲医德，开药房固然要赚钱谋生，更看重的，是救死扶伤，积德行善。我至今记得药房柜台上写着"童叟无欺"几个大字，遇到有些病人实在付不起药费，也就免了。药品主要是从邻近比较发达的小城如兴宁、河源等地批发购进。当时还没有公路，靠挑夫走百十里路买来，有时就遭匪徒剪径抢劫，血本无归。除了坐店问诊，父亲经常要骑着马走村串巷去看病，深更半夜出诊也是常事。农民很朴实，父亲给他们治好病，总是千恩万谢，送些腊肉、阉鸡、青蒜之类为礼。有些得到救治的孩子，还拜认我父亲为"义父"。这是父亲很得意的事。我不止一次听他说过一件"传奇"：某年大年初一，一大早，龙窝圩就闹腾开了，不是开门见喜的热闹，是开门"见粪"的"闹"，多数店铺昨晚都被人泼了粪，唯独"鹏飞药房"等几家幸免于难。大概也是因医德服人吧。

与人的命运难测一样，药房也随着翻滚的时代浪潮而沉浮。1954年公私合营指令下来，一两天药房就腾空了，药柜和瓶瓶罐罐全都搬去了新组建的国营门诊部。桌椅板凳还留下，空落落的墙上张贴上"社会主义好""发展生产""爱国卫生运动"等宣传画。"鹏飞药房"停业了，但每逢"圩日"，许多农民还是会来这里歇歇脚。

　　上世纪 30 年代到 70 年代，"鹏飞药房"一直是我们的家。我从小就在龙窝生活，先后在龙窝小学和龙窝中学（初中）上学。我的童年和少年都是在这间药房里度过的。记忆中，我们兄弟姊妹几个，加上表兄、表姐，经常在楼上和天棚游戏玩耍，简直就是个儿童乐园。

　　其实，那时的生活条件很艰苦。没有自来水，每天要从圩镇外边的水井打水；没有电灯和电器，用煤油灯照明；盼着过年有新衣服穿，而粗布染成的"圩街乌"新衣，能把身子都染得蓝蓝的；玩具也就那么三五种，纸糊的风筝呀，用钩子推着走的铁圈呀，都是父亲给我们制作的；没有卫生间，要到外边的厕所方便。厕所很多，都是附近农民随意用几块木板搭建的，四面透风，男女不分，用小竹片当手纸用。那时种田没有化肥，农民搭建厕所是为了收集粪便，沤作肥料。我想，如果是今天，这样的日子会挺难熬的，可那时都这样，不攀比，很简朴，孩子们也没有什么考试升学的压力，一年一年自由自在地长大，等待命运的安排。

　　我上小学一年级时，还不到七岁，班上同学年龄大小不一，记得最大的是一个十八岁的女孩，不到三四年级，她就退学嫁人了。那时上学都要自带粮食柴火，家里实在困难，许多同学不到毕业就辍学了。有时会有诸如地质队、建设兵团等单位来招工，晚上大喇叭一响，有些同学就跟着去了……

　　写到此，不由得想起作家萧红在香港患病时，回忆故乡写下的那些话，大意是：园子里的倭瓜、黄瓜自由生长，愿意开一朵花，就开一朵花，愿意结一个瓜，就结一个瓜，若不愿意，或不能够，一朵花也不开，一个瓜也不结，也自然，不是什么大事。我记忆中的药房的童年是如此美好，也确实有不可重复的美，但细想，这又不过是被成年的无奈所"过滤"了的罢。

父亲很辛苦。他和母亲生下我们兄弟姊妹七人，要养育成人，一年一年，挺过九九八十一难，多不容易！那只能是"放养"，而不同于现在的"盯养"。有时我琢磨，如今举全家之力，养一个孩子都很叫苦连天，以前祖祖辈辈当父母的是怎么过来的？只能说，环境迥异，"标准"不同，一代有一代的难处。

1954年公私合营后，父亲转为国营卫生院的主治医生，每月工资八十元，当时算是高薪。可是家里人多，日子还是非常紧张的。特别是三年困难时期，大家都挨饿，孩子们在长身体，还要上学，可想父母多么为难。记得我在县城上高中，实在饿得不行。有一回父亲到县里开会，分到一碗羊肉汤，还特地跑两三里路叫我去吃。那真是毕生难忘的美餐！

生活虽然艰辛，父亲总是那样乐观，起码在孩子们面前，没听他叫过苦。他没有什么嗜好，碰到烦闷事，和三两好友聊聊天，喝杯"五加皮"，吃几粒花生，也就打发过去了。对孩子，父亲总是慈爱的。家里墙上也挂有一根竹鞭"家法"，我有时顽皮犯错，顶多伸出手掌被轻轻打几下，算是小小的惩罚。对孩子的读书，父亲却是格外重视的，无论生活负担多么重，也没有耽误过孩子上学。父亲能写一手好字，我五六岁还没有开蒙，他就让我"填红"练字，写"上大人，孔乙己，化三千，七十二"之类。父母都有好奇心，喜欢给孩子们讲故事，我后来"追认"，这就是最初的文学教育吧。我还特别想听"鬼故事"，听完又害怕，怕得要蒙着被子才敢睡觉。

父亲历经许多磨难，也经过很多"运动"，但都有惊无险，实在不容易。记得刚建国时，父亲是乐观的，他用一张大纸抄录《歌唱祖国》的曲谱贴在墙上，教我们唱歌。到1958年"大跃进"，看到报纸上说"亩产稻谷十万斤"，父亲不屑，说如果把一亩田的四围砌上墙，再把十万斤稻谷倒进去，会堆多高？这些话我也只在家里听他小声说过，若在大庭广众中议论，可能会招来横祸。

父亲被定的"成分"是"自由职业"，可是"文革"来临，已经五十多六十岁的他，还是被"下放"到农村当"赤脚医生"。父亲毫无怨言，还是那样尽职，为农民治病送医，与村民相处极好。看到当地农民喝浑浊的河水，父亲就为村民打了一口井，让大家喝上洁净水。

后来，父亲又被指派到一间氮肥厂当厂医。那时他已七十多岁，在工厂独自生活，有时还要帮忙照顾外孙女，每天要蹲在地上用煤油炉做饭。我回去看望在氮肥厂的父亲，隐约感到，原来性格慈祥乐观的他，变得有些忧郁了。

14

与姐妹亲属在老家紫金龙窝镇，背景是小时候住过的店铺（2009 年）

70年代"兵荒马乱",父亲的药房不得已以低价"出让"给人,全家老小便离开龙窝圩,各自到别处去讨生活。记得八九年前,我曾回过龙窝。小圩镇已扩容几倍,建起很多新屋,几乎都是水泥平顶的二三层楼房,大同小异,横七竖八簇拥在一块。汽车摩托车肆无忌惮的喇叭声,带来点点活气。圩镇的老街倒还在,已被包围在新扩展的屋宇群落之中,愈发显得寂清。我努力循着记忆去寻旧,却完全不见原来的模样和气息了。

找到我们旧家药房的所在,旧址上已重建起小楼,还是三层的格局,只是改为杂货铺了。我凑前去和新户主搭讪,告诉他我是多年前的住户。他略显惊讶,似乎在遥想历史,说也曾"听说"过"鹏飞药房",但店铺早已经转手几次。新户主很客气,邀我上楼看看。想当年,每天上上下下要走多少遍的那个厚木楼梯,哪里有个凹凸都了然于心的,现在已被闪亮的铝合金扶手梯取代。我犹疑一会儿,再没有兴致上楼"参观"。于是便移步到店铺外边,伫立,仰望,尽量"还原"药房的原样,有些恍惚迷离:这就是我常常梦见的老家?小时候感觉挺宽敞的"乐园",原来如此狭逼?心头不禁涌起一阵悲凉。

我们兄弟姊妹都是在"鹏飞药房"长大的。后来我们都到外地工作、成家,大部分精力都放在了事业和孩子身上,也就是逢年过节看望一下父母。这时父母也老了,龙窝的药房回不去了,只好又回到暌违几十年的中坝乡下老家去住。老两口自己挑水、买菜、煮饭,过极为简单而孤寂的晚年。直到八十岁上下，身体有病，生活再难自理，才不得不拎起包袱轮流住到广州、深圳和紫金的子女家里。

现在我也老了，最后悔的是，当年"鹏飞药房"被"出让"了，我们家的"大本营"没有了。也曾想凑点钱为父母买套住房，免得老人居无定所。但事情没有抓紧做，就应了那句话，"子欲养而亲不待"了。

2025 年 3 月 26 日

客家乡音中坝情

我十五岁离家去县城上高中，十八岁到北京读大学，毕业后分配到韶关工作，后来考取北大研究生，留校当老师。之后几十年都住在北京，隔一两年才回去一次老家，看望父母，又匆匆离去。平时总说工作忙，以为"事业为重"，虽也常思念亲人，其实"家乡观念"日渐淡薄了。岁月流逝，到了深以为憾之时，父母不在，自己也都老了，所谓"思乡的蛊惑"反而渐渐多了起来。

前几年有热心的宗亲发起为先祖修祠堂陵墓，我颇为心动，努力赞助，而且越来越想弄清楚"我从哪里来"，也就是"寻根"。现今城市里出生长大的人，几乎没有什么家乡观念，也不知道祖父以上都有些什么人什么经历，对所谓"籍贯"很陌生，也无所谓"出生地"，要说有，大家都是某某妇产医院而已。这样毫无牵挂，也是一种潇洒，挺好的。但我还是老习惯，多少有些念旧。于是便收集资料，考证爬梳，想清理出一份简单的家谱。我本非什么名人，无须写"我的家世"之类，现在眼睛不好，却反而有些写的欲望，无非为了满足前面说的"蛊惑"，自然也有饮水思源的意思。

先说说我的先祖和家世。

温氏是个小姓，在百家姓中排行三百八十多位，据说是颛顼高阳氏的后裔，大概公元前 3790 年（距今 5800 多年），颛顼在兖州（今山东济宁）即位称帝。不过这都是传说，至今未能找到确实的史料证实。关于温姓起源，还有三四种说法，比较流行的说法是，系周代国君周成王的弟弟唐叔虞之后，唐叔虞的后代受封于温国（诸侯小国，今河南温县），赐姓为温。温氏族谱上记载最多的就是这种说法。但这个说法的证据同样不充分，也可能是攀附名流所致。

几年前终于发现了另一说的证据，就是在河南济源出土的两个唐代石碑，一是"温府君神道碑"，另一是"左补阙温先生墓志铭"，非常详细地记述了温氏的起源和传承世系。2008 年，就这两个碑的发现，有关专家在江西专门召开一次研讨会，讨论温氏源流。原来温氏起源于将近四千年前的夏代中后期，当时有一个叫"平"的人，辅佐夏王朝平定了有穷氏的叛乱，因功被夏王朝封于一个有温泉的地方（河南温县），遂而姓温，天下从此始有温姓。到了周朝初年，温平第二十六代温义（音 yì），任司马，别封于祁（古属太原），后来他的子孙便在山西太原一带繁衍。常说"太原堂温氏"，就是这一支，也是比较繁盛的一支。

其实不只是温氏，很多客家人都可以追溯到"太原堂"，所谓"大榕树"之类。现在太原还有"太原堂"，多年前我前去拜谒过。再说太原温氏又过了约十九代，到晋代以后，因为躲避战乱，或者因为担负官职，部分后裔辗转迁徙到浙江杭州一带居住。所谓客家人，其中就有南迁的温氏后裔。但也有部分后裔一直留在北方。如温家宝总理，他的祖先就在天津一带，不是客家人。迄今全国温姓人口大约两百多万，是个小姓。这是温氏历史基本情况。

温氏出过许多大人物，如东晋名将温峤，初唐宰相（相当于总理）温彦博、礼部尚书（相当于中宣部部长）温彦弘。温氏的祠堂常见有对联写"三彦家声远，九龙世泽长"，其"三彦"就指温彦博、温彦弘和温彦将三兄弟。据说唐朝皇帝李世民曾声言，大唐李家天下，全凭温家将相辅助。不过，我更仰慕的还有晚唐诗人温庭筠，和李商隐齐名，是花间词派代表，在族谱上是可以查到"直系"的关联的。

而紫金中坝良庄温氏这一支，和我关系更密切。先祖很可能是先从中原到江西，担任县令一类官，然后就在南方居住繁衍。但这并没有确实的史料，只是各种相关的族谱上有所"追记"，也可能互相传抄。参考集中族谱上的记载，追溯中坝温氏先祖的迁徙线路，先后为江西石城，福建上杭，广东梅县、兴宁和紫金。

可以确定的是，中坝温氏这一支，是在明万历年间（1576），思敬公（温承礼）从兴宁西厢鲤子塘，迁徙到永安（紫金）上正约杨庄甲（后改为良庄）。他就是中坝良庄开基一世祖。我们不会忘记祖婆曾妙一娘，她生七子，第三子温有谟，即二世祖有谟公，任过九品官。又经八代繁衍，到了我父亲那一代，是第十一世。我父亲在族谱上的名字是谦崇公（又名望生，改名鹏飞），先妣黄恩灵，生二子六女，儒君、儒慧、儒纯、儒敏、儒美、儒妙、儒清、儒端。这样算来，我就属于中坝温氏第十二世，也就是先祖到紫金中坝开基之后的第十二代了。

接下来，说说我的出生地。

丙戌年（1946）正月十六日，我生于广东省紫金县中坝镇乐平村石头塘。这些都是现今的行政地域名，我出生时还不叫"镇"，具体叫什么记不得了，"石头塘"也只是个小地名。但中坝却是有些"名堂"的。据著名学者罗香林考证，孙中山入粤的始祖孙友松开基地就在中坝"孙屋排"，离我家所在的良庄乐平石头塘不到二里路。那里现在建起了一座古色古香的孙中山祖籍纪念馆。不过乡亲并不因此而格外自豪，因为中山先生的"始祖"离今太遥远，何况后来他们也就迁到东莞、中山去了。

良庄乐平村是一个依着小山坡立脚的村落，也就几十户人家。因属丘陵地带，土地贫瘠，没有什么土特产，农民也就耕种面积窄小的一块块稻田，日子历来并不宽裕。几年前回去，看到我的故乡田地荒芜、杂草丛生，已经很萧条。房屋倒是新盖了许多，可是人丁稀少、冷冷清清，住家的大都是老人。青壮年多数都外出打工了，一年半载回来几次探亲，如同客人了。山坡上有一间小学，我的两位家姐小时候曾在那里上过学，鼎盛时据说有二三百学生，现在却只剩下百十来个，也快关门了。农民的生活比起我们祖辈那时，确实好得多，吃的穿的都不发愁，汽车来回跑，但故乡总觉得缺少活气。

记忆中的中坝老家，人气还是比较旺的。祖传下来的老屋，是客家泥墙瓦顶的排屋，据说原是中坝温氏七世祖温声远建的。排屋中间是个厅堂，前厅有天井，后厅正墙前摆放祖宗牌位，也是宗亲议事的地方；两厢是住家的平房和灶间；排屋门口有一口池塘，其间凸起一大石，也就是"石头塘"地名的来由。近二三十年，亲属纷纷搬出去另建新房，老屋无人居住，就坍塌了。

1952 年，母亲回老家"分田"，就在原老屋地基上建起一座二层小楼，上下四间，也是瓦顶泥墙。父母过世，我们兄弟姊妹都在外地工作安家，老屋平时并没有人住。2018 年，我们兄弟姊妹七家几十口人回去扫墓，在旧屋聚会，回忆父辈哺育我们的艰难，叙说间大家颇为动情，我还是头一回看到七十多岁的大哥在抹泪。

旧屋二层向南有一围着木栏杆的小阳台，每次回去，我都会站在阳台上瞭望前面大片的稻田，深深呼吸老家清新的空气，心里舒畅，又有点感伤。

我出生时还没有这个瓦屋，只有一间先祖留下的破旧的平房，是分给父亲的。父亲在本县龙窝圩镇开药店行医，平时很少回中坝，我们那间老屋就成了亲戚堆放柴草的灶间。1946 年正月，天还很冷，为了躲避所谓要剿灭龙窝的"侦缉队"，母亲挺着大肚子由轿夫抬着，赶八十里路回到中坝，当晚就在那个杂乱黑暗的灶间生下了我。

可能因为紧张劳累，母亲没有奶水，我喝的第一口奶是一个农妇赐予的。多年后，我读艾青的《大堰河——我的保姆》，其中写乳母如何用乳汁喂养孩子，特别感动。可惜我至今不知道喂我第一口奶的乳母的名字，也未能写一首赞美诗呈现给她的灵魂！

中坝镇良庄乡乐平村只是我的家乡与出生地，我在那里住过的时日很少。我的童年和少年是在龙窝圩镇度过的。这在《父亲的药房》里已经叙说过了。

为响应"美丽乡村"号召，前年有乡贤黄煜祯发起，在中坝建立一个小公园，供村民和游客休憩游玩。公园设有一亭子，邀我撰写了《红亭赋》。现转录如下，以表达我的"客家乡音中坝情"，也作为本文的结语吧：

中坝红亭赋

紫金中坝，客家镇乡，

鹿嶂为屏，三河汇江。

天工造设，盆地若船，

田园佳美，地蕴宝矿。

念我先祖兮，中原发祥，

秦腔汉韵，华夏儿郎。

躲避战乱，迁徙南向，

筚路褴褛，开基此方。

垦拓种植，饱经风霜，

耕读传家，民风淳良。

更有逸仙高祖，入粤中坝，

革命血脉，无尚荣光。

先烈志士，情怀激扬，

为国为民，血沃邦壤。

解放建设，改革开放，

斗转星移，物阜民康。

沧桑回顾兮，感慨万端。

适逢癸卯之秋，

有煜祯钢坚诸乡贤倡议，

建一亭园，美化村乡。

亦为慎终追远，懿德显彰，

昭穆明礼，俎豆荐香。

纪念前驱，厥伟丰功，

文化传承，精神辉煌。

党政支持，贤达共襄，

群起弼资，慷慨解囊，

勠力半载，红亭落成，

猗兮美哉兮，寄表衷肠。

观乎亭园胜景，

傍山临溪，飞檐揽云，

松茂竹苞，惠风和畅。

更有湿地蒸霞，

沁人肺腑，氤氲吉祥。

可供乡邻休闲，

亦宜游览观赏。

此其乐者，

好一派乡土风光。

若夫登亭揽胜，

可观丘陵逶迤怀抱，

三溪翕拢，栏坝横垣，

呈龙腾收放之势，

地坤气旺，风物宜长。

凭栏远眺，

烟树含曦，草绿稻黄，

阡陌交错，屋舍池塘。

间有客语相闻，

现代与古朴交融之境，

岂不令人神怡心旷。

噫兮!

亭园既立,功德无量。

愿我中坝,世代隆昌!

2023 年初冬

星花碎影少年时

    1951 到 1961 年，我在粤东山区的紫金县龙窝镇读小学和初中。那时无所谓考"重点"，没有很多作业，没听说过什么辅导班，上课也不紧张，课后有的是玩的时间，几乎等于"放养"。家长虽然也叮嘱好好学习，可是我很调皮，不怎么受管束。有些顽劣的琐事还是隐约记得的。上一年级，还是二年级时，某一个夏日中午，很热，我正在学校院子里疯玩呢，吵了老师的午觉。老师大吼一声，用粉笔在地上画个圈，令我站立其中，硬是顶着太阳老老实实晒了一中午。如果是现在,这个老师可能会被家长投诉,甚至要"下课"了吧？我也不恨这位老师，谁叫我吵他睡觉呢？我们的师生关系一如既往，我还是贪玩，收不住心，老师还是批评责备，我们都习以为常。

    可是读到三年级，就犯上"大事"了。也是一个中午，我在圩镇上观看耍把戏的，正入神呢，突然想到下午要考试，是期末考，撒腿就往学校跑。那也来不及了。按规定这就要留级。家长只好去说情，老师也好说话，说我虽顽皮，也不笨，就还是让升级吧。到小学毕业，我的成绩还是不好，又因为患病，还休学了一年。好在

◎ 小学毕业照（1957 年）

那时没有什么"小升初"的竞争，一年过去，我接着读初中。

我的童年有些任性，成绩不好，却自由而快乐，个性得到发展。也有老师喜欢我的。记得有位姓黄的小学语文老师，上课不刻板，总是匀出时间讲故事、读小说。这倒引发了我的好奇心和兴趣。课后就自己找书来读，什么《西游记》《隋唐演义》《封神榜》《三侠五义》《薛仁贵征东》等等，都似懂非懂读过了。那时我哥哥读高中，他的语文课本不叫"语文"，就叫"文学"，选有古今中外的各种经典作品。他刚刚领到新课本，还没有包书皮呢，我就"抢"过来，几乎一口气读完了。那时我还只是四年级小学生呀。我的阅读爱好与读书习惯，就是在小学的课外阅读中很自然养成的。可惜，为我阅读"开蒙"的那位黄老师，后来被打成了"右派"。我也不懂什么是"右派"，就是纳闷，觉得这成人世界有些事情就是不公平。

回想当初，我的贪玩也是天性，是好奇心。那时向往苏联的"共产主义"，大人都说那是极好的生活，"楼上楼下，电灯电话"。我还没有见过电话（大概乡政府是有的），就依照自己想象制作一部吧。于是我在家里从一楼到三楼，钉上几十枚钉子，用我母亲缝衣服用的轴线缠绕连上，当作电线；然后在"电线"两头用纸筒做成"电话机"。这当然只是孩子的玩耍，忙活半天，却也"实现"了美好的愿想。

还有一回，我琢磨为何小座钟会滴答滴答不停地"走动"，就把座钟的零件拆了。还是没弄明白座钟"走动"的缘故，却又装不回去钟的原样，坏了。记得我还想拥有一台收音机，当然没钱买，就请一位"行家"教我装个矿石收音机。这回"成功"了，可惜只能收到吱吱哇哇的电波杂音。想着这电波说不定还是从北京发来的，也就满足了。

回头看，孩子的贪玩可能关联着其好奇心和想象力，其实挺宝贵的。可惜当年我没有条件得到适当的引导，当然也庆幸，因为是"放养"，我的好奇心没有被扼杀。一直到老年了，我还喜欢看《三体》之类的科幻作品，喜欢读点天文学，喜欢听那不太能弄懂的"量子纠缠"之类讲座，可能与我小时候的贪玩有关。

我的"变化"是在初中，特别是高中时期。1958年"大跃进"热火朝天，我上初中了，是龙窝中学。还是恋玩，迟到旷课是家常便饭，当三好学生评优秀生更不会有我的份。但有一件事极大地改变了我，那就是老师居然推选我当一家专区报纸的小通讯员。现在回想起来我还特别感谢老师。他大概发现我有些特点，喜欢写个歌谣编个街头剧什么的，所以才决定发挥我的"专长"，而不再计较我有时调皮违反纪律。这件事使我第一次静下来琢磨自己，慢慢懂得了要把劲使在"正道"上。

当了半年的通讯员，一篇新闻稿子也没有登过，倒是把写作的欲望调动起来了。当看到自己一首四行小诗真的登在《紫金农民报》上时，我是那样兴奋与自豪。到邮局去领那五角钱的稿费，好像谁都在用羡慕的目光打量自己似的。我爱上写稿投稿，刊出的机会其实不多，但能收到退稿信，也有几分得意。初中毕业时，我已经在地方报纸和《红领巾》等一些少年儿童杂志上发表多篇诗作了。我甚至整整一个暑假闷在家里，写出一篇中篇小说《悠扬的笛声》。那是以大革命时期老区的斗争生活为题材的，我并不理解和熟悉这种题材，不过是模仿峻青、王愿坚等作家的笔调，将"访贫问苦"中所得的素材加以想象虚构而成。写完后自己就觉得拿不出手，也未曾投稿。这种模仿性的写作对我的文字能力训练倒是很有好处的。几十年过去了，我还保存着这份稚嫩的稿子。

1961 年，三年困难时期未结束，我考入位于县城的紫金中学高中部，难以承受的饥馑紧接着就直逼过来了。那时每个城镇户口的高中学生一个月只配给十几斤大米、一二两食油，根本没有肉食，天天都饿极了。我在学校附近一户居民家中租住（学校无寄宿），通常早上蒸一小碗米饭，划成三份，供一日三顿就着酱豆腐吃。早餐吃掉三分之一，没油水，到第二节课就饿得头昏眼花，回去提前吃掉那当午餐的三分之一，午餐又提前吃掉晚餐那三分之一，晚餐就没有饭吃了。晚上自习，只好硬挺着饿劲，实在挺不住，就弄来野菜或稻草做的糕饼填填肚子。当时许多同学都因营养不良病倒了，开会上课时常有人晕倒。为了减少活动量，有一段时间体育课也取消了。一些同学饿得受不了，或因营养不良得了水肿病，便陆续退学了。留下来的则在学校的组织下一边生产自救，养猪种菜，一边坚持读书。

尽管生活如此艰苦，却并未减弱我当文学家的念头。在困难中我总是憧憬未来，想着电影《列宁在一九一八》中的台词"面包会有的"。《钢铁是怎样炼成的》中保尔·柯察金关于"人的一生应当怎样度过"那段名言，还有阿·托尔斯泰《苦难的历程》中关于人生要"在清水里泡三次，在血水里浴三次，在碱水里煮三次"那句话，我都当作座右铭，激励自己奋斗，要上大学，走向更广阔、博大的世界，为改造社会做点事业。我除了上好课，完成作业，还争分夺秒挤时间读更多的书。我在用两块半钱租来寄住的那间潮湿发霉的小屋里做着自己的文学梦。在昏黄的煤油灯下，我如饥似渴地读书。读书使我忘记了饥饿，使我感到精神上的满足与超越。

高中三年，我不像初中那样凭兴趣去写作投稿了，而是接受比较完整的教育，打好学文科和写作的基础。课外，我找来一大堆有关哲学、历史、逻辑学、修辞学、古代汉语，甚至天体物理等方面的书，闷头苦读。有很难懂的书也找来读，比如康德的哲学，似懂非懂中激发了理论的兴趣。

我按计划选读了上百本课外书，先是读概论性常识性的，如杨伯峻的《文言语法》，巴人的《文学论稿》，还有《中国文学史》《外国文学史》，等等，以期对各学科轮廓有所了解，然后再读更加专门化的书，如一些断代史、文学家专题研究等。其中不少是大学的教程，我当时读起来比较吃力，但力求认真细读，目的很明确，就是扩大知识面，同时阅读大量的中外文学名著。那时中华书局出一种古诗文活页文选，两分钱一薄本，几乎每出一本都要买来看的。有的书我采用快读法，连滚带爬地读，有时一天就读一部长篇，主要获取直观的整体审美感受，了解各种不同的创作风格与体式。快慢结合的两种读书法为我打下了一个较好的文科知识基础，直到今天，我还经常同时使用这两种不同的阅读方法。

紫金中学的副校长叶启青，支持我成立鲁迅文学社，并出版壁报。把自己写的诗文抄录到壁报上，那种满足感不亚于报刊上的发表。紫金中学一度文风鼎盛，与这位校长的鼓励有关。我的语文老师是钟川先生，做过记者，读书很多，知识面很宽，很令我崇拜。他的宿舍有一书柜，里边摆满了《安娜·卡列尼娜》《白痴》《草叶集》等名著，每次到老师宿舍，摸一摸那些书脊，都挺美的，既羡慕又向往。老师介绍我们读一些名著，还重视指导写作。他几乎每星期都对学生作文进行讲评。钟川老师似乎并不关心考场上如何应付，也不去猜题，而总是很有针对性地评讲我们写作中常见的问题，希望我们打好写作的"底子"。我的一些作文经他细心批改，哪儿欠缺，哪儿不错，哪儿可以变通，至今还有印象。老师还常为一些喜欢文学的同学"开小灶"，指导我们将阅读、欣赏与写作结合起来。记得《青春之歌》出版后，学校只购得两本，只好撕开来一张张贴到布告栏上，每贴几张，我们就挤到布告栏下去读，边读边讨论开来。从文学形象、艺术特点、作品思想意义一直到人生观等问题，有时争论得面红耳赤，老师则将这种阅读、讨论引导到作文之中，我们写成了一些颇有生气的文章，参加报刊上的讨论。我因此对文学评论写作有了兴趣，记得有一年紫金花朝剧团演出历史剧《冰娘惨史》，我还写过一篇万余字的评论，挺勇敢地给剧团的导演送去。导演大概从未得到过这种评论，也很是惊奇。

现在的年轻朋友常用更现实而怀疑的眼光去看我们那一代的单纯与理想主义，有时他们可能很难理解。不管怎样，我确实是在理想的激励下发奋读书，度过那艰难的岁月的，那时我很充实。小学时期养成了好读书的习惯，中学时期开始懂得用功，用理想召唤自己，锻炼毅力和专注力。虽然我读中小学时处于非常政治化的年代，但身心发展还是比较正常的。中小学的学习生活在相当程度上为我后来的学业奠定了基础，决定了我人生道路的选择。我至今常迷恋琴江河畔和紫金山下的读书生活。

此文大约写于 1990 年，曾收入《100 个博士的少年情》一书，
少年儿童出版社 1996 年出版。2025 年 3 月 28 日修改补充

◎ 中国人民大学本科毕业照（1969 年）

难忘的北大研究生三年

人生的路可能很长，要紧处常常只有几步，特别在年轻的时候。也许就那几步，改变或确定了你的生活轨道。1978到1981年，我在北大中文系读研究生的三年，就是我一生中最要紧、最值得回味的三年。

1977年10月22日，电台广播了中央招生工作会议的精神，要恢复研究生培养制度，号召青年报考。我突然意识到可以选择人生的机会来了，很兴奋，决定试一试。当时我从中国人民大学语文系毕业已七年，在广东韶关地委机关当秘书，下过工厂、农村，按说也会有升迁的机会，但总还是感到官场不太适合自己。我希望多读点书，能做比较自由的研究工作。我妻子是北京人，当然也极力主张回北京。1978年3月，着手准备考研究生。我的兴趣本在古典文学，但找不到复习材料，刚好从朋友那里借来了一本王瑶的《中国新文学史稿》（上册），就打算考现代文学了。临考只有两个多月，又经常下乡，只能利用很少的业余时间复习，心里完全没有谱。好在平时读书留下一些心得笔记，顺势就写成了三篇论文，一篇是谈论现实主义和浪漫主义"两结合"的，一篇是讨论鲁迅《伤逝》的，还有一篇是对当时正热火的刘心武《班主任》的评论，分别给社科院唐弢先生和北大中文系王瑶先生寄去。这有点"投石问路"的意思。想不到很快接到北大严家炎老师的回信，说看了文章，"觉得写得是好的"，他和王瑶先生欢迎我报考。这让我吃了颗"定心丸"，信心倍增。多少年后我还非常感谢严老师，他是我进入北大的第一个引路人。

考后托人打听，才知道光是现代文学就有八百多人报考，最高的平均分也才七十左右（据说是凌宇得到最高分），我考得不算好，排在第十五名。原计划招六人，后来增加到八人（其中二人指定学当代文学），让十一人参加复试。我想自己肯定"没戏"了，不料又接到了复试通知。大概因为看了我的文章，觉得还有些潜力吧，加上考虑到我的工作是完全脱离了专业的（其他同学多数都是中学教师，多少接触专业），能考到这个名次也不容易，王瑶先生特别提出破格让我参加复试。这就是北大，考试重要，但不唯考分，教授的意见能受到尊重。破格一事我后来才知道，这真是碰到好老师了，是难得的机遇，让我终生难忘。我自己当老师之后，便也常效法此道，考察学生除了看考分，更看重实际能力。

有了一个多月的准备，我复试的成绩明显上去了。先是笔试，在图书馆，有四道题，三道都是大题，每个考生都不会感到偏的，主要考查理解力和分析力。比如要求谈对现代文学分期的看法，没有固定答案，可以尽量发挥。还有面试，在文史楼，王瑶先生和严家炎老师主考，问了八个问题，我老老实实，不懂的就说不懂，熟悉的就尽量展开。如问到对于鲁迅研究状况的看法，我恰好"有备而来"，"文革"期间当"逍遥派"，反而有空东冲西撞地"杂览"群书，自然读遍了鲁迅，对神化鲁迅的倾向很反感，于是就说了一通如何"拨乱反正"和实事求是等等。入学我只上了两年就"停课闹革命"了，不过还是有"逍遥派"的缝隙，反而读了许多书，积蓄了一些思考，此时不妨翻箱倒柜，大胆陈述。现在想当时的回答是幼稚的，两位主考不过是放了我一马。我终于被录取了。

1978 年 10 月 9 日，我到北大中文系报到，住进了 29 楼 203 室。新粉刷的宿舍油漆味很浓，十多平米，四人一间，挤得很，但心里是那样敞亮。戴上红底白字的北京大学校徽（老师也是这种校徽），走到哪里，仿佛都有人在特别看你。那种充满希望与活力的感觉，是很难重复的。

北大中文系"文革"后第一届研究生一共招收了十九名，分属七个专业，现代文学专业有六位，包括钱理群、吴福辉、凌宇、赵园、陈山和我，另外还有一位来自阿根廷的华侨女生张玫珊（后来成了评论家黄子平夫人）。导师是王瑶先生，严家炎老师和乐黛云老师是副导师，负责更具体的联络与指导。当时研究生指导是充分发挥了集体作用的，孙玉石、唐沅、黄修己、孙庆升、袁良骏，以及谢冕、张钟、李思孝等等老师，都参与了具体的指导。校外的陈涌、樊骏、叶子铭、黄曼君、陆耀东等名家也请来给我们讲过课。这和现在的状况很不同。现在的研究生读了三年书，可能只认识导师和几位上过课的教员，学生也因导师而分出不同"门派"，彼此缺少交流。而当年的师生关系很融洽，我们和本专业以及其他专业的许多老师都"混"得很熟。孙玉石、袁良骏老师给1977级本科生上现代文学基础课，在老二教阶梯教室，两百多人的大课，抢不到座位就坐在水泥台阶上，我们一节不落都跟着听。吴组缃教授的古代小说史，金开诚老师的文艺心理学，也都是我们经常讨论的话题。语言学家朱德熙、岑麒祥，文字学家裘锡圭等，三天两头来研究生宿舍辅导，有时我们也向他们请教语言学等方面的问题。有一种说法，认为理想的大学学习是"从游"，如同大鱼带小鱼，有那么一些有学问的教授带领一群群小鱼，在学海中自由地游来游去，长成本事。当年就有这种味道。

对我影响最大的是王瑶先生。我们上研究生时王先生才六十五岁，比我现在的年龄大不了多少，但感觉他是"老先生"了，特别敬畏。对不太熟悉的人，先生是不爱主动搭话的。我第一次见王先生，由孙玉石老师引见，那天晚上，他用自行车载着我从北大西门进来，经过未名湖，绕来绕去到了镜春园76号。书房里弥漫着淡淡的烟丝香味，挺好闻的，满头银发的王先生就坐在沙发上，我有点紧张，不知道该怎么开场。王先生也只顾抽烟喝水，过了好久才三言两语问了问情况，说我三篇文章有两篇还可以，就那篇论《伤逝》

◎ 与导师王瑶先生等在一起

前排中为王瑶，左为钱理群，右为吴福辉；

后排左起分别为陈平原、张玫珊、温儒敏。

（大约在 1981 年）

的不好，专业知识不足，可能和多年不接触专业有关。先生给我的第一印象就是不客套，很真实。有学生后来回顾说见到王先生害怕，屁股只坐半个椅子。这可能是真的。我虽不至于如此，但也有被先生批评得下不来台的时候。记得有一回向先生请教关于 30 年代左翼文学的问题，我正在侃侃陈述自己的观点，他突然离开话题，"节外生枝"地问我《子夜》是写于哪一年，我一时语塞，支支吾吾说是 30 年代初。先生非常严厉地说，像这样的基本史实是不可模糊的，因为直接关系到对作品内容的理解。这很难堪，但如同得了禅悟，懂得了文学史是史学的分支之一，材料的掌握和历史感的获得，是至关重要的。有些细节为何记忆那么深？可能因为从中获益了。

王先生其实不那么严厉，和他接触多了，就很放松，话题也活跃起来。那时几乎每十天半个月总到镜春园聆教，先生常常都是一个话题开始，接连转向其他多个话题，引经据典，天马行空，越说越投入，也越兴奋。他拿着烟斗不停地抽，连喘带咳，说话就是停不下来。先生不迂阔，有历经磨难的练达，谈学论道潇洒通脱，诙谐幽默，透露人生的智慧，有时却也能感到一丝寂寞。我总看到先生在读报，大概也是保持生活的敏感吧。辅导学生时也喜欢联系现实，议论时政，品藻人物。先生是有些魏晋风度的，把学问做活了，可以知人论世，连类许多社会现象，可贵的是那种犀利的批判眼光。先生的名言是"不说白不说，说了也白说，白说也要说"，其意是知识分子总要有独特的功能。这种入世的和批判的精神，对我们做人做学问都有潜移默化的影响。

先生的指导表面上很随性自由，其实是讲究因材施教的。他很赞赏赵园的感悟力，却又有意提醒她训练思维与文章的组织；钱理群比较成型了，先生很放手，鼓励他做周作人、胡风等在当时还有些敏感的题目。我上研究生第一年想找到一个切入点，就注意到郁达夫。那时这些领域的研究刚刚起步，一切都要从头摸起，我查阅大量资料，把郁达夫所有作品都找来看，居然编写了一本二十多万字的《郁达夫年谱》。这在当时是第一部郁达夫年谱。我的第一篇比较正式的学术论文《论郁达夫的小说创作》，也发表于王瑶先生主编的《中国现代文学研究丛刊》（1980年第2辑）。研究郁达夫这个作家，连带也就熟悉了许多现代文学的史实。王先生对我这种注重第一手材料、注重文学史现象，以及以点带面的治学方式，是肯定的。当《郁达夫年谱》打算在香港出版时，王先生还亲自写了序言。

要做研究生毕业论文了，王瑶先生做了分工，指定严家炎老师负责指导凌宇与吴福辉，孙玉石老师指导陈山，乐黛云老师指导赵园与张玫珊，钱理群和我则由王瑶先生指导。硕士论文写作那时很看重选题，因为这是一种综合训练，可能预示着学生今后的发展。我对郁达夫比较熟悉了，打算就写郁达夫，可是王先生不同意。他看了我的一些读书笔记，认为我应当选鲁迅为题目。我说鲁迅研究已比较多，很难进入。王先生就说，鲁迅研究比较重要，而且难的课题只要有一点推进，也就是成绩，总比老是做熟悉又容易的题目要锻炼人。后来我就选择了《鲁迅前期美学思想与厨川白村》做毕业论文。这个选题的确拓展了我的学术视野，对我后来的发展有开启的作用。研究生几年，我还先后发表过《试论鲁迅的〈怀旧〉》《外国文学对鲁迅〈狂人日记〉的影响》等多篇论文，在当时也算是前沿性的探讨，都和王先生的指导有关。

1981 年我留校任教，1984 到 1987 年又继续从王瑶师读博士生。那是北大中文系第一届博士，全系只有我与陈平原两人。我先后当了王瑶先生两届入室弟子，被先生的烟丝香味熏了七年，真是人生的福气。1989 年 5 月先生七十五岁寿辰，师友镜春园聚会祝寿，我曾写诗一首致贺：“吾师七五秩，著书百千章。俊迈有卓识，文史周万象。陶诗味多酌，鲁风更称扬。玉树发清华，惠秀溢四方。耆年尚怀国，拳拳赤子肠。镜园不寂寞，及门长相望。寸草春晖愿，吾师寿且康。”当时先生身体不错，兴致盎然的，万万想不到半年之后就突然过世了。

读研期间给我帮助最大的还有严家炎和乐黛云两位老师。

我上大学时就读过严老师许多著作，特别是关于《创业史》人物典型性的争论，严老师的见解很独特，也更能体现批评的眼光，我是非常敬佩的。他的文章问题意识很强，很扎实，有穿透力，他为人也很严谨认真，人们都说他是“严加严”。有一回我有论文要投稿，请严老师指教，他花许多时间非常认真做了批改，教我如何突出问题,甚至连错别字也仔细改过。我把"醇酒"错写为"酲酒"了,他指出这一错意思也拧了。那情节过去快三十年了还历历在目。那时他正和唐弢先生合编《中国现代文学史》,任务非常重,他要经常进城,但仍然花许多精力给研究生上课、改文章。我们毕业前安排教学实习,每位研究生都要给本科生讲几节课。老钱、老吴、赵园、凌宇和陈山都是中学或者中专教师出身,自然有经验,只有我是头一回上讲台,无从下手。我负责讲授"曹禺话剧"一课,两个学时,写了两万字的讲稿,想把所有掌握的研究信息都搬运给学生。这样是肯定讲不完的,而且效果也不会好。严老师就认真为我删节批改讲稿,让我懂得基础课应当怎样上。后来我当讲师了,还常常去听严老师的课,以逐步提高教学水平。

乐黛云老师是王瑶先生的助手,我们研究生班的许多事情都是她在具体操持,我们和乐老师也最亲近。记得刚入学不久,乐老师就带着我们搜寻旧书刊,由她主编了一本《茅盾论中国现代作家作品》,是北大出版社恢复建制后正式出版的第一本书。乐老师五十多岁才开始学英文,居然达到能读能写的程度。她的治学思路非常活跃,当时她研究尼采与中国现代文学的关系,以及茅盾小说的原型批评,等等,都是给我们做过讲座的,真让我们大开眼界,领悟到研究的视野何等重要。后来乐老师又到美国访学,转向研究比较文学,但其研究的根据地还是现代文学,和我们的联系几十年没有断。我非常佩服乐老师,甚至一度还跟着她涉足过比较文学领域。

　　记得大概是 1981 年北大比较文学研究会成立，在西校门外文楼一层会议室开会，有二十多人参加，季羡林、杨周翰等老先生都是第一批会员，乐老师是发起人，她把张隆溪、张文定和我等一些年轻人也拉进去了。我还在乐老师指导下，与张隆溪合作，编选出版过《比较文学论文集》和《中西比较文学论集》，还尝试翻译过一些论文。我的部分研究成果和比较文学有关，这跟乐老师的影响分不开。不过我觉得自己的英语会话水平太臭，难以适应这门"交通之学"，后来也就"洗手不干"了。之后我也有过赴美留学的机会，但是放弃了，还是主要搞现代文学研究。

　　那时还没有学分制，不像现在，研究生指定了许多必修课。这在管理上可能不规范，但更有自由度，适合个性化学习。除了政治课，我们只有历史系的"中国现代史专题"是必须上的，其他都是任选。老师要求我们主要就是读书，先熟悉基本材料，对现代文学史轮廓和重要的文学现象有大致的了解。也没有指定书目，现代文学三十年，大部分作家代表作以及相关评论，都要广泛涉猎，寻找历史感。钱理群比我们有经验，他把王瑶先生文学史的注释中所列举的许多作品和书目抄下来，顺藤摸瓜，一本一本地看。我们觉得这个办法好，如法炮制。我被推为研究生班的班长，主要任务就是到图书馆借书。那时研究生很受优待，可以直接进入书库，一借就是几十本。有时库本也可以拿出来，大家轮着看。研究生阶段我们的读书量非常大，我采取浏览与精读结合的方式，起码看过一千多种书。许多书虽然只是过过眼，有个大致了解，但也并非杂家那种"漫羡而无所归心"，主轴就是感受文学史氛围。看来所谓打基础，读书没有足够的量是不行的。

读书报告制度那时就有了，不过我们更多的是"小班讲习"，有点类似西方大学的 seminar，每位同学隔一段时间就要准备一次专题读书报告，拿到班上"开讲"。大家围绕所讲内容展开讨论，然后王瑶、严家炎等老师评讲总结。老师看重的是有没有问题意识，以及材料是否足以支持论点，等等。如果是比较有见地的论点，就可能得到老师的鼓励与指引，形成论文。这种"集体会诊"的办法，教会我们如何寻找课题，写好文章，并逐步发现自己，确定治学的理路。记得当时钱理群讲过周作人、胡风和路翎，吴福辉讲过张天翼与沙汀，凌宇讲过沈从文和抒情小说，赵园讲过俄罗斯文学与中国，陈山讲过新月派，我讲过郁达夫与老舍，等等。后来每位报告者都根据讲习写出论文发表，各人的学术发展，可以从当初的"小班讲习"中找到源头。

那是个思想解放的年代，一切都来得那样新鲜，那样让人没法准备。当《今天》的朦胧诗在澡堂门口读报栏贴出时，我们除了惊讶，更受到冲击，议论纷纷开始探讨文学多元共生的可能性；当张洁《爱，是不能忘记的》发表后，引起的争论就不只是文学的，更是道德的，政治的。什么真理标准讨论呀，校园选举呀，民主墙呀，行为艺术呀，萨特呀，弗洛伊德呀，"东方女性美"呀……各种思潮蜂拥而起，极大地活跃着校园精神生活。我们得到了可以充分思考、选择的机会，对于人文学科的研究生来说，这种自由便是最肥沃的成长土壤。我们都受惠于那个年代。

难忘的还有研究生同学和当时的学习生活。我们读研时都已过"而立"之年，有些快到"不惑"，而且都是拖家带小有家庭的，重来学校过集体生活，困难很大。但大家非常珍惜这个机会，都很刻苦。每天一大早到食堂吃完馒头、咸菜和玉米粥，就到图书馆看书，下午、晚上没有课也是到图书馆，一天读书十二三个小时，是常有的。最难的是过外语关。我们大都是三十以上的中年了，学外语肯定要加倍付出。常看到晚上熄灯后还有人在走廊灯下背字典的。和我同住一室的任瑚琏，是现代汉语研究生，原来学俄语，现在却要过英语关。他采取的是"魔鬼训练法"，宿舍各个角落都贴满他的英语生词字条，和女友见面也禁止汉语交谈，据说有一回边走路边背英语还碰到电线杆，幸亏他那厚度近视眼镜没有打碎。果然不到一年他就读写全能。

我们那时大都还是拿工资，钱很少，又两地分居，除了吃饭穿衣，不敢有别的什么消费。可是碰到好书，就顾不得许多，哪怕节衣缩食也得弄到。1981年《鲁迅全集》出版，六十元一套，等于我一个月工资了，毫不犹豫就买下了，真是嗜书如命。那时文艺体育活动比较单调。砖头似的盒式录音机刚面世，倒是人手一件的时髦爱物，主要练习外语，有时也听听音乐。舞会开始流行了，我当过一两回看客，就再也没有去过。看电影是大家喜欢的，五道口北京语言学院常放一些"内部片"，我们总想办法弄票，兴高采烈骑自行车去观赏。电视不像如今普及，要看还得到老师家里（后来29楼传达室也有了一台电视）。日本的《望乡》，记得我是到燕东园孙玉石老师家里看的。下午5点之后大家可以伸伸筋骨了，拔河比赛便经常在三角地一带举行，一大群"老童生"那么灰头土脸卖力地鼓捣这种活动，又有那么多啦啦队一旁当"粉丝"喝彩，实在是有趣的图景。

　　那时的艰苦好像并不太觉得，大家都充实而快乐，用现在的流行语说，"幸福度"不低。记得吴福辉的表姐从加拿大回来探亲，到过29楼宿舍，一进门就慨叹："你们日子真苦！"可是老吴回应说"不觉得苦，倒是快活"。老吴每到周末就在宿舍放声唱歌，那东北味的男中音煞是好听，也真是快活。"不觉得苦"可能和整体气氛有关，同学关系和谐，不同系的同学常交往，如同大家庭，彼此互相帮忙，很熟悉。后来知名的学者，如数学家张筑生、哲学家陈来、比较文学家张隆溪、外国文学家盛宁、经济学家梁小民和李庆云、历史学家刘文立、评论家曾镇南、古文字学家李家浩、书法家曹宝麟、语言学家马庆株，等等，都是当时29楼的居民，许多活动也一起参加。张筑生是北大授予学位的第一位博士，非常出色的数学家，可惜英年早逝，我至今还能想起他常来中文系宿舍，蹲在地上煮"小灶"的情形。中文系宿舍紧靠29楼东头，老钱、老吴、

44

◎ 与北大中文系研究生老同学重聚燕园
左起：吴福辉、赵园、陈山、凌宇、钱理群、张中、
张国风、钟元凯、温儒敏、张玫珊、李家浩。
（2011年）

凌宇和张国风住 202，他们每天晚上熄灯后都躺在床上侃大山，聊读书，谈人生，这也是课堂与图书馆作业的延伸吧。有时为了一个观点他们可以吵得很"凶"，特别是凌宇，有湘西人的豪气，声响如雷，我们在隔壁都受干扰，但是大家从来没有真正伤过和气。几十年来，我们这些同学在各自领域都取得显著成绩，大家的治学理路不同，甚至还可能有些分歧，但彼此又都还保持着北大 29 楼形成的友谊，这是最值得骄傲和珍惜的。

2008 年 1 月 29 日

北大“蜗居史”

　　此文标题原叫《北大“三窟”》，有些费解，是指我这几十年在北大校园的几个住处，不是同时拥有的所谓“狡兔三窟”，而是先后三个“定居”点。时过境迁，这些地方都变化很大，人事的变异更多，写下来也是一种念旧吧。

　　1981年我从北大中文系研究生毕业，留校任教，起先被安排住到南门内的25楼学生宿舍，说是临时的，和李家浩（后来成了著名的战国文字研究专家）共处一室。李兄人极好，是个“两耳不闻窗外事”的书呆子，除了看书就是睡觉，偶尔用很重的湖北腔说些我不怎么明白的“文字学”。我们倒是相安无事。住25楼的都是“文革”后毕业的第一届研究生，多数拖家带小的，老住单身宿舍不方便。大约住了快一年吧，这些“老童生”就集体到朗润园当时北大党委书记家里“请愿”，要求解决住房问题。果然奏效，不久，就都从25楼搬到教工宿舍。1982年我住进21楼103室。本来两人一间，系里很照顾，安排和我合住的是对外汉语的一位老师，还没有结婚，可以把他打发到办公室去住，这样我就“独享”一间，有了在北大的家，妻子带着女儿可以从北京东郊娘家那里搬过来了。

这算是我在北大的第一"窟"。

21楼位于燕园南边的教工宿舍区，类似的楼有九座，每三座成一品字形院落。东边紧挨着北大的南北主干道，西边是学生宿舍区，往北就是人来人往的三角地。全是筒子楼，灰色，砖木结构，三层，大约六十多个房间。这个宿舍群建于50年代，本来是单身教工宿舍，可是单身汉结婚后没有办法搬出去，而我们这些有家室的又陆续搬了进来，实际上就成了家属宿舍了。每家一间房子，十二平米左右，只能勉强放下一床（一般都是碌架床），一桌，做饭的煤炉或煤气罐就只能放在楼道里，加上煤饼杂物之类，黑压压的。记得80年代初有个电影《邻居》，演的那种杂乱情景差不多。每到做饭的时候，楼道烟熏火燎，很热闹，谁家炒萝卜还是焖羊肉，香味飘散全楼，大家都能"分享"。缺个葱少个姜的，彼此也互通有无。自然还可以互相观摩，交流厨艺，我妻子就是从隔壁阎云翔（后来是哈佛大学的人类学博士）的太太那里学会熘肝尖的。有时谁家有事外出，孩子也可以交给邻居照看。曹文轩老师（如今是知名作家）住在我对门，他经常不在，钥匙就给我，正好可以"空间利用"，在他屋里看书。21楼原"定位"是男宿舍，只有男厕所，没有女厕所，女的有需要还得走过院子到对面19楼去解决（19楼是女教工宿舍，也一家一家的住有许多男士。陈平原与夏晓虹结婚后，就曾作为"家属"在19楼住过）。水房是共用的，每层一间。夏天夜晚总有一些男士在水房一边洗冷水澡，一边放声歌唱。当时人的物质需求不大，人际关系也好，生活还是充实而不乏乐趣的。那几年我正处于学术的摸索期也是生长期，我和钱理群、吴福辉等合作的《中国现代文学三十年》最早一稿，就是在21楼写成的。

不过还是有许多头疼的事。那时一些年轻老师好不容易结束两地分居，家属调进北京了，可是21楼是单身宿舍，不是正式的家属楼，公安局不给办理入户。我也碰到这个问题。那时我是集体户口，孩子的户口没法落在北大，要上学了，也不能进附小。又是系里出面周旋，花了很多精力才解决。连煤气供应也要凭本，集体户口没有本，每到应急，只好去借人家的本买气。诸如此类的大小麻烦事真是一桩接一桩，要花很大精力去应对。钱理群和我研究生同学，同一年留校，又同住在21楼，他更惨，和另一老师被安排在一层的一间潮湿的房子（原是水房或者厕所），没法子住，要求换，便一次次向有关机构申请，拖了很久，受尽冷遇，才从一楼搬到二楼。我开玩笑说，老钱文章有时火气大，恐怕就跟这段遭遇有关。有时我也实在觉得太苦，想挪动一下，甚至考虑过是否要回南方去。当时那边正在招兵买马，去了怎么说也有个套间住吧。可是夜深人静，看书写字累了，走出21楼，在校园里活动活动，又会感觉北大这里毕竟那么自由，舍不得离开了。

50年代以来，北大中文系老师起码三分之一在19、20或21楼住过。与我几乎同时住21楼的也很多，如段宝林（民间文学家）、钱理群（文学史家）、曹文轩（作家）、董学文（文艺学家）、李小凡（方言学家）、张剑福（中文系副主任）、郭锐（语言学家）等等。其他院系的如罗芃（法国文学学者）、李贵连（法学家）、张国有（经济学家、北大副校长）、朱善璐（北京市委常委）等等，当初都是21楼的居民，彼此"混得"很熟。二十多年过去，其中许多人都成为各个领域的名家或者要人，21楼的那段生活体验，一定已在大家的人生中沉淀下来了。

我在21楼住了三年，到1986年，搬到畅春园51楼316室。这是我在北大的第二"窟"。

畅春园在北大西门对过，东是蔚秀园，西是承泽园，连片都是北大家属宿舍区。畅春园可是个有来历的地方。据说清代这里是皇家园林别墅，有诗称"西岭千重水，流成裂帛湖。分支归御苑，随景结蓬壶"（清代吴长元《宸垣识略》），可见此地当时水系发达，秀润富贵。康熙皇帝曾在此接见西洋传教士，听讲数学、天文、地理等现代知识。雍正、乾隆等皇帝也曾在此游玩、休憩。如今这一切都烟消云散，只在北大西门马路边遗存恩佑寺和恩慕寺两座山门，也快要淹没在灯红酒绿与车水马龙之中了。80年代初北大在畅春园新建了多座宿舍，每套九十平米左右，三房一厅，当时算是最好的居室，要有相当资历的教授或者领导才能入住。为了满足部分年轻教工需要，在畅春园南端又建了一座大型的筒子楼，绿色铁皮外墙，五层，一百多间，每间十五平米，比21楼要大一些。我决定搬去畅春园51楼，不是因为这里房子稍大，而为这里是正式的宿舍，可以入户口，不用再借用煤气本。

　　毕竟都是筒子楼，这里和21楼没有多大差别，也是公共厕所，倒不用在楼道里做饭了，平均五六家合用一间厨房。房子还是很不够用，女儿要做作业，我就没有地方写字了。那时我正在攻读博士学位，论文写作非常紧张，家里挤不下，每天晚上只好到校内五院中文系教研室用功。51楼东边新建了北大二附中，当时中学的操场还没有围墙，我常常一个人进去散步，一边构思我的《新文学现实主义的流变》。生活是艰苦的，可是那时"出活"也最多，每年都有不少论作发表，我的学业基础很大程度上就是那几年打下的。51楼的居民比21楼要杂一些，各个院系的都有，不少是刚从国外回来的"海归"。如刘伟（经济学家，现北大经济学院院长）、曾毅（人口学家）都是邻居，我在这里又结识了许多新的朋友。这里还有难忘的风景。我们住房靠南，居然还有一个不小的阳台，往外观望，就是大片稻田，一年四季可看到不同的劳作，和变换的景色。后来，稻田改成了农贸市场，再后来，农贸市场又改成了公园，那时我们已经离开畅春园。偶尔路过51楼跟前，想象自己还站在三层的阳台上朝外观望，看到的公园虽然漂亮，可是不会有稻田那样富于生命的变化，也没有那样令人心旷神怡。还是要看心境，稻田之美是和二十多年前的心绪有关吧。

　　后来我又搬到镜春园82号，那是1988年冬天。

这是我在北大的第三"窟"。

镜春园在北大校园的北部，东侧是五四操场，西侧是鸣鹤园和赛克勒博物馆，南边紧靠有名的未名湖。这里原为圆明园的附属园子之一，乾隆年间是大学士和珅私家花园的一部分，后来和珅被治罪，园子赐给嘉庆四女庄静公主居住，改名为镜春园。据史料记载，昔日镜春园有多组建筑群，中为大式歇山顶殿堂七楹，前廊后厦，东西附属配殿与别院，复道四通于树石之际，飞楼杰阁，朱舍丹书，甚为壮观。（据焦雄《北京西郊宅园记》）后历沧桑之变，皇家庭院多化为断壁残垣，不过也还可以找到某些遗迹。过去常见到有清华建筑系学生来这里寻觅旧物，写生作画。90年代初在此修建中国经济研究中心，工人还从残破旧建筑的屋顶发现皇家院落的牌匾。六七十年前，这里是燕京大学教员宿舍，包括孙楷第、唐擘黄等不少名流，寓居于此。50年代之后成为北京大学宿舍区，不过大都是四合院，逐步加盖，成一个个大杂院。其中比较完整的院落，一处是76号，原王瑶教授寓所（曾为北洋政府黎元洪的公馆，现为北大基金会），另一就是我搬进的镜春园82号。

这个小院坐北朝南，院墙虎皮石垒砌，两进，正北和东、西各有一厢房，院内两棵古柏，一丛青竹，再进去，后院还有几间平房，十分幽静。50年代这里是著名小说家和红学专家吴组缃先生的寓所，后来让出东厢，住进了古典文学家陈贻焮教授。再后来是"文革"，吴先生被赶出院门，这里的北屋和西屋分别给了一位干部和一位工人。陈贻焮教授年岁大了，嫌这里冬天阴冷，于1988年搬到朗润园楼房住，而我则接替陈先生，住进82号东屋。虽然面积不大，但有一个厅可以作书房，一条过道连接两个小房间，还有独立的厨房与卫生间。这一年我四十二岁，终于熬到有一个"有厕所的家"了。

我对新居很满意，一是院子相对独立，书房被松柏翠竹掩映，非常幽静，是读书的好地方。《中国现代文学批评史》就是在这里磨成的。二是靠近未名湖，我喜欢晚上绕湖一周散步。三是和邻居关系融洽，也很安全，我们的窗门没有任何防盗加固，晚上不锁门也不要紧，从来没有丢失过东西。四是这里离76号王瑶先生家只有五六百米，我可以有更多机会向王先生聆教。缺点是没有暖气，冬天要生炉子，买煤也非易事，入冬前就得东奔西跑准备，把蜂窝煤买来摞到屋檐下，得全家总动员。搬来不久就装上了电话，那时电话不普及，装机费很贵，得五六百元，等于我一个多月的工资，确实有点奢侈。我还在院子里开出一块地，用篱笆隔离，种过月季、芍药等许多花木，可是土地太阴，不会侍候，总长不好。唯独有一年我和妻子从圆明园找来菊花种子，第二年秋天就满院出彩，香气袭人，过客都被吸引进来观看。院子里那丛竹子是陈贻焮先生的手栽，我特别费心维护，不时还从厨房里接出水管浇水，春天等候竹笋冒出，是一乐事。陈贻焮先生显然对82号有很深的感情，他在这里住了二十多年，《杜甫评传》这本大书，就诞生于此。搬出之后，陈先生常回来看看。还在院墙外边，就开始大声呼叫"老温老温"，

在未名湖畔镜春园 82 号寓所门前（1988 年）

推开柴门，进来就坐，聊天喝茶。因为离学生宿舍区近，学生来访也很频繁，无须电话预约，一天接待七八人是常有的。我在镜春园一住就是十三年，这期间经历了中国社会的大变革，也经历了北大的许多变迁，我在这里读书思考，写作研究，接待师友，有艰难、辛苦也有欢乐。这里留下我许多终生难忘的记忆。

前不久我陪台湾来的一位友人去过镜春园，82号已人去楼空，大门紧闭，门口贴了一张纸，写着"拆迁办"。从门缝往里看，我住过的东厢檐下煤炉还在，而窗后那片竹子已经枯萎凋残。据说82号以东的大片院落都要拆掉改建，建成现代数学研究中心的研究室。报纸上还有人对此表示不满，呼吁保留燕园老建筑。但最终还是要拆迁的。我一时心里有点空落落的。

我是2001年初搬出镜春园，到蓝旗营小区的。小区在清华南边，是北大、清华共有的教师公寓。这是第四次乔迁，可是已经迁出了北大校园，不能算是北大第四"窟"了。蓝旗营寓所是塔楼，很宽敞，推窗可以饱览颐和园和圆明园的美景，但我似乎总还是很留恋校园里的那"三窟"。我的许多流年碎影，都融汇在"三窟"之中了。

2008年春

我当北大出版社总编辑

1996 年我在北大中文系担任副主任，负责研究生工作，一年多以后，调到北大出版社任总编辑。去出版社之前，我犹疑，舍不得离开教学岗位。当时的常务副校长迟惠生教授就把我找去，好说歹说动员我赴任。我当时莫名其妙说了一个词："诚惶诚恐"。现在分析，这不当的用词可能隐藏着一种潜意识：我怕担负不了总编辑的职责，更怕改变当教授的生活轨道。我要谢绝这一任命。可是我上大学的女儿一句话，又松动了我的意志。女儿说，爸爸，人生多尝试一些不同的生活多好呀！加上妻子也一旁鼓动，我终于又决定接受学校任命，去出版社了。当时和学校说好的条件，是关系不转，不脱离教学。所以任总编辑那几年，我还兼任中文系学术委员会主席，带博士生，给本科生上课。

1997 年 7 月底，我从欧洲访问回来，就被催促去出版社报到。那是一个夏日的晚上，在出版大楼开了一个干部会，校党委副书记岳素兰同志宣布了我的任职。和我搭班子的是社长彭松建，以及社党委书记周月梅。大概考虑当时出版社的实际情况，强调集体领导，岳素兰书记特别提醒说:"你们三位都是一把手。"后来我们三人配合还是默契的。彭松建社长负责抓全面,偏重经营管理;周月梅书记管理人事与党务;我主要负责选题和出版。当时出版社班子力量很强。彭社长学经济出身,搞出版多年,在出版界人脉通达,还兼任版协负责人职务,业务很在行,也有威信。还有张文定(副社长)是出版社元老,思想活跃,点子很多;王明舟(当时副总编,如今是出版社社长)学数学出身,年轻而睿智,曾成功策划过影响极大的畅销书《未来之路》。我和他们关系处得很融洽,他们也给过我很多支持与帮助。出版社人员比教学单位要复杂一些,遇事不决断,是不行的。老彭不止一次说:"有人在会上吵闹,甚至拿起烟灰缸就朝你砍过来。"这在院系不可想象。我还真的碰到过这一类事情。照说,我当时已经是博士生导师,博导来当总编辑大家都觉得新鲜(那时博导很少),表面上应当有些威信的吧。可是不见得,我说的话有时没有人听。后来我有意识抓住一个在社里有些跋扈的典型,当面清楚表明自己的处理意见,算是"亮相"。几次全社大会上,我都旗帜鲜明地表扬工作负责的,批评那些拉拉扯扯吊儿郎当的。我还和总编室一起,摸索建立了选题计划论证、专家咨询、稿件匿名外审,以及书号严格管理等几样制度,抓典型,抑制那些散漫随意、不负责任的行为,虽然阻力重重,但总算做到有章可循了。我是"外派"进去的,没有根,人家不理睬也正常。当时我真是有点"冲",好像并不符合我的个性,在系里我是不可能这样"强势"的。

到出版社碰上的第一件大事就是筹备北大百年校庆。那时学校要编一本展现北大历史与现状的大型画册，由宣传部长赵为民、干事张黎明（如今是北大出版社总编辑了）、编辑张凤珠、美编林胜利，加上我等几人组成一个班子，负责编写和出版这个画册。虽是一本画册，可是很难着手。这不是个人著作，政策性强，北大又还没有个比较认可的校史，历史怎么评价？哪个人物上哪个不上？哪张照片大些哪张小些？都要反复琢磨讨论，平衡斟酌。我们从校档案馆找来了上千幅图片，翻来覆去，从中挑选一部分，以反映北大百年的历程。而现状的照片，许多就需要补拍。为了给燕园俯拍全景，林胜利还特地托人，向有关部门申请了飞机航拍。许多院系为了上画册，专门照了全体像。其中许多照片的确下了大的功夫，都成为"经典"了，至今常为各种书刊选用。我们在勺园5号楼租了个套间，有一个多月，夜以继日，在那里讨论编写，反复多次，终于把这本中英文对照的大型画册编成，收录四百余幅珍贵图片，印刷四万多本，是校庆赠送贵宾校友的主要礼物。从画册构思、图片选择、文字编写、英文翻译，到发排印刷，我一路盯下来，也算是我到出版社的业务见习了。

除了画册，校庆图书有五六十种，都要赶在半年多时间内出版，任务相当艰巨。我和彭社长几次召开大会动员，要求团结奋战，全力以赴。如《北京大学》（画册）、《今日北大》、《青春的北大》、《巍巍上庠　百年星辰：名人与北大》、《我与北大》、《如歌岁月》（北大

研究生访谈录）《北大校长与中国文化》《北京大学创办史实考源》、
《北京大学百年国学文粹》《蔡元培先生年谱》《北大史料》《北
京大学百年校庆北大人书画作品集》，以及各院系为校庆专门编辑
的学术论集，等等，都是在校庆前几个月突击出来的。我自己还亲
自主持编辑了书籍多种（有的就是责任编辑），包括《北京大学中
文系简史（1910—1998）》（马越的硕士论文，由我指导）、《百年学
术：北京大学中文系名家文存》（我与费振刚主编）、《北大风》（北
大历史上学生刊物文选，我与李宪瑜编）、《我爱燕园》（宗璞的散
文集）、《北大缤纷一百年》（校庆纪盛资料集，由我指导，李宪瑜
编），等等。后来想想，当时既没有加班费，也没有码洋提成之类，
就是有一股热情，依靠群策群力，才能干这么多的事情。值得一提
的是"北大校庆藏书票"的出版。这套藏书票一百枚，收录了有关
北大历史的许多极其珍贵的图片资料，由江溶和林胜利设计，校庆
时首发，限售一千套，被誉为最有创意的出版物。在印制第二套时，
我亲自参与方案设计，下厂督印，并在三联和西单图书大厦主持发
行仪式。这几套藏书票现在已经成为民间收藏的珍品。1998年5月，
由迟惠生副校长带队，我们在香港天地图书公司组织了北大校庆图
书展销，引起很大轰动。我为展销会设计了主题条幅"学术的尊严，
精神的魅力"，后来就成为北大出版社的"社训"。

北大出版社是一个学术出版单位，依靠北大的资源优势，条件
是非常好的。我当总编辑那时，北大社的编辑力量相当强。如政经

法编辑室的苏勇、张晓秦、李昭时、符丹，语言编辑室的郭力、许耀明，理科编辑室的邱淑青、赵学范、刘勇、王明舟，文史编辑室的乔征胜、江溶、胡双宝、宋祥瑞、张凤珠、马辛民，等等，都是学有专攻的编辑行家。我深知当一个编辑相对容易，当学者型的出版家就很难。而当年北大社就有许多学者型的出版家，他们也是北大的财富，我对他们是非常尊敬的。记得我多次登门向这些专家求教，请他们策划选题，为出版把关。按照规定，我得负责每一本书的终审，签字之后就是放行付印了。这个责任很大，都包揽下来得把自己忙死。我就"权力下放"，把一些资深编审发动起来，请他们审阅把关，确保了编辑质量。当时每年出书种数已经七八百，重印率很高，但差错率的控制还是比较低的。

当时市场化大潮正冲击各个出版社，码洋与利润成为衡量出版社地位的主要标准。我在业界一些应酬场合，感觉到了金钱的分量。这和在中文系的感觉完全不一样。那时有民间书商推出一本《学习的革命》，广告做得满天响，几个月据说就推销了五百万册。大家都很羡慕，连某些出版界的官员也在会上说这是值得提倡的新事物。我找了那本书来看，觉得其实对学习帮助不大，起码不是什么"革命"。我认为一本好书如果推销越多，社会受益会越大，出版者也能赚钱，这是"佳境"；但是如果一本并不怎样的书，包装宣传过分，销售很多，结果读者被你动员买了，不见得看，也不见得受益，就是资源浪费，对社会有害。也许从广告营销角度看，《学习的革命》有成功之处，但从出版的角度，则是失败的。我在一次全国书展的论坛上，发表了自己的这种看法。但是这声音如同泥牛入海，甚至有人认为是书呆子的"较真"。

还有，那时出版界时兴"策划"二字，北京许多大出版社都纷纷"挖角"所谓"策划编辑"。这些编辑确实有两下子，就是能出点子，让学者专家跟着他来做书，等于他们在指挥学者，或者通过某些炒作引起读者对他们书籍的注意。对此，我又在出版界的杂志上发表不同意见，认为编辑的功能和作者不同，编辑的"策划"应当是有"度"的，不能"过度"。特别是学术类图书，必须建立在正常的学术生长的基础上，先要有扎实的成果，你才好组织出版。学术生产及学术评价，有它自足的规律，学术成果需要沉淀，传媒与出版过度介入，可能会搅乱学术生态。我还认为，在学术图书出版方面，不能拔苗助长，也不宜过分宣传，否则会帮倒忙。但是，诸如此类"不合群"的意见，几乎不会有人重视。甚至有些记者来采访，听了我的话也觉得"扫兴"，或不以为然。我感到有些寂寞，甚至怀疑自己"入错"了出版这个门。

不过，我想既然学校派我担任这个总编辑职务，北大社又有比较好的空气，还是可以做一点事情的。我征求了许多老编辑的意见，认真了解了北大出版的历史，心中有数了，就努力争取班子支持，提出北大出版社必须以学术为本。我认为这不是说说看的，而是立社之本，是我们出版的命根子。我利用许多场合提出，出版社当然要经营赚钱，但不是把赚钱放在第一位，多出好书，又能顺理成章地赢利，才是正道。不能让社里编辑有太大的经济指标压力，有相对自由的心态，才有精力和兴趣去做有品位的好书。北大出版社和"北大"这个名字联系在一起，应当很珍惜，做到既进入市场，又和市场保持一定的距离，处处不忘维护学术品位。我们北大社没有必要和社会上某些赚大钱的出版单位去比拼，不以码洋利润论英雄。我曾经向学校领导进言，不要把出版社作为纯粹的经营单位，也别指望出版社给学校多赚钱进账，应当像图书馆那样，把出版社当作一个重要的学术窗口，展现北大的学术成果。我提出北大社要发展，更要质量，希望能出一些比较大气而且具有标志性的书。我把这种书叫作"大书"。

我首先注意到《全宋诗》。这是大型古籍整理项目，由北大古籍所牵头，已经经营多年。全部共有七十二卷，1997 年我到出版社时，这个项目出书已经拖了三四年了，才出版七卷。由于对这个项目比较熟悉，我对它的学术意义有足够的把握。所以我希望能集中力量打歼灭战，用一年多时间把七十二卷出齐。这得到社里几位社领导支持，但也担心短期内完不成任务，何况投资很大，盈利不多。反对的声音也是很强的。于是我在一次会上说，我们写的一些书，卖得也不错，但二十年后可能就很少人看了。而《全宋诗》这样的"大书"，即使有百千个差错，也肯定会流传下去，有可能成为与《全唐诗》媲美的双璧。北大社能出这样的书，是一种荣誉，也是责任。可是，能否一年内把七十二卷出齐，许多人都表示怀疑。有一位老编辑径直对我说："您不懂，要一年出齐七十二卷，除非不睡觉。"我也半带夸张地说："不睡觉也要出来。"

决定下来，就全力以赴。除了校庆的书，其他许多选题都停下来，或者往后放。这就惹上了麻烦。其中有一套书规模大，是重点项目，我建议停下来，还给它找了校外一家对口的出版社来接手。该书的主编原也同意的，后来却反悔，对我展开攻击。他甚至印发简报，给北大各位校领导，申斥我把北大出版社变成文学出版社了。做点事情就是这样的不容易。我没有放弃，还是坚持把《全宋诗》放在主要位置，依靠全社力量，终于在一年多时间里出齐了七十二卷，并在1999年获得了国家图书奖。这套"大书"至今仍然是北大出版社首屈一指的标志性出版物。

值得一提的还有《十三经注疏整理本》的出版。该书原是民间出版人卢光明先生策划的，邀集了数十位专家投入。我得知此事，感到该选题意义重大，就专门和彭松建社长到动物园门外的宾馆，与卢先生接洽，希望拿到北大社来出版。为了慎重，又请古籍编辑马辛民等组织专家论证。专家认为该书吸取前人注疏校勘的成果，对注疏进行了全面的整理，是重大的学术建树。这套书共二十六册，分为繁体与简体两种版本，规模之大和投资之大，是北大出版社史上罕见的。我和社长拍板要出这套书。在我调离北大社的第二年，《十三经注疏整理本》问世了，在学界与出版界都影响巨大。这是又一套标志性的北大版"大书"。去年我们原来在人民大学毕业的同学聚会，要给母校送礼物。我就买了一套《十三经注疏整理本》献给人大中文系。在我看来，这比送几本自己的著作更有分量。

最后我还得说说《中国现代文学三十年》。这是一本教材，我和钱理群、吴福辉合著的，1998年北大社出版，至今已二十七次印刷，印数达六十多万。说来有点意思，这本教材成稿于1983年前后，是王瑶先生建议我们合作编写的，当时参加者还有王超冰。初稿在并不起眼的杂志《陕西教育》上连载，后来修改，准备正式出书。我就代表四位作者和北大出版社联系。记得当时在校内32楼南边平房，我带着一大摞稿子找到当时的文史编辑黄子平（现在香港，是大名鼎鼎的评论家），他说没问题没问题，但要通过编辑部讨论。过些天回话，说很遗憾没有通过，就给退稿了。只好另找门路，就找到上海文艺出版社。倒还顺利，上海方面接纳了稿子，出版了，居然还印刷好几次，颇有些影响。我就任北大出版社总编辑后，打算大力扶持教材，就想到这本《中国现代文学三十年》已经有些基础，不妨修订，拿回北大社来出版。文史室的乔征胜和张凤珠很支持。他们安排我和钱理群、吴福辉在香山住了几天，拟定了修订计划，然后用了两个多月时间，对原书做了很大修改，几乎就是重写了。1998年该书修订本出版。不久这本书被教育部指定为"九五"全国重点教材，影响越来越大，被现代文学界誉为改革开放以来最重大的研究成果之一，还获得行内看好的"王瑶学术奖"。我重提旧事，不是埋怨当初北大社拒绝此书。想来那时我们几个都还只是讲师，写教材似乎不够资格的，那时出版教材又是非常慎重的事，也怪不得拒绝。不过《三十年》在北大社出版之后，我更加认定北大社应当把教材出版当作主攻方向，长抓不懈。事实上这些年来北大社一直都是重视教材出版的。我认为这是正路。

1999 年 7 月，学校又决定把我调回北大中文系担任系主任，我在出版社的时间刚好两年。如今离开出版社快十年了，我始终和北大社保持非常密切的关系，也不时帮助出版社策划一些图书。我对北大出版社充满感激，那段生活给了我许多感悟与收获，真的就印证了女儿当初那句话：人生多尝试一些不同的生活多好呀！

2008 年 2 月

那时中文系的那些事儿

1999 年 7 月 16 日下午，在静园五院会议室，学校党委宣布任命我担任中文系主任。此后，到 2008 年 5 月，我担任系主任前后两届，九年。在中文系，无论资历、学问、威望，都轮不上我称能，却被"赶着鸭子上架"了。按照当时的干部制度，先由组织部到院系调查，征求意见，提出备选名单，然后由教师大会投票，学校任命。当时，我去北大出版社当总编辑才两年，又要急着调回中文系，完全没有思想准备。现在想来，也是机缘吧。我年龄较适中，当时五十三岁；出过几种书，晋升教授的时间相对算早；当过副系主任，出任过北大出版社总编辑，可能以为我有些行政能力。行政能力其实未必，我只不过"死心眼"，做事比较认真罢了。

在外人看来，当北大中文系主任是荣耀的，但我自知斤两，压力很大。好在北大的"官场"味不浓，系主任不是什么"官"，无非是在老师里头选一个愿意出来做，大家又能接受的，"轮流坐庄"就是了。卸了职，还是普普通通的教师。北大有个好习惯，院系一级领导包括党委书记，都不是外派来的，而由本院系的老师兼任，不脱产。我在任九年，一直在上课、带博士生，也从没有人称呼我"温主任"。听说有些学校的院系领导是可以"套"什么干部级别的，我们对此毫无概念，也不感兴趣。十多年过去了，回顾我当系主任那九年，有些片段写下来，也许可以作为史料。这些片段包括：先拿会议"开刀"，麻烦的"定岗"，师资队伍"断层"，提出"守正创新"，培养"笔杆子"，子民学术论坛，率先实行博士论义匿名评审，坚持不"升格"为学院，"宽口径"与"厚基础"，实行评分"正态分布"，本科生设导师，介入中小学语文教育，等等，并不连贯，也就是随想随记吧。

先拿会议"开刀"

上任后，我首先拿"会议"来"开刀"，主张减少开会，能不开的会，就不开。上面要求必须传达的，则化繁为简，通告大家就是了。全系教师大会每学期也就安排两三次，不讲虚话套话，就是讨论解决有关教学、科研和考试等具体问题。会议少开一点，表格少填一点，不必要的"管理"松开一点，还有，就是不强制老师每年必须发表多少论文，职称晋升主要看"代表作"。这样做，是想减少干扰，恢复一些自由的空间。

但也不见得都赞成这样做。记得有一回，我和北大经济学院的院长聊此事。他说若没有严格的规定，有些老师会很懒，用现在的说法，就是"躺倒"了。我说"懒人"毕竟很少，为了"管住"极少数，而把大多数弄得很紧张，不值得。我们减少开会、填表，不要求每年发表多少论文，是想营造一个宽松的"小环境"。我还发表过文章，批评学术界特别是人文学科的"项目化生态"。结果呢，我们营造"小环境"的措施也只坚持了几年，后来"大环境"越来越"卷"，中文系又陷进去了，挺遗憾的。

说到当时减少开会，也有例外，有一种会议几乎每星期都要开，就是系主任联合办公会。一般安排在周一下午，党政班子成员参加，议决教学科研等具体事项。第一次办公会，班子成员做了明确的分工，各负其责。当时北大的规定，院系一级实行院长或系主任负责制，党委起"保证作用"。那么职责分工我就负责统筹协调，其他几位副主任分别主管本科教学、研究生培养、科研、学生工作，以及行政管理，等等。与我合作的系党委书记李小凡，就是那位平凡而默默耕耘、认为"课比天大"的方言研究专家，曾得到教育部表彰的，可惜英年早逝。后来又有蒋朗朗接任。他们的人品和师德都是极好的，我们之间互相帮衬，从未闹过什么争执。真不容易！班子其他几位成员进进出出，包括张剑福、宋绍年、张鸣、朱庆之、卢永璘、陈跃红、陈保亚、窦克瑾、金永兵，等等，都尽职做事；彼此若有什么不同意见，商量着办就是了。办公会是个好办法，既可有效实施民主集中制，主要精力又能放到处理教学科研的工作上。我不当"甩手掌柜"，也不揽权，放手支持班子成员各司其职。在任九年，最欣慰的就是班子的团结。这也因为当时风气还不那么"卷"，物质利诱没有那么多，大家都想着怎么把工作做好，让中文系正常运转。

麻烦的"定岗"

上任后两个月，1999年9月，北大开展人事制度改革，要给教师"定岗"。学校给每个院系下达教职工岗位的指标，分为八级，与岗位津贴挂钩。定岗不等于职称，而是按照岗位需要，发放不同级别的津贴。每年定岗是动态的。第一次定岗的情况是：一级岗定五人（另有两名是此前学校评定的"资深教授"），主要是学术界有公认的成就的学科带头人，包括袁行霈、裘锡圭、严家炎、谢冕、徐通锵、陆俭明、褚斌杰；二级岗十四人，主要是资历较高的博士生导师；三级岗三十人，主要是博士生导师和教授；其余是四级及以下岗位，六十五人。因为牵涉到具体的人事，不能由我和书记说了算，也不能放手让全系投票公议，而要多方调查，从教学、科研和社会服务等几个方面去比较平衡，征求意见，在此基础上反复讨论几种方案，最后经过学术委员会议定。定下来后，很多矛盾和争议，还得调解矛盾，工作是非常难做的。

其中二级岗人选的确定最具争议。有一位在学术上有相当影响力，可是"人缘"似乎不太好的著名教授，其条件是符合二级岗的，我也赞成他二级岗，否则"不好交代"。可是学术委员会在议决时把他排除了。上报的名单不能改，只好到人事部"上会"时，由我去"突然袭击"，说明情况，表示可以把我的二级岗名额"让出来"给这位教授。结果人事部临时给中文系增加了一个二级岗名额，事情才算平息了。

还有一位老师教学水平比较低，学术上有"硬伤"，影响不好，又遭到学生投诉，定岗时被划为"编外"，交给学校另作安排。他的家属就打上门来，闹得"鸡犬不宁"。最后还是帮助这位老师转岗到另一个院系。当时北大人事制度改革比较理想化，甚至设计要"非升即走"。可是大环境如此，谈何容易？诸如"定岗"之类麻烦的事情很多，穷于应付。好在系里班子成员对于定岗都是"礼让有先"，而不会为自己争抢，做工作也就比较能服人。

学术实力在"往下掉"

通过定岗，我们对中文系的师资情况也做了一次全面的排查。比定岗更让人头疼的情况显现了，那就是，中文系的学术实力正在"往下掉"。

北大中文系是文科的重镇，学术声誉高，那是因为建立比较早，曾涌现过一批大师级学者。这也得益于1952年院系调整，清华和燕京的中文系合并到北大，后来又来了中山大学语言学系的王力先生，北大捡了"大便宜"。五六十年代的北大中文系可谓"独步天下"。之后虽历经运动波折，也还是培养了一批学养扎实的师资，包括1954和1955级毕业留校的那批老师。"文革"后学科复兴，学术研究进入比较纯粹而带理想主义的时期，这批老师成为中文系乃至全国学界的中坚力量。但在我接手中文系工作时，中文系的"鼎盛时期"已近"尾声"，只不过我们顶着北大的"光环"，仍然有点"自高自大"罢了。

我上任后，对文学、语言和古文献三个专业七个博士点逐一摸底调查，认为当时在全国同一学科领域仍然处于领先地位的，有现当代文学、现代汉语、汉语史、语言学和文献学，而师资"断层"情况正在出现。当时全系一百三十三名教职工中，有五十七位教授，三十一位博导，他们大都是 50 年代毕业留校那一批，平均年龄接近六十岁。到 2003 年，他们之中 70％将退休，学术整体实力"往下掉"的趋势来逼。我曾向学校领导汇报中文系现状，算了一笔账：就影响力而言，当时在全国学科同行中仍然名列前茅的学者（大致是二级学科能名列前五，三级学科名列前三者），全系大概还有十五位（大都是一、二级定岗），但这批领军的教授将陆续退休。而按照当时估算，四十五岁以下，可望发展为一流学者的老师还不到十位。十年之内，中文系真正著名的领军的学者将大大减少，有些学科甚至"归零"。这是严峻的事实。

于是，我们就把师资队伍的充实提高，作为头等大事。记得曾在香山附近宾馆专门举行过为期两天的全系大讨论，要求破除"自高自大"，每个教研室都把自己的师资放到全国同行中去比较，看优势和弱项在哪里，应当如何扬长避短，适应时代需求拟定各自的学术发展方向。

与此同时，系里有意识做三方面的工作。

一是尽可能扶持年轻教师。但做学问，特别是人文学科，主要还是靠个人的才华与积累。我们能做的，主要是为他们的成长创造比较宽松的空间，争取更好的发展资源。我曾在1999年9月3日的全系教师会上特别提到："现在北大有种不好的风气：挤压人才，动辄告状，捏造罪名构陷他人。我上不去，你也别上。这是劣根性。"所以扶持青年学者，有时的确需要"争取"。比如，2004年申报"长江学者"，那时还是比较严格的，系里推举了研究现代文学的C教授。他的学问和影响是肯定的，但有些议论史事的观点可能不太"主流"，上级部门把他"卡"下来了。我就直接找上级申诉，说明情况，表示如果下一轮评"长江学者"，他仍然会是北大中文系的提名。结果沟通成功，这位才俊评上了。还有一位在清华任教的年轻博士Y，在语言理论研究方面卓有建树，但其"路数"比较独特，与人相处很高傲，对于是否引进，教研室是犹疑的。系里就决定"越过"教研室引进此人。

二是向学校争取政策，适当延缓某些著名教授的退休。人文学科做学术最佳年龄应当是五十至七十岁。可是牵涉到全校的人事制度，这建议当时很难实现。大概在我退休多年之后，学校才设立"博雅讲席"等名堂，少数学术影响大的学者可以延缓到七十岁退休。

那么当时中文系要紧的就是第三点，即"挖人"了，从全国乃至世界上考察和选拔优秀人才，邀请和引进到中文系来。

当时还没有现在这样好的条件，不可能给引进的老师提供格外优厚的待遇，只能靠北大这个牌子和真诚去吸引人。困难是很多的。都说北大的传统是自由和兼容，可是具体到进人，还是存在某些"围城"习惯，对外校培养的人才，特别是学术理路不同的，还是另眼看待。依照老习惯，选留师资的决定权主要在教研室，特别是几个学科的带头人。他们有学问，但也可能有"圈子"，总是倾向于留自己的学生。系里就特别强调，进人或者留人不搞"近亲繁殖"；本系应届毕业的博士生一般不留校，除非去外校工作几年干出成绩，证明确有发展潜力的，才可以吸收回来。还有，进人或者留人，当然还是要充分听取教研室，特别是学科领头人的意见，但决定权收回到系里，经过学术委员会讨论和投票决定。这样，就尽可能避免"圈子化"的弊病，师资队伍扩充的可能性增加了。

这方面的工作非常繁琐，要花费大量精力。当系里和教研室商量，物色了适合引进的优秀人才之后，就需要去和物色好的"对象"初步接触，结果呢，有两种情况。一种是人家虽然乐意来北大，但很多调动的困难还要一一解决，某个环节卡住了，就办不成；第二种情况是，想引进的人才因为"北大来挖人"而"身价"倍增，其所在学校给的待遇远高于北大，人家就不来了。2000年前后，我经常出差"微服私访"，就是为物色人才；经常跑学校人事部"打通关节"，也是为引进人才。

而更犯难的，是来自内部的阻碍。有几位外校的学者学问很好，知名度高，也愿意考虑来北大。征求教研室意见，他们却思虑重重，以"有争议""恐怕难以融入"等"理由"谢绝。一般情况下，还是尊重教研室意见，罢了。但也有例外。当时有一位名气很大的学者G先生，系里邀请他开课一年，反应非常好，他也同意来北大。又是教研室某些有"话语权"的不赞同。怎么办？系里最终还是拍板引进，安排他去了另外一个教研室。

那时各高校开始"人才流动"，互相"挖人"。像"隔壁"的清华要恢复发展文科，就从北大"挖去"许多人。我们一方面进人，另方面，又要防止人才流失。有时未免顾此失彼。如古文献的L教授学问很好，文章写得漂亮，又很有个性，但他和本专业某些老师拢不到一块，提出要调离北大。我急忙把他稳住，"网开一面"，也让他转到另一个专业，应允他可以"独来独往"，安心做自己的学问。他原来教研室的一位老师"质问"：为何给L这样特殊的自由？我笑笑说，等哪一天你的学问做到和他那样好，也同样可以享受这种"待遇"。

诸如此类事情牵涉到人事的方方面面，做起来其实非常麻烦。但那几年还是从全国和国外吸收了十多位有发展前景的才俊，包括北大毕业后在校外逐步成名的。现在他们都已经成为新一代学科带头人。

提出"守正创新"

"守正创新"这个词现在用得很多，几乎成了口号，而最初是作为北大中文系办学的宗旨提出的。写这篇文章时，查了一下日记，早在 1997 年 5 月 9 日，在向北大校领导汇报工作时，我就提到，在当时那种形势下，中文系办学的指导思想应当是"守正创新"，并说那也是费振刚老师的主张。当时费老师还担任系主任，我是副主任。我说，中文系的传统、格局与优势，在全国同一学科中很突出，比如注重"史"（文学史和汉语史等），注重基础理论，以及三足鼎立（文学、语言与文献）的学科格局，都是特色，也是"安身立命之本"。我还讲到，那时许多大学中文系都"着急"，改弦更张，纷纷往"热点"和"实用"的专业靠拢，但北大不能这样，还是要"守正创新"。全国那么大，大学的层次和功能不太一样，北大是研究型综合性大学，北大中文系也不宜把原有三个专业合并为"汉语言文学"这样一个大的专业，更不应当往实用性专业转化。我们曾经办过"文秘"专科和"新闻出版"本科，但只招收过一两届学生，后来就不再办了。

近三年以后，也就是 2000 年 3 月，北大中文系九十周年系庆，那时我已经担任系主任，在大会讲话中就正式提出以"守正创新"作为北大中文系的办学宗旨。讲话原稿已经找不到了，但在 2005 年，我曾应学生刊物《启明星》之约，写过一篇九十五周年系庆"感言"，其中有一段是这样阐释"守正创新"的，不妨抄录如下：

　　我愿意在这里重新强调中文系九十周年系庆时提出的"守正创新"。看来，我们这个有近百年"文脉"的中文系，如何做到既保持和发挥自己的学术传统优势，也就是"守正"，同时又适应社会需求，在学术和教育上不断有所推进，是艰难而必要的。现在一般谈"创新"很多，为何在"创新"前面要特别加上"守正"呢？其实对于像北大中文系这样有传统优势的教学单位，能在当前这种浮躁的环境中"守住"自己良好的学统，也就是属于"正"的那些优势，这本身就是保值和增值，当然，这也需要创新才能保得住。或者说，"守正"是"创新"的前提，"守正"过程也需要"创新"。现在"守正"可能比"创新"更难，需要更多关注，下更大力气。这些年人文学科越来越受到挤压，北大中文系还能取得一些成绩，在全国同一学科仍能居于整体领先地位，我想主要也是靠"老本钱"，是在"守正"方面多下了一些功夫。如果说我们有"创新"，那也是在"守正"基础上实施的"创新"，断不是甩开传统去盲目跟进那些好看而无根的"新潮"。所以我又愿意把"守正"的意义理解为继续保持严谨而又宽松自由的学术氛围，让中文系的"文脉"生生不息，每一位师生都能从中获益。在这样功利的浮躁的时代，"守"的难度往往比"创"更大，但这最难的也就是更可宝贵的。我们的前任系主任费振刚教授提出过"以不变应万变"。如果不把这想象为拒绝任何改革，而是理解为对于中文系"文脉"的尊重，以及对人文学科讲求积累这种特性的了解，那么我认为费老师的提醒现在也还很有针对性。这也可以帮助我们深入理解"守正创新"的含义和必要性。①

2005 年 8 月，我在接受纽约大学学生访谈时，又有对"守正创新"更有针对性的阐释：

　　提出"守正创新"，也是针对现在那种浮躁的学风。北大有许多好的传统需要守成，不要动不动就改变它，也不要急于创新，天天改革。在许多情况下，改良比改革更切实。办教育和办工厂不一样，教育需要积累，不宜变动太过频繁。现在北大也有浮躁心态，有些干部想"出新"较多，而考虑好的传统的"坚守"不够。我们把"守正"放在"创新"前面，是想说明继承优良学术传统的重要性，基础性，不赞成浮躁的教育"大跃进"。②

后来，我在许多场合都提到要"守正创新"，这个理念也得到中文系大多数老师的认可。到 2016 年，时任北大校长林建华在《学校党建与思想教育》杂志上发表文章，题目就叫《守正创新　引领未来——关于北京大学办学使命的几点思考》（后来《人民日报》转发），其中肯定了以"守正创新"作为北大办学的思想，这个提

①　参见《"守正创新"与"文脉"的延续》，收入《语文课改与文学教育》，江苏教育出版社 2007 年版，第 98—99 页。
②　参见《大学的文学教育与全球化背景下的本土人文教育》，收入《语文课改与文学教育》，江苏教育出版社 2007 年版，第 93 页。

法的影响就出去了。

北大中文系是个老系，有好的传统和学风，比如严谨求实，有宽松自由，还有思想比较活跃，这些都是好东西，要想办法把它们传下来。"守正创新"，我看先是把"正"守住，在这个基础上再创新与发展。办教育要有理想，要适应时代发展，但必须遵循规律，不要那么多动作，特别忌讳"多动症"。教育有滞后性，特别是精英教育，总还是要有的，它有时要与社会潮流保持一定的距离。

中文系要培养"笔杆子"

过去，奔着北大中文系来的考生，多数怀揣作家梦。其实作家要有天赋，有特别的想象力和文字能力。作家不是学校"培养"出来的，往往是有意栽花花不发，无心插柳柳成荫。因此老主任杨晦先生说过，中文系不培养作家。对他的话至今仍有争论。我当中文系主任那时，不去争论，而根据现实要求和学科特点提出，"中文学科"的定位是把语言文学作为研究对象，培养这方面有较高素养与能力的人才。社会需要作家毕竟极少数，却需要大量"笔杆子"。学中文的学生受过语言文学的基本训练，文字能力较强，从事各行各业以及学术研究的适应性也较强，有"后劲"。我在几次会上讲话和一些文章中都强调要重视写作能力的培养，说这是中文系的特长，并着手围绕这个目标改进课程。

这项工作主要交由副主任陈跃红老师去做，也得到全系老师的配合。改进有几点：一是把文学、语言和古文献三个本科专业的部分课程（主要是一、二年级的）打通，通识化，全系学生都要上。二是重视七门基础课的教学，由有经验的教授来授课。当时学校也支持，还专门给主讲基础课的老师发聘书，以示重视。三是改变"因人设课"的无序状况，不能把研究生的课和本科选修课混同，要求各专业专为高年级开设专题选修课。四是增加几种全系必选的"经典名著精读"课，是"整本书阅读"，一学期通读精读某一种，本科期间有几本经典打底子。五是每一种课都要求指向写作能力训练，布置小论文，老师必须指导论文写作，为学生改论文。

特别是第五项改进，我抓得更紧。记得我曾提出要向中山大学文学院学习，他们格外重视写作训练，要求本科四年写短论文或其他形式文章一百篇，老师分工给学生指导和修改。我还应邀去香港浸会大学等校，考察他们如何把教师为学生改作文作为一种制度的。这些经验我都在系里推广过。我还和系里七八位老师合作编写了一本《中文学科论文写作训练》教材，原是为中央电大编的，后来很多大学中文系也采用，有过十多次印刷。

当时还有一项改进，就是抓好本科毕业论文的指导。之前，毕业论文一般安排在最后一学期，这是有问题的。那时学生都在找工作，没有足够精力投入。考虑到这种情况，系里决定把毕业论文提前到四年级上学期。此外，重视二、三年级学年论文的写作，要求老师分头指导，设定两个学分。当时确实是想动员全系老师，每一门课都全力以赴抓写作。虽然中文系没有专门的写作课，但这种训练渗透到所有课程中去了，效果应当是不错的。

不敢说这些改进全都得到落实，而且时代在变，人们对中文系的要求也在变。我退休后仍关心当初的举措如今有哪些还在持续，相信中文系总还是要培养"笔杆子"的。

子民学术论坛

这几年经济状况不太好，就业难，硕士、博士生又扩招。这实在也是无奈之举。可是文科的博士生实在太多了，很多不见得真的喜欢做研究，到时候工作还是难找。我历来主张人文学科还是少而精为好。我任系主任那些年，社会和经济压力还没有现在这样大，招收硕士、博士生也不像现在这样多，每位导师每年也就招一名博士生，若没有合适人选，就干脆不招，系里也不会强加。

还有就是如何培养。博士生进来后，完成了外语和政治课的学分，一般也就是按照导师指导的研究方向、路数，给个阅读书目，或者定个题目，由学生自己去摸索。有的博士生几年下来只认识导师和所在教研室几位老师，和同学也很少接触。按照既定专业方向进行个性化的培养，好处是精专，坏处是知识面可能狭窄。为拓展学生知识面，活跃思维，系里专门为博士生设计了一门共同课，那就是"子民学术论坛"。论坛每隔半个月一次，内容涉及面很宽，包括文学、历史、哲学、语言、文献、经济学、社会学，以及科技，等等，所邀请来讲授的都是校外相关领域的名家，如张中行、王蒙、余光中、张岂之、李欧梵、徐葆耕、刘梦溪，等等，我都是亲自出面去邀请的。论坛要求全系的博士生必修，而且要根据某一次讲座的内容写一篇学习心得。这个论坛其实在1996年我担任副系主任时就开始举办了，到2000年前后，正式作为一门课程。论坛大大开阔了博士生的视野，也活跃了中文系的学术氛围。

在此基础上，后来我又主持出版了"名家通识讲座书系"，也就是在出版界小有名声的"十五讲"系列。

率先实行博士论文匿名评审

文科的博士生怎样培养？其实在北大中文系，也是摸着石头过河的。关键在招收的生源质量。优秀的有潜质的学生，只需要导师点拨，就能找到自己的学术路数，逐步成长起来。招生时导师的专业辨识起决定作用，系里只能在基本要求方面把关。而资格考试、预答辩和答辩这三关也很要紧。特别是答辩，当时都是由导师提出答辩委员会人选名单，往往就难免只找熟悉的同行，几乎全都能顺利通过。为了逐步完善博士生培养制度，切实提高博士论文质量，系里决定实施论文匿名评审制。其程序就是要求各个专业建立本学科的专家库，博士论文提交答辩之前，须把论文交给校外三名以上的专家评审，待专家同意后，再组织答辩。而谁的论文，邀请哪几位专家评审，是双向匿名的。我在任那几年，几乎每年都有几篇博士论文答辩未能通过。

记得有一回，某位博士生的论文答辩已经过了，按照程序，需要学术委员会最后抽查复核。到这一环节，一般都不会再卡住。但也不尽然。已通过答辩的论文我们还会大致浏览查阅。翻阅这篇论文的过程中，我感觉有些内容似曾相识，就认真去查。那时还没有查重的软件，只能从注解等细节顺藤摸瓜去找，果然发现有大段抄袭。结果，这篇博士论文就不予通过。导师来说情，建议考虑这位博士生因为家属生病，论文提交草率的情况。我说这不是抄袭的"理由"，但也容许这位学生修改后再次提交答辩。

诸如此类的事情几乎每年都有发生，因为管理制度还不完善，处理起来挺麻烦的。应当说，那些年虽然博士生少，但逐步建立了严格的可以操作的管理制度，创造了比较严谨而开放的学风。北大中文系是率先实行博士论文匿名评审的，后来，全国很多高校也都这样做了。

也就在那几年，北大中文系有三篇论文荣获"全国百篇优秀博士学位论文"奖。2005年9月，还以"建立严格的博士生教育管理制度，造就最优秀的学术后备人才"的成果，获得教育部颁发的高等教育国家级教学成果奖。

中文系为何不"升格"为学院？

很多人可能纳闷：如今全国各大学的中文系几乎全都"升格"为文学院了，为何北大中文系至今仍然只是个"系"？这是有"故事"的。

上世纪 90 年代刮起了"翻牌"和"升格"风，原来的"学院"，纷纷改为"大学"；而学院里头的"系"，就变成"学院"。学校改名一般要经过批准，有些学院改为大学没有得到批准，只好把本学院的各个系改为学院，结果称呼就是"某某学院的某某学院"，还得在后面加括号说明是"二级学院"。这简直是绕口令，也不嫌尴尬。回头看，当时许多学院改为大学，确实也因为扩招，办学的规模扩大了，"名堂"自然也要大些。而且"升格"改名还可以吸引生源，这也情有可原罢。

在这股"升格"大潮中，北大也未能置身事外，1995 年前后，大多数系也都陆续改为学院。如数学系改为数学科学学院，地理系改为城市与环境学院，心理系改为心理与认知科学学院，等等。现今北大四十多个院系中，只剩下文、史、哲，以及社会学、信息管理（原图书馆系）五个教学单位仍然叫"系"。

2000 年，北大校方也曾试图把文、史、哲三个系改为三个学院，建议中文系易名"文学院"，因为那时全国的大学中文系几乎都已经变为文学院了。就办学规模而言，当时北大中文系有四个本科专业，七个博士点，六个全国重点学科，三个全国高校文科科研和人才培养基地，两个实体的研究所。这在北大乃至全国各个大学的人文学科中，也算是一个较大的教学机构了。但我们不想赶潮流，认为教学格局和规模并没有很大的变动，虽然研究生多了，但本科每年招生数量始终维持在一百名左右，"升格"为学院其实没有什么

81

意义。何况北大中文系是百年老系，传统深厚，大家也这样称呼习惯了，若改为文学院，反而有些别扭。

记得当时在友谊宾馆开过一次教师代表会，讨论是否改为文学院。多数老师都表示不赞成。我和一些老师也曾建议，中文系原来有个新闻专业，1958年转去人民大学了，如果学校同意在中文系恢复新闻专业，增设中文信息处理专业，同时合并对外汉语专业，也可以考虑改名文学院。但当时学校正准备单独重建新闻传播学院，对外汉语也早已经独立出去，中文系扩展专业后转为学院显然不现实。后来学校一位副校长再次问我，到底改不改文学院。我说，等全国的中文系都改完了，我们再考虑吧。就搪塞过去了。

那时，北大历史系和哲学系也曾酝酿改为历史文化学院和哲学宗教学学院，两系的主任找我商量，看是否同时"升格"。他们听说中文系不改，也就作罢。北大是宽容的，校方尊重系里的决定，一直到今天，北大的文史哲仍然保留"系"的名称。我开玩笑说，出去开会，要排座次，院长级别大于系主任，必须是C位，我们是"生产队长"，就叨陪末座好了。

"宽口径"与"厚基础"

我在任系主任那时，班子考虑较多的还有课程改革，也尝试做了一些改动，有的成功，有的浅尝即止，甚至无疾而终。那时全国的大学本科都在淡化专业，转为通识教育，同时又增加一些实用性较强的专业。如中文专业就大都只有一个"汉语言文学",不再划分更细的专业,同时又增加诸如"文秘""对外汉语""影视"之类专业。当时北大也提出本科教育要改为"宽口径,厚基础",实行学科交融整合的"大文科",尝试实施"文科实验班",把文史哲打通,到高年级和研究生阶段再选择专业。后来又设立"元培班",也是淡化专业的思路。这种思路显然有现实的考虑,随着高等教育的扩展和普及,原来侧重的比较专业化的精英教育,逐渐往通识教育转化。社会上大量需要的是"好使顶用"的毕业生,本科教育不能不转型。但我们显得有些"保守",在专业和课程改革的大潮中还想看一看,不着急赶趟。经过几年折腾,或者说好听一点,试验,北大中文系还是坚持保留原有的文学、语言和古典文献三个本科专业,没有统称为"汉语言文学"专业。原来中文系也办过"文秘"专科班,只办了两届,就放弃了。2005 年起,开设一个新的本科专业,叫"中文信息处理",属于应用语言学,将汉语语言学和计算机科学结合起来,是新的学科点,当时在全国也是"独一份"。但这个专业招生和教学都碰到许多困难,不能说是成功的,只是尝试,也是顺应当时学科融合的要求的。北大中文系本科专业仍然是文学、语言和文献三足鼎立。

对于当时北大提出本科教育要朝"宽口径,厚基础"方向改革,我们也不排斥,而是从实际出发,稳步试验。1999 年开始,尝试打通三个本科专业的部分课程,主要是基础课,全系本科生都规定必修的。到 2005 年,规定新生进来先不分专业上课,一、二年级的课打通，到三年级再根据学生的志向选择不同的专业。后来这个规定大概也只是实行了一部分，新生进来还是先分专业，但一、二年级上的课都是打通了的。

当时系里反复讨论，认为还是稳一些为好。北大是研究型大学，多数本科生还是要继续读研、读博的，必须让他们拓展知识面和视野，同时又有某种专业意识。记得我在几次会上提出，"宽口径，厚基础"是大目标，可是两者是有矛盾的，前者容易，后者难，结合起来更难。并非一讲"宽口径"，就似乎本科可以不要专业了。当时校内外都有人呼唤"大文科"。文史哲不分，学生什么课都选，没有一点专业归宿，恐怕也有问题。后来北大尝试"文科实验班"和"元培班"，我也给实验班讲过课，但始终是不太赞成这样做的，因为弄不好就是"万金油"，就更是浮躁了。我对"大文科"持怀疑态度，认为不能不经试验就推广。口径过宽，"厚基础"就可能很难。中文系本科专业的三足鼎立，是特色，必须保留，可以有分有合，兼顾一点，做些调整。

我们倒是比较重视在训练学生学习能力的前提下去"厚基础"。

前面说过，中文系的目标不宜放在培养作家，但可以放在培养"写家"，中文系出来的应当都是"笔杆子"。所谓"厚基础"，要"厚"在写作能力的综合培养上，要求每一门课都来做写作训练。

为了"厚基础"，正如前面提到的，当时还增加了读原典的课程，是经典名著的"整本书阅读"。比如《论语》《孟子》《红楼梦》《呐喊》

等文化经典，就作为本科生完整阅读的正式的课程。这类课主要不是由老师做研究性的讲解，而是带着学生完整地读，让他们有初步的思考与探究。其实，主要的经典真正读懂了，古汉语也就过关了，文学史也部分学习了，语言文字的感觉和文化的感觉也有了，又磨了性子，学风更扎实。

为了让学生"学会学习"，当时还为低年级设计了"中文工具书及文化要籍解题"这样带实践性的课。此外，我们对高年级的选修课也做了调整，增设一些可以帮助学生"学会学习"、接触学科前沿的课，如各种学科史、学术史以及学术前沿问题讨论，还鼓励老师将各自研究的课题与成果转化为面向本科生的专题课。每个学期提供给本科生选修的专题课不下二十门。通过多年的努力，中文系已经把基础课、限选课与一般选修课配套组成三个层次，真正为本科教学的"厚基础"奠定了基础。

重视并改进本科教学

北大中文系有一个很好的传统，就是重视本科低年级的教学，一、二年级的基础课主要由资深教授上。2000 年前后，研究生的教学规模大了，博士、硕士生数量已经超过本科生，老师的工作量增加了，请资深教授上本科生课有困难，但我们还是努力坚持这样做，本科的基础课主要都由教授、副教授讲。为了让学生一进大学就能领略名家的不同治学风格，我们为低年级开设了一些由"名教授共抬"的"拼盘课"。

如"现当代作品赏析",就是由现代文学和当代文学两个教研室著名的教授(包括已经退休的知名教授)一起上,每人讲一两次,各家的教学风采都展现了,让学生大开眼界。在北大中文系,教授上本科基础课是"本分"的事。2025年教育部组织高等教育国家级教学成果评奖,中文系有四门课获得二等奖(前几次评奖有特等奖和一等奖四个,二等奖多个)。

现在本科生都很重视"绩点",考研或者出国都看这个,弄得学生全盯着考试成绩,持续紧张,这并不利于素质培养和学术成长。很多大学生说上大学几乎和读高中差不多。其实当年我们也碰到类似问题,只不过没有现在这样紧张罢了。

中文系那几年一直在抓学风,抓学术规范与教学管理。其中考试的改革是重要一环。考试评分是否合理、公正与规范,也是直接涉及学生学习动力和学风的重要问题。为了抵制不良学风,树立学术尊严,2004年前后,系里出台了有关考试评分"正态分布"的规定,以及优秀论文与毕业论文新的评分办法。有关规定加强了对抄袭、作弊等违规行为的处分力度;要求考试成绩评定必须符合各分数段的比例限制,接近平均分数的人数最多(60—84分的占70%以上),接近高分和低分的较少(85分及以上的不超过20%,90分及以上的不超过10%,60分以下的不超过10%),分数要拉开,成绩相同率尽可能低。各分数段有一个统一的参考标准,减少随意性。

如因特殊情况需调整分数段的比例（比如某些班级整体素质好，高分的比重适当加大），需通过教研室会议同意。当时这些规定，意在使不同专业之间、不同课程之间、不同老师之间，对学生的成绩评价尽可能有一个共同的可比性。

另外一件事，是改进和加强对本科学年论文和毕业论文的指导，对论文的评分也规定了分数段参考标准，成绩一律采用百分制，指导教师必须给出具体的评语，交教研室主任审核。系里每年对部分论文进行随机抽查和请专家匿名再评审，成绩取指导教师所给成绩和匿名再评定成绩的平均分。教学管理的严格规范，对树立良好的学风起到积极的作用。

2005 年，北大教务部推广了中文系的这些改革办法。

回顾那时中文系的那些事儿，琐琐碎碎，最后以一则日记来结束本文吧：

2008 年 5 月 23 日，下午全系教师大会，行政班子换届。老师到会很齐。学校党委副书记吴志攀、副校长张国有和组织部长参加。我先做总结发言，总结九年来的工作思路、成绩与问题，约四十分钟。当讲到从副主任到主任先后十二年任职的许多甘苦，真动了情，两度感慨哽咽。老师们非常认真听。人生事业又告一段落，无怨无悔。

不实的传闻

北大中文系在学界有较大影响，一举一动容易引发关注。在我任职那些年，有些谣传给中文系泼了污水。编写此书，时过境迁了，有几个传闻不妨澄清一下，立此存照罢。

第一个传闻，曾把北大中文系弄得很被动。有一位从事古文字研究、享受院士待遇的"资深教授"（当时中文系只有三位）裘锡圭先生，突然决定要离开北大中文系，一时成为轰动的新闻。至今，仍然有传说，裘先生"出走"的原因"与校内人际关系矛盾有关"。还说当时校方询问过温儒敏的意见，温说"他要走就让他走"，没有挽留。事实上，是裘锡圭先生七十一岁了，想叶落归根，回上海，而复旦大学又许诺将以裘先生为领军成立一个研究中心，待遇远高于北大。当时的北大常务副校长吴志攀出面做了许多挽留工作，我和系党委书记李小凡也几次上门拜访劝阻，何来"没有挽留"之说？最终他老先生还是走了。这件事若发生在今天，不会成为什么新闻，因为师资的"跳槽"越来越平常了。但当时可不得了，我和李小凡老师也都背了"黑锅"，好像容不得人，真是有苦难言。

第二个传闻，谣传中文系"处理"钱理群教授，让他提前退休。事实上，那是2001年夏，在一次高校思想政治工作会议上，某高层领导点名批评了钱理群，指钱在一本书中批判现今是"吃人"社会，天安门的人民英雄纪念碑是"压在心中的坟"。其实此传闻有误，那书中的文章不是老钱写的，老钱没有说过这些话，是他的学生把老钱的一次闲谈记录作为该书的序言，其中不免有误记之处。于是便有好事者告状，传来传去，引起了高层的注意。而当时刚接任的北大党委书记也不认识钱理群，有些紧张，连夜召集会议，讨论如何处置。我和系党委书记李小凡也参加了。我在会上说，总要先弄清楚事情真相，看性质如何。而且我认为，即使有错，因言获罪也有些不妥。历史经验告诉我们，对人的处理务必慎重，除非有红头文件，否则不要轻易处理。书记表示赞同，便指示我去和钱理群谈一谈。我说老钱是我的同学，我去谈不妥。只好请一位主管文科的副校长去找钱理群谈话。据说他们开诚布公，谈得很好，也弄清楚了事实。事后写了篇简报上报，说是已"提高认识"云云，便不再追究。钱理群毫发未损，也没有因此被"开除"或"提前退休"。按照北大人事制度，博士生导师六十三岁退休。2002年钱理群六十三岁，是按规定时间退休，属于正常安排。而外界炒得很凶。我到外地大学讲座，也有人递条子要我解释。当时的情势我也无法去解释，只好听之任之。

第三个传闻，所谓中文系"容不下"吴小如先生。2012年9

月 13 日，一位我所尊敬的校友在《南方周末》发表文章，题为《北大中文系，让我把你摇醒》，指责中文系搞"人才的逆向淘汰"，像吴小如这样的"大家"评不上教授，而"一些在学术上长期不下蛋的母鸡，却顺利地评上了教授"。该文发表时我已卸任四年，而且吴小如先生评教授之事也早在我任职之前，但我还是要在这里说说事情的原委。

吴小如先生是学界名声很大的学者，专著不多，可是面广，古典文学、文献学、戏剧学都有很高造诣，学生也喜欢他的课。他在北大的确受了一些委屈的。"文革"结束后，北大"积压"的人才多，像吴先生这样年过半百的"老讲师"不少，都等着晋升。据说吴先生虽然是"杂家"，但他的学问也还是被"看好"的，在中文系的评审会上就给他"破格"提升教授了。名单报上去，不料教育部临时减少了北大的名额，校方就把吴先生给"卡"下来了。因此吴先生愤而离开中文系，要去中华书局。校方出面挽留，把他留在了历史系，专门为他成立一个中古史研究中心。吴先生在历史系是很寂寞的。他没有当上博导，也没有文学史、戏剧史方面的及门弟子。这的确是遗憾的事情。

不过吴先生始终活跃在北大文科。遇到不良学风，他都会"多管闲事"，不留情面提出批评。有一回学校评定职称，提升教授的预备名单中有钱理群。可能老钱在组织王瑶先生的纪念文集时不慎遗漏了吴小如的文章，"得罪"了吴小如，吴先生就对老钱"耿耿于怀",硬是从老钱的著作中找到一处硬伤,以此为例证明钱理群不合格。他还在会前复印了材料散发给评委。此事做得的确有点"过",但也可见吴小如先生性格一侧面。于是一顶"学术警察"的帽子便落到他头上。吴先生说:"有人称我'学术警察',我不在乎。"无论如何,"学术警察"还是有益于学术生态的,现在像吴先生这样认真、严格的学者是越来越稀罕了。

2008年北大中文系纪念吴组缃先生百年诞辰,在勺园召开一个纪念会,来了很多学界名流。我主持会议,把吴小如先生请到主席台。吴先生发言时突然离开会议主旨,痛批中文系的学风,让人有点坐不住了。我知道先生的批评是对的,况且他对中文系也的确"有气",就由他说个痛快吧。果然说完了,他也就谈笑风生了。

上述那篇批评中文系的文章传播很广,但基本事实不符,说中文系"逼走"吴小如,显然是夸大其词了。

这些年本人编教材,处在风口浪尖上,更是隔三岔五遭受网络的批评攻击。有些话是在特定的语境中说的,炒作者就用"摘句法"歪曲原意,移花接木,夸大其词,以博取眼球。之前也曾通过微博或主流媒体回应过,不管用。随它去吧!

如同一位诗人所言:说出的思想已经被歪曲,不如挖掘内在的源泉,你可以啜饮它,默默无言。

2025年4月20日

为语文教育敲边鼓

1999 年 7 月 30 日，我担任北大中文系主任才半个月，就专门召开了"中小学语文教育改革座谈会"。与会者主要是北京市的几位语文特级教师、教研员，以及本系的蒋绍愚、苏培成等几位教授。这次会主要听取一线语文老师的意见，并没有集中解决什么问题。但我在会上讲，北大中文系应当有部分精力投入到基础教育，这是题中应有之义。之后，中文系做了和语文相关的三件事。

一是重新提议并配合学校开设面向全校的"大学语文"课程，并对课程做了改革，鼓励多读书，提升语文素养，"把被应试教育败坏了的口味调试过来"。我与蒋绍愚、何九盈、周先慎等老师合作，编写几种"大学语文"教材，包括把文化专题知识学习与阅读融汇的《高等语文》（江苏教育出版社出版）。北大几乎所有理科院系都提出有必要开设"大学语文"，但因为定为选修，效果并不理想。

二是与人民教育出版社合作编写高中语文教材，包括必修五册，选修十五种。袁行霈教授领衔，我和人教社编审顾之川担任执行主

92

编。北大有十多位教授参与了编写工作。这套教材 2002 年 10 月启动编写工作，之后陆续出版，到 2019 年，新的语文统编教材（我担任总主编）在全国推开使用之前，这套高中语文教材在全国有半数以上中学选用，时间长达十多年，影响很大。

三是成立北京大学语文教育研究所。2003 年 12 月 25 日举行成立座谈会，在五院一楼会议室，挂了一个条幅，有二十多人参加，其中包括林焘、王宁、巢宗祺、蒋绍愚、钱理群、顾之川等有名的学者，而聘请为研究所顾问和研究员的，还有袁行霈、徐中玉和刘中树等先生。

我在会上发言提到，北京大学是现代语文教育的发祥地之一，历来在语文教育方面发挥领军的作用。北大中文系有许多老师直接参与大学、中学的语文教学活动，如参加每年高考语文试卷的命题和阅卷，参加大学和中小学语文教材的编写，等等；系里每年有十多位教师主讲全校性必修课大学语文。中文系还曾经为北京市教育部门举办过中学教师本科班。北大中文系早就介入了各种层次的语文教学，中文系的教学科研始终有一部分是直接和语文教学的改革紧密相连的，社会上许多语文教育单位也希望北京大学能够有相应的机构，投入语文教育改革。所以成立北大语文教育研究所，应当说是顺理成章。

我也谈到北大介入中小学语文教育的优势和不足。有这样一个平台，可以组织校内外相关的研究力量，发挥综合大学在语文教学改革方面的作用。研究所的成立，也将进一步加强北大人文学科与社会的联系，为社会服务，同时为北大传统文科注入更多的活力，拓展学科的生长点。成立北大语文所，就是打破大学与中学、教育界的隔绝状态，推进在语文教育改革方面多学科的通力合作。说实在的，我们也意识到北大中文系有不足，在语文教育的学科理论上，我们显然比不上北京师范大学、上海师范大学等学校那样专业，在教学实践上，又可能比不上一线教师的经验丰富。所以研究所的成立也是想争取更多向兄弟院校学习的机会。研究所的体制应当是开放式的，既是北大的研究所，也是所有关心大学与中学语文教育的学者的研究所，大家都可以利用这样一个平台，各种关于语文教学的不同的学术研究观点，都可以在这里探讨、试验与发表。研究所真切希望能够加强与兄弟院校特别是师范院校的学术交流协作。

北大语文所是个虚体。促成其成立的是重庆《课堂内外》杂志社，他们给了语文所八十万元作为开办经费，后来这笔钱大都给了校外老师承担语文教学调查的花费上面。这是要对《课堂内外》特别表示感谢的。语文所没有编制，也没有下拨的行政经费，甚至没有申请什么项目，主要是采取比较灵活的开放式办所方式，建成了一个语文教育研究的平台，但也做了不少切实的事情。

2024年1月5日，在北大语文所成立二十周年庆祝会上，我有一个讲话，总结了语文所二十年做过的六件实事。我半开玩笑说，

◎ 在北大语文教育研究所成立暨语文教育改革研讨会上
前排左起：钱理群、陆俭明、何九盈、王理嘉、林焘、刘中树；
后排左起：第三程翔、四孔庆东、五温儒敏、六巢宗祺、
七顾振彪、八张联荣、九顾之川、十二李小凡。
（摄于 2003 年 12 月，北大静园五院）

语文所之所以能做成几件事，是因为没有编制，没有经费，不用花时间去开会、填表和报销，无非就是一些"自愿者"聚集一起做点服务社会又有意思的事。本书收录了我在庆祝会上的那篇讲话，这里就不重复了。

2025 年 5 月 2 日

今夜清辉"师门"聚

我不太喜欢过生日，有时是家人提起，才想到又一年光阴流逝。年岁大了，时空观念都在变，更不在乎过生日。但今年（2012）这个生日却给我精神的震撼，也许会终生记忆。

赵、张同学开车来接我，我还以为只是几个人聚一聚。到了中关新园3号楼，一身漂亮旗袍的高同学在门口接引，我关心的还是她的公司的状况，没想到大门开启，同学们五六十位已经在屋里迎候。我非常惊讶，我爱人王老师眼泪唰地就流下来了。

屏幕上放映视频，很多照片本来也熟悉，但连接在一起，从我三十多岁到六十多岁，生命的年轮是如此清晰。我是逐渐老去，身边的同学却总是那样年轻，这也是当老师的骄傲吧：他们永远可以在学生身上看见自己青春的样貌。远在新加坡的胡同学拿着中央台话筒祝词，韩国的权、任同学发来视频，他们四岁的孩子穿着鲜艳的韩国民族服装在视频中给我磕头拜寿，那幼稚的动作，让满堂笑语欢腾。

这次聚会主要是我指导过的博士生和硕士生，但带头的却是所谓"编外"的老孔（其实也不是编外，我曾担任过他们文 83 的班主任。去年他们文 83 还给我办过一次生日聚会）。他和江同学在台上展示一副大红寿联，上书"温良风范儒雅人生，敏行天下寿比岱岳"，竟是年届九旬的著名书法家杨辛先生的墨宝。老孔提到我任职北大中文系主任九年，实施"守正创新"。这让我感动。卸任多年，仍然有人记得这个理念。

来自上海的丁担任司仪，同学们按照进校的年级排序，每一位都发言。

刘、何等几位"老同学"回忆当年怎样考进北大，在镜春园82 号小院师生如何品茗聊天。那时学生来家里，不用电话预约，王老师还时常请他们在家里吃饭。

陈同学说她读研究生时怀孕了，不知所措，是我一句"孩子比论文重要"，她才放心生下孩子再写论文。说着说着，掉下眼泪。

90 年代末气氛低迷，丁在南方一个小地方工作，很郁闷，接到我的信，决心重返北大求学。她回忆做论文很艰难，春节回不去家里，就在我家过年。这也勾起我的回忆，当时为她找工作，我还骑着自行车到处跑呢。

李同学谈到她二十多年前在烟台大学听我讲课，然后如何努力考上北大研究生。说话间竟几次哽咽，说不下去。

赵同学说因为从一篇文章看到我的名字，然后到北大考研，没想到从此改变了她的人生。

张同学说起二十多年前我给他们本科生上第一堂课的情形。

想想二十多年前，我还年轻，仿佛一切刚开始呢。段、熊说到我希望同学们人格健全，学问要做，更要做"正常"的人。的确，我们现在做"正常"的人也是需要努力的。

吴回忆刚参加工作就被派去新疆支边，本来希望我出面给他们领导说说情的，不料我却鼓励他去基层。看来我是有点"不近人情"。

蔡、陈等几位同学回忆起我对他们说要记住"为人民做点事"，"起码用五分之一精力回报社会"。王说起每年春节都选择初二给我拜年，感觉就是"回娘家"。

李回忆我在北大一教给研究生上的最后一课，当我说下学期就要离开北大到山大去任教，有的同学当场哭了。

杨说起她和我通信、见面、听课等许多"第一次"，连具体哪一天都记得。还有同学回忆我如何给修改论文。

姜、程、康、艾、程、陈、张、刘、郑、吴、李、艾、费等都回忆过去师生交往的点滴片段。马不知从哪里"发掘"了我年轻时写的诗《瓶中的干枝梅》，在会上放声朗诵。……

很多事我都忘记了，但学生连细节都记得那样清楚。有些偶然的遇合被感情的回忆发掘，显得愈加可贵。老师不经意的一句话或者一个举动，也许就给人影响，在人家脑子里留下烙印。我知道自己做得不见得如学生所说的那样好，但也是尽力了。从教几十年，今晚才愈加感到"为人师表"这句话的分量。

◎ 六十六岁生日聚会合影，中为温儒敏与妻子王文英（2012 年）

　　同学们为这次聚会准备那么精心，詹写了寿联，邵第一次专门学做了巧克力蛋糕，王手工制作了相册，里边有每一位同学的照片和留言……那么多绿色的回忆，把疲倦的心轻抚，让粗糙的世界变得柔和。

　　我发表感言，感谢同学们的心意。特别谢谢许多从外地赶来的同学。我不太赞同同学依照老师分为这个那个 "师门"，都是北人中文系的学生，系里的老师都是大家的老师。但希望同学之间多一些问候，多一些联系，很自然形成学术的精神的共同体。在这个功利的浮泛的时代，师生情谊是那样宝贵。我们可以不时进入这块精神家园，去漫步休憩，寻觅人生温暖的阳光。

　　我戴上 "寿星冠"，切了蛋糕，几位 "第三代" 小孩子 "献词"，大家热情合唱，又做 "成语连环套" 的游戏。三个多小时过去了，我和王老师先退席，他们开车送我回家。我把大红寿联挂在客厅墙上，整个房间顿觉流光溢彩。

　　后来听说同学们久不散席，畅聊到凌晨四点。

　　在美国的郑、斯洛伐克的李打来电话或发来电邮祝愿。

2012 年 2 月 10 日

我与人教社的三度合作

1952 年我上小学，读的语文课本就是人民教育出版社的。当时年纪小，不太注意谁编的教材，后来才意识到，自己的童年生活与精神成长竟然和一个出版机构有如此紧密的联系。我们这一代，以及我们的儿孙两代，都是读着人教版教材长大的，如今人教社七十大寿了，饮流怀源，受施勿忘，请接受我诚挚的感恩与祝贺。

五六十年代读人教版的学生，万万想不到，几十年后居然能参与这个出版社教材的编写，这工作一做就是十七年。

2002 年 1 月，人教社中学语文编辑室的顾之川和顾振彪先生来找我，说打算编一套新课标高中语文教材，希望我促成此事。虽然编教材在大学不算学术"业绩"，却是淑世之举，我二话不说，就答应下来。又提出请袁行霈先生领衔主编，顾之川和我来做具体工作，当"执行主编"。我出面请了北大中文、哲学、新闻等院系十多位教授参加编写团队。他们中有陆俭明、何九盈、苏培成、曹文轩、陈平原、刘勇强、何怀宏、常森、沈阳、姜涛、张辉、陈昌凤等；还请了清华中文系主任徐葆耕和首师大文学院院长吴思敬加盟。一批优秀的语文教师，包括程翔、翟小宁、管然荣、邓彤、郑晓龙等，也鼎力参与。中语室更是热情高涨，全力以赴，顾之川、顾振彪、张厚感、熊江平、朱于国、刘真福、李世中、王本华、贺敏、王涧、赵晓非，等等，都曾参与编写，担任责编，或者审稿。以前编教材主要靠出版社的内部运作，邀集社外这么多专家教授联袂勠力，大概是头一回。

记得在启动会上，我提出要"守正创新"，按照课标的精神来编写，内容与方法上推进改革，但不是颠覆，过去教材编写好的经验也应当吸收进来。要总结课改实践的得失，还要充分考虑大面积使用的可行性。从 2002 年 10 月启动，到 2006 年完成，编写团队先做大量的调查，认真学习新课标，研究中外母语教材的经验，然后拟定框架体例，选择课文，设计教学，每一步都充分发挥大家的才智，团结协作是非常好的。这也因为有中语室在其中起纽带和核心作用。不到三年，人教版的"普通高中课程标准实验语文教科书"就通过审查投入使用，其中必修五册，选修十五种，既有"基本口粮"，又有自主学习选择的空间。我本人是很看重这套教材的，认为它的课文选得好，经典性可读性都兼顾到了，读写教学的设计有许多创新，又稳妥实用。选修教材是个尝试，也深入浅出，各有特色。在几个版本激烈竞争的情况下，这套教材脱颖而出，获得广大师生的肯定，全国的使用率最高。

十多年过去，我还常想起和人教社同仁一起编新课标高中语文的情形。在景明园、西郊宾馆和金台饭店等处，封闭式工作，有时一住就七八天，虽然辛苦，却又充实并快乐。

后来又有第二次合作，编小学和初中语文统编教材，是教育部布置的任务。记得是 2012 年 2 月 26 日，在人教社会议室，教育部基础教育二司转达了部领导的意见，聘任我担任义务教育语文统编教材的总主编。为何会选上我？可能因为此前我主持过义务教育语文课程标准的修订，也因为人教社申报义教语文统编教材的方案时，推举我担任主编。后来教育部从全国遴选，就确定了让我来担纲。编写团队是由人教社主导的，邀请了社内外许多专家和一线教师，小学与初中两个组加起来有四十多人。曹文轩、李吉林、崔峦、顾之川、张笑庸等分别担任小学与初中的主编，陈先云、王本华任"执行主编"。人教社参与编写团队的主要有：徐轶、朱于国、郑宇、何源、刘真福、李世中、王涧、胡晓、张立霞、熊宁宁、常志丹、韩涵、陈尔杰、陈恒舒等。列出这么长的一个名单，是想说明人教社小语和中语两个编辑室在这套教材编写中起到的中坚作用。从小学到初中，九个年级十八册教材，工作量巨大，虽然框架体例和课文都是整个编写组设计和讨论定的，但很多具体的文字操作，包括导语、习题、注释等等，都得依仗小语室和中语室的同仁。他们默默耕耘，贡献最大。

因为是统编本，全国就这一套，审查非常严格，前后有二十多轮审查。最后一关是中央的审查，两次进中南海直接听取领导的指示。刘延东副总理把我们送出会议室时，握着我的手说："语文编得不错。"这回真体会到教材编写作为"国家事权"的分量了。2016 年秋季，小学和初中统编语文教材投入使用，社会反响很大，央视《新闻联播》也做了报道。回头看，这套教材强调"立德树人"和"读书为要"，小学学拼音之前先安排几课识字，设计了"和大人一起读""快乐读书吧"等延伸阅读的栏目，初中实行"教读""自读"与"课外阅读"三位一体，等等，都是特色。有报道说这套新教材"专治"不读书，说到点子上了。这几年的试用反馈意见也是充分肯定的。

编完小学和初中语文后，接着要编高中，2017 年 6 月启动。这是我与人教社的第三次合作。那时我济南北京两地跑，又刚动过一次手术，有点疲惫；再说高中语文新课标颁布前我看过送审稿，感觉改革的力度很大，教材很难编，自感力不胜任，就向教育部表示不打算再接高中的编写任务了。但教育部副部长郑富芝同志（当时任教材局局长）两次纡尊登门，来家里说服我继续担任总主编，说这事中央定了，换人不太好办。人教社韦志榕总编辑也来看我。他们的诚恳让我感动，就还是勉为其难，接着做下去吧。

高中语文的编写果然和前两次不一样。以前都是由人教社主导，小语和中语两个编辑室人员从编写、编辑到出书一条龙做下来。而高中的编写是教材局直接领导的，大事小事都过问很细。教育部组织了编写组，有各方面的专家、语文特级教师，还有以前几个不同版本的主编，包括刘勇强、过常宝、程章灿、杨九俊、柯汉琳、王荣生、王立军、郑桂华，等等，有二十多人，阵容豪华。大概考虑这是统编本吧，一开始有意识要"淡化"原人教版的"色彩"，中语室的编辑基本上只管编辑，不参加编写。我向领导提出，教材编写的专业性很强，若只靠我们这些外请的专家，人教社不全程介入，显然是不行的。编写的事务的确非常繁杂，后来领导也只好同意中语室的编辑参与编写。王本华、朱于国、李世中、尤炜、王涧、胡晓、韩涵、陈恒舒、陈尔杰、曹眍、覃文珍等，都是既参与编写，又负责编辑，还有各种繁杂的编务，包括安排会议、试教、培训、教师用书，以及应对网络舆情、做总结、写报告等等，教材局一个电话，中语室就得行动。

高中语文的编写可谓举步维艰。因为社会关注度高，网上不时拿教材来炒作，压力很大。要严格落实新课标的规定，比如以"学习任务群"组织单元，实施以活动为主线的"自主性学习"，以及特别强调立德树人，政治上把关，等等，要求非常高。而我们学习领会也需要有一个过程，如何体现改革，如何把课标的精神转化为教材，如何满足大面积使用的需要，要不要安排习题，"学习任务"如何避免"蹈空"，等等，都是很具体的，真是费尽脑汁。教育部要求实施"编审结合"，课标组和指导组除了审查教材，几乎全程指导并参与部分编写。因为"角色"不同，观点有异，有时会有一些争议，甚至还比较激烈。但教材毕竟是公共知识产品，最终都要求同存异，达成共识。"绳墨以外，美材既斫"的遗憾也是难免的。

高中语文统编教材真是好事多磨。熔裁洗漉，权衡益损，光是框架体例就改动五六遍，有的单元稿子重写二三十遍。编写组人员分布全国各地，聚会不容易，不能一有问题就召集讨论，很多时候只能把领导或者专家的意见转给我，我和中语室再研究处理。好在我们彼此的合作很默契。最后定稿，时间非常紧，要消化或回应各方面提出的数百条意见，甚至还要调整单元，也是以中语室为主，加上编写组部分成员，教材局的领导和人教社总编辑郭戈同志亲自督战，夜以继日，突击完成。经过反复打磨，层层把关，前后花了近三年时间，到 2019 年底，全部书稿才得以杀青。

人事倥偬，指顾之间，与人教社合作编书已经十八年。感谢人教社给我机会，让我学到很多书本上和学校里学不到的东西，体会到为社会做实事并不容易。编教材更是如履薄冰，责任重大，而人教社的同仁年年月月都在做这难事，这支任劳任怨的专业团队真令人赞佩。

2020 年 11 月

我在山东大学的这些年

按照北大的人事制度规定，2009 年，我六十三岁，学校人事部通知我办了退休手续，但仍然返聘，如常上课。又因为我曾有幸获得教育部颁发的高等学校教学名师奖，全校也就八九位"名师"，规定可以继续招收博士生。可是我不想再"挤占"中文系的资源，返聘两年，就想彻底退下来，写点东西好了。何况当时的系领导也并无挽留的意思。不料此时山东大学就"盯"上了我，托人来打听，说打算设立"人文社科一级教授"，问我是否可以考虑应聘。记得当时我参加国家社科基金评审，山大原党委书记曾繁仁先生和在任校长徐显明先生约我见面，他们的诚恳让我感动。2011 年 7 月，我到徐州开会，会后顺便去了趟济南。文学院院长郑春热情接待了我，还安排我做了一场学术讲座。回京后，我便和妻子商量，觉得身体还行，而山大又是很不错的大学，在那边图个安静，再干几年也未尝不可，便决定应承山大的邀请。2011 年 9 月初，我和妻子便来到山东大学。

我们打算就住在济南，把十多箱书也带去了。学校安排我们入住南院"院士楼"。房子是新装修的,家具一应俱全。办公室主任沈文细致入微地安排我们的生活。南院是山大教师的老宿舍区。这里还有当年专门给成仿吾先生建的"校长楼",可惜他没有住过,改为俱乐部了。虽然是老旧小区,生活却很方便,上课步行去学校也就过一条马路,走十多分钟。

我的家还没有安下,就给本科生上课了。是讲"现代文学作家专题研究",属于选修课。这是我为山大做的第一个工作。

大概因为好奇,岁数不小了,还给本科生开课,来听课的学生很多,有一百多人。很快,这就成为新闻,当地报纸报道了温儒敏受聘山大,给本科生开课的消息。之后又有多家媒体跟进报道,一时间,学界都在传播这个消息。我甚至还被山大评为当年"十大新闻人物"之一。

回想起来,这件事本身没有什么值得报道的,之所以引起一些关注,一是借所谓"北大中文系主任受聘山大"吸引眼球,而并非我本人有什么"能耐";二是老教授给本科生上课可能比较少,借此说明山大还是重视本科教育的。

不过我的课也的确上得比较认真,也比较活。我一般不做满堂灌,而要求学生先看作品,然后在课上引出一些有趣又有料的问题,当场组织讨论。比如,为何文学史对郭沫若评价很高,而一般读者却不看好?《雷雨》的主角到底是谁?《边城》的情节很简单,靠什么吸引人？等等，几乎每次课都有一个问题，在讨论中引出阅读与评论的方法，学会观察文学现象。这样授课，是在传递方法性知识，授之以渔，学生感觉有些趣味，也就愿意多读些作品了。

山大的本科生都是高分考进的，比较聪明好学，也比较踏实，和我配合很好，我也比较悉心指导。给他们修改小论文，对每一篇都有针对性写上批语，提出进一步学习的建议。这个课我在山大上过四轮，后来我在商务出版的《温儒敏讲现代文学名篇》，就是在讲课基础上整理加工而成的。

我在山大还讲过另一门课，是"文论精读"，原来在北大也开过的。主要是博士生的讨论课。内容是选择十多篇在现当代文学研究界有影响，且在研究角度与方法上具有一定典范性的论文，加上若干篇可能有"典型"毛病的博士论文，让学生先阅读思考。然后分工，每位同学负责讲析其中一两篇论文之得失，大家讨论，我最后点拨分析。开这门课是为了打开思路，所谓"观千剑而后识器"，学习论文写作的规范与变通。这门课也开设过三轮，学生反映说这门课很实用，对他们进入论文写作是有帮助的。

我把上课作为我在山大的主业，从 2011 年讲课，一直讲到 2017 年。记得最后一次上课是晚上，课后同学们簇拥着把我送回到宾馆学人大厦，很让我不舍。

在山大的第二项工作就是指导硕士生与博士生。从 2012 年开

◎ 课后与山东大学学生合影（2016 年）

始，到 2024 年，共指导过七名硕士生，七名博士生，还有一名博士后。2023 年，我考虑年纪大了，向学院说明决定不再招生，现在（2024）我名下还有两名博士生尚未答辩。硕士生一般都是招收进来后由教研室分配导师，博士生则是由考生认定导师后再报考。大概因为我的"名气"比较大，又传说比较严格，每年报考我门下的考生总是很少。我带的博士生多是从其他老师名下转过来的。多数博士生学业基础不是很好，但都比较努力，学风比较扎实，四五年内就有明显进步，最后完成学业，成功答辩。

我指导博士生一般不会带着他们做我的课题研究，而主要看博士生的长处、兴趣和发展的可能性，帮他们找到比较适合的论文题目。他们的题目五花八门，比如研究五四时期翻译（尹辉）、研究畅销的通俗刊物（刘启涛）、研究 50 年代"人大文学研究班"（杨伟）、研究"语文方法性知识"（靳彤）、研究王瑶的文学史思想（刘世浩）、研究现代文学作品的封面设计（侯滢）、研究"胡风派"作家路翎（孙诗源），等等，几乎都是学界少有关注，而又有学术价值的论题。他们的论文写作都经历了非常艰苦的过程，有的简直是"煎熬"，甚至要放弃了。我说写论文本身就是非常难得的经历，可能终身受益，鼓励他们坚持下去，尽力做好。我也会帮助他们改文章。帮学生修改文章是很苦的事，要顺着他们的思路来改，考虑让学生能够接受，又得到提高。有的是几易其稿才定夺，这比自己写一篇文章要难得多。我指导的博士生毕业之后全都在大学任教职。

我在山大做过的第三件事，是申报"当前社会'文学生活'调查研究"项目，帮助山大现当代文学学科建设。一说到学科建设，很重要的指标就是科研项目。我对于"项目化"的学术生态是有些抵触的，认为人文学科和理科不同，不能过多预设，也不宜完全依靠定量管理，还是要让学者自由发挥各自的个性与创造性。我多年担任国家社科基金评议委员，对项目管理的得失还是有所体会的。但也不否认得当的项目研究，可以带动学科的发展。所以到了山大后，也就想到要帮助教研室（研究所）的老师申请项目。刚好2012 年前后国家社科基金拥有的款项增加了，启动所谓"重大项目"的申报。我就想到不妨试一试申请一个有关"文学生活"调查研究的大型项目，把现当代连接起来。我的动议得到教研室的一致赞成。我们便讨论了一个申报方案，题目定为"当前社会'文学生活'调查研究"。很快，这个重大项目就顺利通过了。

因为是刚开始实施"重大项目"，有上百万的资助，审批过程很严格。记得"答辩"时，我和叶诚生教授去的，答辩委员七八人，都是文学理论界的著名人物，我都熟悉，但也要认真回答问题。有一位委员提出"文学生活"这个概念有什么学理根据？一时着急，我还真的回答不上，就说这还只是实践性的设想，希望能通过调查了解普通国民的文学阅读以及文学在他们日常生活中的存在状

© 在山东大学校园（2014 年）

况。其实，我们也是在后来的调查实践中才逐步形成理论和概念的思考的。有惊无险，我们这个项目得到通过。当时，"重大项目"还很少，山大 2012 年也就申报成功这一个，我们教研室老师都非常兴奋。

之后，我们把项目的宗旨定为："提倡文学生活研究，就是提倡文学研究关注民生——普通民众生活中的文学消费情况，让文学研究更完整、全面，也更有活力。"我们把这个重大项目分为五个子课题，分别由五位教授带领教研室一些成员（包括北大的）去调查研究：贺仲明主持"当前社会的文学阅读和接受调查"，张颐武和邵燕君主持"网络文学和多媒体文学调查"，郑春主持"当前社会文学生产的实证研究"，张学军主持"文学经典在当前社会的传播、接受和影响研究"，刘方政主持"非主流文学生态研究"。直接参与项目调查研究的有叶诚生、丛新强、谢锡文、史建国、马兵、国家玮、程鸿彬、唐锡光、王小舒，等等，有四十多人。

到 2015 年 10 月，这个项目完成结项，举办了一次研讨会，出版了《当前社会"文学生活"调查研究》一书。《人民日报》《光明日报》等报刊还专门发布新闻，在学界产生较大的影响。

值得一提的是，山大还专门设立了"文学生活馆"（谢锡文和侯滢是主持人），为学校提供一个文学阅读交流的场所，还经常举办面向普通市民的文学讲座。如今山大北门一进去，就看到"文学生活馆"，那个牌子还是我题写的。

我在山大做过的第四件事，就是编写语文教材。我 2011 年 9 月到山大，2012 年 2 月，教育部就聘任我为义务教育语文统编教材的总主编。教材编写比我想象要艰难，各方面都有要求，社会关注度还很高，动辄会引发网上热议，很多精力要做各种平衡、协调和"灭火"的工作。我经常要回北京开会，讨论修改稿子。2016 年义教的语文教材编完，不想再干了，又经不住教育部再三动员，接着又要编高中语文统编教材。这一干就是十一年。一直到现在（2024 年春），这项工作还没有完。而山大校方和文学院，对我这项工作始终是支持的。2018 年某一天，山大校长樊丽明还特地到我办公室来看我。我汇报了教材编写的情况，说这也是属于山大的科研成果。

山大的现当代文学研究有深厚的历史积淀，闻一多、老舍、沈从文、梁实秋都曾在山大（或者前身青岛大学）任教，50 年代又有刘泮溪先生开设新文学课程，还专门讲授过"鲁迅研究"，那都是开风气之先的。后来又有孙昌熙、孔范今、黄万华等先生，在现代文学、鲁迅研究和海外华文文学方面都做出过重大贡献。邀请我去山大，最初也是黄万华与郑春老师他们提议的。

郑春教授的父亲是广东梅县客家人，可是不会说客家话。我总想在他魁梧的身上找到某些客家人的"因子"，结果很失望。不过我和他很说得来，他也给我很多帮助，包括生活上的帮助。他在现代作家作品研究，特别是留学生文化背景的考察方面，有专深的成果。长期担任教学行政工作，对他的专业是有些耽误的。我宽慰他说，学者做教学科研管理，也是一种贡献，应当有成就感。

和我交集较多的是黄万华教授，我和他都住南院。深夜，小区安静了，从我的窗口望去，还能见到黄老师住室的灯光。他总是那么辛劳钻研，说他是文学院的"劳动模范"，恰如其分。黄老师当过知青，经历过苦难，后来在泉州华侨大学当老师。也许因为侨乡的缘故，他把海外华文文学研究作为自己的主业。他做学问很扎实，尽可能靠第一手资料说话，就成年累月浸泡在史料查找中。甚至自费去国外查找资料。在海外华文文学研究这一块，黄万华教授掌握的资料最多，也最权威。80年代后期，黄老师还未来山大，山大有位老师到上海图书馆查找资料，有的未找到。工作人员对他说，你可以找黄万华，他的资料多。这位老师就联系了黄万华，得到帮助。后来山大现当代学科就决定联系调动黄万华来山大。孔范今教授退休后，黄万华就成为学科的带头人。

黄万华老师著作很多，包括"台湾文学史""香港文学史""海外华文文学史"，后来又汇集出版了《百年海外华文文学研究》。海外华文文学的时空，自然有各种政治变革带来的影响，这也是"三史"研究的难度和特殊意义。在这个领域，黄万华教授毫无疑问是全国领先的。我去山大不久，黄老师要退休了，我曾找过校长，希望像黄老师这样比较有影响的学者，退休能延缓几年。可惜未能获准。黄老师自己则无所谓，继续做他的学问，几乎每隔一两年就有一种新著出版。

杜泽逊教授也是给我较多帮助的。我认识他比较晚，2015年暑期，我把家搬回北京。山大那边还有课，每隔一两周就从北京去济南集中上课。而杜老师是2018年担任文学院院长的。他希望我能续聘，而且酬金比之前高出两倍。我考虑年纪大了，北京这边还要为教育部编中小学语文教材，精力照顾不过来，就婉拒了，答应改聘为"兼任讲席教授"，不再授课，只负责带博士生。杜泽逊教授也尊重我的决定。他出任文学院院长，实施一些改革措施，主要是调动教师的主动性，活跃学术氛围，有时找我商量，我都是支持的。我还把著名学者龚鹏程先生推荐给山大。我在商务出版《温儒敏谈读书》，杜泽逊教授和办公室主任沈文老师还专程到北京参加该书的发布会，很让我感动。记得我们还在王府井的一家饭店聚会，谈得很畅快。杜老师是非常有实力的古文献学家。对他这一行我不熟悉，但很景仰。他参加过《四库全书存目丛书》《百衲本二十四史校勘记》等大型古籍的编纂工作，主持过《清人著述总目》《清史·典籍志》《五经正义》等古籍的整理。最近又在主持《永乐大典》存卷的综合整理研究。这些都是功德无量的学术工程。杜泽逊教授真是那种把学术当作自己的志业的幸福的学人！他的科研任务如此繁重，还能出任文学院院长，双肩挑，真不容易。

◎ 与夫人、女儿及外孙女在大明湖（2012 年）

山大文学院很多老师都给我留下很深的印象。曾繁仁先生担任过山大校长和党委书记，还曾经被教育部委派到北大督导过工作，我们又都参加国家社科基金评审，彼此很熟悉。我来山大，显然也是他支持的。曾先生从校长职务上退下来后，全力投入到"生态美学"的研究，现在山大在这个领域已经成为全国文艺美学界的一个亮点。我和曾老师平时见面不多，也就是在一些学术活动上见到，会聊上几句。他对我在山大的工作生活是很关心的。当我说决定不再续聘时，他似乎有些感伤，说山大留不住人！

张学军、刘方政、贺仲明、叶诚生、丛新强、马兵、史建国、国家玮、程鸿彬、谢锡文、沈文，还有不在一个教研室的，等等，各有其学术专长与成就，这个学术共同体是很和谐、团结的，没有文人相轻和某些单位常见的"互卷"现象，没有傲气凌人的脾气。有时我们也会找个由头聚餐，主要是说说话。山东人很讲礼节，如何排座，如何敬酒，都有讲究。我刚去是不懂"酒过三巡"，一开始就举杯，还闹过笑话。在这个"大家庭"里，我常感到暖意。

我在山大任教，如果算到现今，已经十二年多。2011 到 2015年，我住在济南，在山大南院，也有五年。那时山大全聘任的一级教授有十三位，文学院有盛宁先生和我。可是大多数一级教授都不住在济南，只是有课或有活动时才来学校。而我是搬家到此地过日子的。课不多，也较少应酬，那是难得的安宁的日子。至今我还经

115

常想起南院的居家生活，想起闵子骞路的菜摊，想起山大校园的小树林，想起我在知新楼的办公室，想起学人大厦，想起和老师同学一起的那些情景。

很庆幸，到晚年，我生命中还会有山大这一段美丽的经历。

2023 年 11 月初稿，2024 年 2 月 22 日修改

我讲现代文学基础课

从 80 年代初开始，我就在北大讲"中国现代文学"基础课。中文系对本科教育历来很重视，要求基础课必须有经验的老师来讲，年轻教员一般还没有资格上本系的基础课。那时我刚毕业留校几年，是先给系外（如几个外语系、图书馆系，以及中南海干部学校，等等）上课，到 80 年代末，才给本系讲基础课，每隔一二年讲一轮，至今已经讲过十多轮了。今年春季学期我又给中文系本科生（包括外系选修）讲了一轮。毕竟年岁大了，这可能是我给本科最后一次讲基础课了。前天课刚结束，按照规定，需要做个小结。刚好今年又有几位博士生毕业到高校工作，还没报到，就给安排课了。他们也很想知道我是怎样给本科生上课的。我干脆就把这些年来讲课的甘苦得失都好好想一想，说一说，也许可以给这些新教师参考，同时也是与同行专家交流。我想从六个方面来谈。

首先想说的是，基础课应当注重"基础"。什么是现代文学课的基础？就是了解现代文学史轮廓，掌握相关的知识，学习初步运用文学史眼光观察分析文学现象，尝试对作家作品的鉴赏评论。这些都属于"入门"，是进入研究前最基本的学术训练。所以课程内容安排不要太深，密度不宜过大，应考虑大学低年级学生普遍的接受水平，有相对的稳定性。记得刚上讲台那时，总想把自己接触到的各种新观点新概念都搬到课上，显示有学术深度，一次课讲稿就写二三万字，结果老是讲不完，内容太挤太深，学生听来天花乱坠，消化不了，吃力不讨好。课程内容的深浅程度、梯度与密度，都是要讲究的。一开始可以浅一点，注意一般分析过程与方法运用的展示，学生逐步掌握方法之后，就可以放开一点讲，多引导发现问题与探究问题。一门课如果从开头到结束每次讲法"程序"都差不多，没有"梯度"，不循序渐进，会很死板。我每次课的重点不太多，课量是要充分考虑可接受性的。比如讲五四散文，周作人是必定要讲到的。因为身份问题，坊间所见各种文学史给周作人的篇幅都不多。考虑到周氏散文方面贡献大，用多一点时间来讲也是可以的。但主要也就是讲周作人的一两篇代表性作品、那种独特的风格，以及他对现代散文理论的贡献。基础课大致讲这个范围就差不多了。如果超出范围，把当今很多关于周作人研究与争议的问题也搬到课堂上，甚至花了许多时间去讲"周氏兄弟"失和原因，或者讨论周作人散文的思想根由，学生可能会好奇，但终究弄不太清楚，反而冲淡了基础的内容。我有意让每次课的"程序"有些变化，或适当发挥，能放能收，气氛会比较好。但不会为了追求课堂效果，吸引学生，离开教学计划，任意发挥，天马行空，那样学生虽然捧场，

北大中文系现当代文学专业教师聚会潭柘寺（2002 年）

终究学不到东西。老师都有自己的专长，讲到自己有研究的部分发挥多一些，是正常的，而且每位老师的讲授风格不一样，不必求同。但本科基础课毕竟不同于专题选修课，更不等于学术讲演，还是要有一些相对稳定的基础性的东西，在这个前提下，再去发挥各自讲授的个性，增减内容。

当然，学校层次与学生情况不一样，要求也会有差异。这门课现在多数学校都是安排讲一个学期，每周四学时；有些学校选修课开得少，必修课课时就多一些，有的甚至讲两个学期；也有的一边开"现代文学史"，一边开"现代文学作品选读"；还有的把现代文学与当代文学合为一门课来讲；等等。课时有多寡，内容安排也就随之变通。但无论如何，有一点是共同的：基础课是"入门"课，必须照顾到低年级学生的接受，要讲相对稳定的基本的内容，必须和专题选修课有区别。

所谓"相对稳定的基本的内容"，我理解主要指那些已经沉淀下来、学术界有大致共识的文学史知识，以及对代表性作家作品的评价。这些评价与结论还可能会有变化，甚至有争议，但对于低年级学生来说，最好不要一下子扎到某一课题上，或者陷进某些争议之中，而是先让他们读一些基本的书，感受历史氛围，对文学史有知识性、轮廓性的了解，初步学会文学阅读与评论的方法。就如同旅游到了一个陌生的地方，先看一张粗略的地图，感觉一下方位，然后再一点点深入考察，才不至于身在庐山而不识庐山真面目。"相对稳定的基本的内容"可以给学生"第一印象",在不断触摸历史的过程中去体验、思考,学会用文学史的眼光分析问题。文学史是"文学"的历史,学习者必须要有自己的感受积累,这也是打基础。基础课不应当一步到位,就把学生扔进课题研究中。这得慢慢来,过程很重要。例如对于茅盾《子夜》的评价,目前学界有不同的看法:有的认为《子夜》艺术上不可取,等于是一部"高级的社会学文献";还有的干脆否认茅盾作为现代文学一流作家的历史地位。这些都是可以继续探讨的。但基础课怎样讲茅盾?恐怕不宜标新立异,随意采纳那些惊人之论,径直让学生进入学术争论,因为他们还不具备相应的基本知识,也没有文学史的感觉,如果急于进入,反而可能给弄糊涂了。我讲茅盾这一章,还是采纳相对稳定的结论,把茅盾作为开创社会分析派小说的杰出大家来处理,而《子夜》对现代长篇小说的贡献,也是这一章的重点。《子夜》篇幅较长,有些闷,对现在的年轻学生来说,读下来不容易。我还是尽量要求大家读。读了才有发言权。在讲授完主干内容之后,再把前面提到的那些不同的声音或者新异的观点,以存疑探究的方式介绍给学生,谁有兴趣可以进一步探究。我这样是考虑应有主次之分,主干部分必须相对稳定。茅盾这一章在授课计划中比较靠前,越往后,学生分析能力逐步提高了,那些探究性的问题就可以适当增加,老师的理论发挥多一些,"相对稳定"的范围也在拓宽。这就需要根据学生接受水平来调适。比如张爱玲一章,比较靠后了,学生普遍都读过其作品，也比较感兴趣，那么讲法就会比茅盾那一章更加放开。我的主要精力还是用在分析张爱玲《金锁记》等小说的艺术特色，由此引申对张爱玲"既先锋又通俗"的那种写作姿态及风格的了解。这是比较基础性的。然后用大约三分之一课时联系实际，讨论学生感兴趣的问题，比如，张爱玲对人性的阴暗险峻多有深入表现，这样一位作家为何90年代以来能长时间成为"热点"？这中间是否存在复杂的社会心理原因？我还联系新近出版的《小团圆》，对出版传媒过分的抬高和炒作有所批评，并从中提醒注意"传媒时代"的文学命运问题。类似这样的拓展性内容，几乎每一课都有一些，但都没有取代主干部分的基础性内容，而且都是引而不发，点到即止，学生可能会由此引起思索，但现在还不可能深入探究，他们不断"积累"思索，就是为日后的研究作准备。

这里可能牵涉到教学应当如何体现学科研究的"前沿成果"。基础课是打基础的，目的是要培养学生的创新能力，毫无疑问，教学内容与方法应当不断融入新的研究成果，不断更新。一本讲稿翻来覆去多年不变的讲法，与学术研究脱节，是不可取的，学生也不欢迎。但体现学科发展前沿，不等于一味逐新，不能凡是新的吸引人的就照搬到课堂上。基础课和一般学术讲座不太一样，讲座可以更多地体现学术前沿，有更多的研究心得，基础课也要不断更新，融入前沿成果，这种融入是有限度的，要考虑学生的接受能力，讲求认知规律，照顾到学科训练的体系性。

一节课下来，必须留下一些"干货"，让学生有把握得住的基本的东西。不过文科教学和理科有些不同，理科一是一，二是二，必须充分理解，新的研究成果出来了，旧的东西很可能就被取代了；而文科特别是文学研究，很难说新的必定能代替旧的，可能只是角度方法不同，学习文学必须让学生了解精神现象的复杂与分析文学的多种可能性，不一定非得掌握什么标准答案，也就不必要求通透理解。讲课有时留下某些一时仍不太懂，需要进一步探究的空间，也是必要的。我们指定的教材是《中国现代文学三十年》，我讲课就不全照这教材，但要求学生要通读。学生反映说教材有些论述部分太深，不容易理解。我说这也正常。这本教材偏重研究型，对本科低年级学生，要求他们大致掌握文学史轮廓，以及对主要作家作品有基本评价认识也就可以了，有些比较难的问题可以作为"留白"，让学生自己去探究。至于所谓贴近学术前沿，我通常是在课上采取介绍不同学术观点与参考书目的办法，让有兴趣的学生课外去自由探究，就是保持一点"张力"吧，对激发学习兴趣很有好处。基础课是打"基础"为主，不可能一步到位，学术训练的过程很重要，内容深浅程度以及密度还是要认真设计，不宜完全顺着"研究型"专题课的路数来讲。

说到这里，不妨介绍一下我的授课计划与课程框架设计。我在北大上现代文学基础课十多轮，授课计划几乎每讲一轮都有些调整更新。最近几年我根据教学改革需要以及学生的情况，又重新设计了授课计划。按照一学期十八周安排，每周两次，有三十六次，七十二课时。除去复习考试和节假日，实际上课三十二到三十三次，也就是六十四课时左右。课时是大大减少了。记得 80 年代各种基础课的分量都比较重，选修课相对较少，也很精，大都围绕学生培养的计划而开设，四年下来，可以结结实实学到一些基本的课。这些年情况大变，高等教育趋向平民化，加上淡化专业，提倡通识教育，各种公共课、平台课增加，基础课必然减少。北大目前现代文学课就只剩下七十二课时，加上当代五十二课时，共一百二十四课时，各讲一个学期，约等于过去的一半。我们只能正视这个现实，现代文学这门课的格局、内容、讲法也必须有所变革。

变化最大的是淡化"史"的线索，突出作家作品与文学现象的分析。以往这门课很注重"史"的勾勒，强调文学史"规律"的掌握以及对文学性质的判定，思潮、论争讲得很多。那时思想观念的灌输远比文学审美能力的训练更要受到重视。现在倒过来，把后者提升到突出的位置。这可能也比较适合低年级大学生的接受能力，同时又适应时代的需求。我在 80 年代中期讲现代文学史课，大概三分之一的课时讲思潮、论争和文学史知识，三分之一讲流派与各种文体的发展变化，三分之一讲重点作家。现在则变为用二分之一课时讲代表性作家，其中有十位作家专章讲述，即分别用两个课时，他们是：鲁迅、郭沫若、茅盾、巴金、老舍、曹禺、沈从文、艾青、张爱玲、赵树理；另外还有大约十五位比较著名的作家也分别用一个左右课时来讲述,包括周作人、郁达夫、徐志摩、丁玲、张恨水、萧红、冯至、林语堂、钱锺书、孙犁、穆旦,等等。这样,作家作品的讲释就用了全部课时的一多半。剩下的课时中又还有小一半讲流派和文体,也还离不开作家作品分析。除了五四新文学运动、左翼文学思潮和延安文艺座谈会讲话等内容用几个专门的课时讲述,其他文学史现象、知识大都穿插结合到各个作家作品的讲析中。这样,虽然课时已经大为减少,但内容仍然比较集中,重点突出,一个学期下来,学生对主要作家的特色、贡献和地位有较深入的了解,对现代文学发生、发展和嬗变的线索有一个"史"的印象。

接下来,我要着重说说关于转变"应试式"学习方式的问题。这些年中学实施课程改革,主要针对"应试式"教学的弊病,大大压缩了必修课,增加选修课,同时改变教学观念与方法,试图让学生学习更主动,有自己的选择空间。可是在高考"指挥棒"之下,课改美好的设想很难落实,真正能开设选修课、让学生自由选课的中学极少,学生的负担反而普遍加重了。拿语文课来说,多数中学现在还是采用那种处处面对考试的很死板的教学方式,大量标准化的习题把学生弄得兴味索然。这种方式培养的学生很会考试也很重视分数,但思路较狭窄僵化。比如接触一篇作品,习惯的就是摆开架势,追求思想主题"通过什么反映了什么"之类,而且很迷信标准答案。所谓艺术分析,也多停留于篇章修辞分类的层面,很琐碎,缺少个性化的体验与整体感悟。目前我们的基础课的讲授对象就是这种教育模式"生产"出来的学生。现代文学课一般在一年级上，如果不考虑学生这种状态，上来就按照老师自己的研究习惯开讲,学生接受是有困难的。我的办法是开课伊始先给学生"卸包袱"，声明考试不是目的，也不会拿考试来限制学生，重要的是学会如何读作品，如何看待文学现象，以及培养艺术感悟力和思想力。我还有意强调中学语文教学的目标和大学中文系教学是不同的，中学要面对高考，对中学语文教学中存在的问题应有"同情理解"，又有所超越与省思;上了大学就要有一种自觉，摆脱过去那种"应试式"学习习惯，转向个性化的、富于创新意识的研究性学习。我上基础课一开始就注意帮助学生实现这种"转化"，把这种"转化"贯串整个课程。

"转化"的措施之一，就是把文学感受与分析能力的培养放到重要位置。首先是读书。现在学生的阅读面与阅读量普遍都少得可怜，相当多的学生在中学时期没有完整读过几本名著，他们大量读的就是教材与教辅。基础课就必须来补救，承担引导阅读、培养阅读兴趣的任务。特别是文学课，主要依赖阅读，不读作品怎么讲?作业主要就是布置读作品。给学生开课之前，我会为学生开一份"最低限量必读书目"，其中大部分是作品，少量是研究论作。我为学生编写了一本《〈中国现代文学三十年〉学习指导》(北京大学出版社出版)，其中辑录了对作家作品及文学史现象的各种评价观点，也可以当作书目，让学生顺藤摸瓜，自己去找书来读。教学中注意结合学生阅读印象和问题来分析作品，处处强调发掘与培育对文学的想象力、感受力和分析评判能力。现当代文学虽然不像古典文学那样，有大量经过历史沉淀的非常精美耐读的作品，而与时代变迁又紧密相关，但也不能不重视文学分析，特别是现代特点的审美分析，我不会把现当代文学史讲成文化史、思想史。将中学语文与现代文学衔接比较，是个"转化"的办法。比如，学生在中学已经学过多篇鲁迅的作品，当时那种讲法比较注重社会意义分析，而且容易把鲁迅"神化"，结果很多同学知道鲁迅伟大，又敬而远之，甚至有些"反感"。中学生和经典是隔膜的，他们当中流行一种说法就是"一怕文言文，二怕写作文，三怕周树人"。而鲁迅是现代文学课的主要内容，怎么才能让学生真正进入鲁迅的世界，变得能比较理解并珍惜鲁迅这份文学资源呢？课上我除了讲鲁迅小说在题材、写作意向、结构与叙事角度、艺术手法等方面如何突破传统，开启现代小说创作，等等，还特别注意让学生去体味感受鲁迅作品那种"忧愤深广"的总体风格，加深了对鲁迅作为一个思想敏锐作家与先觉者那种叛逆的、批判性写作心理的理解，并对他那种不重复自己的多种表现手法有所领略。比如讲《阿Q正传》，中学时期主要理解阿Q这个形象的社会内涵，现在则加上引导理解其心理内涵；讲《狂人日记》，中学阶段偏重解释其反封建象征意义，现在则加上对小说反讽结构的解释；还有散文诗《秋夜》，开头那句"一株是枣树，还有一株也是枣树"，中学生往往不容易理解为何这样

北大中文系研究生课后（2011 年）

"重复"，甚至常拿这句话开玩笑，现在引导学生感受鲁迅写作时那种寂寞的心境，就能较好地体会《秋夜》所包含的复杂意味，以及那种诗意的表达。这样的讲解使学生逐步摆脱中学阶段形成的似乎不太好的鲁迅印象，他们重新体验鲁迅作品，认识鲁迅作为经典的意义与价值，欣赏鲁迅作品特有的艺术魅力。

我们大学老师都很专业，对中学情况可能不太了解。讲基础课恐怕还是要多少了解这些应试教育环境中出来的学生的思维习惯与爱好、想法。怎样将大学的基础课与中学课程衔接起来，把学生被"应试式"教育败坏了的胃口调试过来，是个难题，但大有文章可做。关键是重新激发学习兴趣，尊重学生的学习主动性，包括他们的想象力与感悟力，鼓励不断拓展思路，开阔视野。可以再举个例子。比如讲30年代散文，会涉及郁达夫名篇《故都的秋》，这篇散文中学是学过的。不过中学语文的讲法有它的套式，往往就是介绍作者与写作背景、段落分析、主题归纳、写法鉴赏，等等；布置学生思考练习的则是诸如"北国之秋为何要用南国对比""写秋为何不写秋天风景"，还有就是比喻有多少种、语法修辞的方法多少种，等等。这的确比较琐碎、技术化，缺少整体审美的引导。郁达夫这篇散文所唤起的独特感觉到底在哪里？反而不甚明了。设身处地为学生想想，那种面对考试的思维框架老是这一套，的确很烦很累，兴趣、灵感、创意都没了。所以我讲郁达夫散文时有意让学生获取对《故都的秋》的整体感觉，提醒注意该文"没有刻意雕琢"，以及那种名士风度、洒脱的笔致;要求多读几遍,"揣摩"文字中的感情,"品味"大自然之美,感受地域文化之美。我还让学生想想这样和中学语文学习有哪些区别,意在转化学习方式,提升审美判断力。有的同学说,阅读同一篇作品,过去只是停留于"赏叶",而今则有几分"观秋"的感觉了。(2007级李璇的课后小结)

当代学生受网络文化影响太大,动不动就是"搞笑",就是"颠覆",一般不太能欣赏清纯优美的作品了。如冰心散文那样天真典雅的风格,同学们就不见得喜欢。课上讲到冰心,我让大家重新阅读、冥想、体验,并结合五四时期那种富于青春情怀的时代精神去解释与鉴赏。这就有了历史感,而且触动了年轻学生心灵深处。有的学生课后就说:"人的内心深处总是渴求一些干净优雅的东西的,特别是年轻的时候。"这就达到教学效果了。再举个例子,朱自清的名篇《荷塘月色》历来都是中学语文课选文,几代国人都很熟悉的。我讲五四散文时也提到这篇作品,用的时间并不多,并没有细讲,也就提醒不再循着中学语文那种思路,而是从文学史角度,去重新阅读、体味与思考。有些学生这样试着做了,就有了比较深入的个性化的认识。他们认为《荷塘月色》的描写显示了朱自清那种清雅、敦厚、温和的风格,一些描写诗意葱茏、画面浓丽,但过于细腻,用字太甜。朱自清的文笔有时会让人感到"腻",跟这种着墨甚重可能有关。学生能有这样的感悟与评论,说明开始摆脱"应试式"思维模式了。引导同学们有意识转变"应试式"学习习惯,转到个性化的、注重审美的，而又有一定文学史眼光的路子上来，是这门课重要的收获。课后总结时有的学生就写道："通过现代文学课的学习，逐步摆脱了追求标准答案的思维模式，学会从多种角度对文学现象作深入思考，并从不断的质疑与探究中树立自己的观点。"（2007级索芳放的课后小结）"一个学期最重要的收获就是开阔了视野，学会用文学史的思维方法阅读评价作品。"（2008级迟文卉的课后小结）

这些年来我讲基础课，可以说是很注意改进教学方式的。课讲得效果如何，主要看是否调动了学生读作品的兴趣和探究问题的主动性。你站在讲台上，从学生的眼光就可以判断课的效果。当然，课上与课外都要有通盘考虑。我一般在课前布置阅读相关的作品和参考材料，同时布置一些可以引发兴趣的思考题。上课的重点不放在讲授文学史知识，有关知识学生自己去阅读教科书就大致可以获得了；重点是展示各种分析鉴赏作品的方法。例如讲到郭沫若，现在一般年轻读者可能不太感兴趣，认为郭沫若的诗歌就是狂呼乱叫、没有什么艺术性的，而且受到社会上某些传闻的影响，对郭沫若的为人也可能有偏见。怎样让学生既对《女神》暴躁凌厉的时代风格及特殊之美有所领略，又能理解郭沫若重要的文学史贡献？我提出了"三步阅读法"。以《女神》中的《天狗》为阅读个案，第一步，要求"直观感受"，赤手空拳去获取阅读的第一印象，相信和尊重自己的体验。第二步，"设身处地"理解其表达方式，想象感受五四时代的氛围，以及当时普遍的读者接受状态，有一些历史现场感。知道"郭沫若热"，"《女神》热"，是五四当年形成的那种"阅读场"产物，《女神》和郭沫若的公众形象是在读者的阅读接受中树立起来的。引导学生设身处地了解了这些，能更好地理解郭沫若诗歌的艺术个性。最后，进行"名理分析"，从文学史角度体会解释郭沫若特殊的艺术魅力，对《女神》的艺术想象力、形象特征与形式，对郭沫若浪漫主义及其审美定位，作比较深入的讲析。这种阅读和分析的方法对同学们来说很新鲜，也很"管用"，兴趣就来了。他们中学阶段学过许多诗歌，通常的解读程式是主题、思想、感情，然后讲一点修辞和表现技巧。现在学文学史，通过讲析郭沫若，让学生不要忘了，主题、思想应该是诗性的，即是想象的、体验的、个性的，这一切构成了诗的意境和韵味。我有意让大家知道，阅读文学经典，只是归纳主题思想是不够的，甚至不是最重要的，而许多评论只是做了这一步，这也是造成我们对经典不感兴趣的原因之一。几乎所有作品，包括古代文学，都说它"反封建"，其实它有很多个性化的东西，这是同学们要逐步学会鉴赏，尤其是诗歌的阅读要很重视的问题。这种讲课方法注重感受提升，学生确实能借此进入作品的氛围，进而比较恰当地评价。我努力做到几乎每次课上都会引出一些方法论的问题，让学生去体会、试用，提高分析评论的能力。比如在课上我让大家讨论：接触一首诗，如何判断其好坏？大家结合学习郭沫若一章，举一反三，掌握了欣赏评论诗歌的要旨：

那就是直观感受的第一印象非常重要。一定要相信自己的感受，尊重自己的印象。一首诗能否给人某种感官触动或者冲击？阅读一遍是否会有一些感动、一些新的体验？如果有，那就可能是好诗。没有，就基本上可以判定不是好诗。有的同学说，这样学习评判诗歌，超越了过去习惯的"佳句摘抄"阶段，掌握了"整体感受"以及注重"陌生化效果"的欣赏途径，诗歌欣赏水平明显提高了。（2008级黄君子课后小结）

我讲课一般不重复教科书的内容，每次课的"套式"不太一样，一般比较重视以作品分析中形成的问题来带动和组织教学，让活跃的课堂气氛吸引和带动同学们的学习。我认为课堂气氛的熏染本身就是一种教学"内容"，对于文学课尤其重要。例如学习"曹禺话剧"这一课之前，我就要求学生细读《雷雨》，并布置几个相关的思考题。题目的设计尽可能和同学们的阅读体验结合，让大家有兴趣，又能带动对相关文学理论知识的探究。其中一道题就是："《雷雨》的主人公是谁？说说你的理由。"这样的题目是没有现成答案的，但又能引发对作品的兴趣，以及对文学鉴赏不同角度的理解。如果不读作品，是不可能进入类似这样的问题的，实际上是"问题"在逼着学生读作品，主动去寻找相关材料，同时也以"问题"带动学生的探究性思考。课堂上则用提问的方式，让大家发表各种不同的意见，形成热烈讨论的气氛，然后我再作总结。课后很多学生意犹未尽，把各自的观点用小论文的形式写下来，继续讨论。这种讨论式的教学可以把阅读作品的要求落实，让同学尽可能带着阅读体验和问题来上课，充分调动学生的兴趣与思考。同学们说，中学阶段对于经典和名家往往有隔阂，对名家名作甚至常常有意作"批判"，通过现代文学课学习，发现这是自己"修炼"不够导致的误解，对经典就重新有了尊崇感，也有了更多切身的理解。

最后，还要说说写作训练问题。我曾经提出，现代文学课程教学目标应当落实在"三种能力"的提升上，一是文学审美感悟能力，二是文学史现象分析能力，第三是评论写作能力。三种能力是综合的，但在不同教学环节中可以有不同侧重。说到写作能力训练，现在中学语文课程改革因为强调个性化学习，好像连"训练"都很少提了。其实语文学习实践性强，离不开训练。训练与个性化学习也并不矛盾。我曾经为大学生写作练习编了一本教材，书名就叫《中文学科论文写作训练》（北京大学出版社出版）。大学中文系的基础课也应当很重视写作训练。中文系的学生培养有什么特点？就是"语言文学"的能力，包括文学感受力和评判力，而这一切还要落实到写作的综合能力训练上。我多次说过，中文系不一定能培养作家，但应当能培养"写家"，就是"笔杆子"。所以，作为基础课的现代文学教学，也一定要与写作训练结合起来。这样也可以防止蹈空，让能力培养更踏实一些。我的做法是开课之初就布置一次小论文，比如《我观鲁迅》《中学语文中的现代文学印象》等，可以从中了解学生的能力水平，有针对性地转变中学"应试式"学习方式，

◎ 七十生辰与家人及学生在一起（2016 年）

逐步往文学课以及论文训练的方面转。学期中间还要写一两次小论文，一般要求千把字，问题必须集中，不是一般的鉴赏文，而多少要带有学术探究的性质。从发现问题、收集材料、形成观点，到文字的表达，让学生开始模仿和体会"做学问"的一般途径，获得初步的学术感觉。老师尽量为学生批阅文章，有针对性地写出意见。给一百多位学生批改论义，要化上好几天时间，但这很重要，学生会很看重老师的批阅，有些意见会影响他们的学习。所以花时间为学生改文章是值得的。小论文的写作其实也能提高学生对课程的兴趣，深化这门课的教学。

由于多数大学扩招，措施跟不上，教学质量下降。特别是很多学校都向所谓"研究型"靠拢，彼此竞争无序，成天去争这个项目那个基地的，导致本科教学被冷落。我外出开会，总有人问我在忙什么，我说给本科生上课，他们会很惊讶。原来不少老师当上教授，就不用上本科的课尤其是基础课了，现在上基础课的大都是刚毕业的年轻教员。这种状况是不正常的。一所大学办得好不好，最终还得看它培养的人才，特别是本科培养的人才。哪所大学哪一年发表多少文章，有几个项目，也许过不了多久大家就都忘记了，但哪所大学本科培养了哪些人才，是会被人深刻记忆的。即使从争取学校利益与声誉的角度，也要重视本科教育，重视基础课教学。而现当代文学学科的诞生与发展本来就和教学息息相关，当今现代文学课程面临的问题与困扰，其实也和学科的研究状况有关联，课程的改革必然会影响学科的前景。所以我建议大家要重视现代文学这门基础课。以上我谈到自己多年来上现代文学基础课的体会，其中有得失，也有困扰，经验说不上，权当一次教学交流吧。

2009 年 9 月 13 日

说说我的学术研究著作

上世纪 80 年代初，我关注过比较文学，编过《比较文学论文集》（1981）和《中西比较文学论集》（1982）①，写过一些介绍海外有关这门学科的文章。当时比较文学研究刚刚兴起，北大在全国率先成立了比较文学研究会，季羡林、杨周翰、乐黛云等几位先生领头做这方面的研究，我当时年轻，奉命做了些资料性的工作。我们编的那几种书得风气之先，还是有些影响的。1983 年我有幸获富布赖特奖学金资格，原准备申请赴美攻读博士学位，后因家庭住房困难等原因，放弃留学。又自感比较文学属于"交通之学"，我外语不灵，也就"洗手不干"，专心做现代文学史研究了。但比较文学的视野多少还是影响到我后来的现代文学研究。

---

① 《比较文学论文集》，张隆溪和温儒敏编选，北京大学出版社 1984 年出版。所收国内学者有关比较文学的论文十八篇，作者包括钱锺书、王元化、黄佐临、杨周翰、季羡林、范存忠，等等。温儒敏写编者序。是国内最早出版的比较文学论文集之一。《中西比较文学论集》，温儒敏编。该书 1982 年编成，1988 年北京大学出版社出版。收港台地区及海外有关中西比较文学的论文（译文）二十二篇。温儒敏写长序，介绍港台地区学者及海外学者的比较文学研究，还附录有"中西比较文学研究资料要目"和"中西比较文学研究资料要目补遗"。

　　我的硕士论文写的是《鲁迅前期美学思想与厨川白村》（1981）①，题目有点偏，想弄清鲁迅为何喜欢日本理论家厨川白村，就和比较文学有点关系吧。我对鲁迅研究也有兴趣，研究生阶段还写过几篇关于鲁迅的论文，包括《试论鲁迅的〈怀旧〉》（1980）②、《外国文学对鲁迅〈狂人日记〉的影响》（1981）③，等等。我还喜欢上郁达夫的作品，花很多精力研究郁达夫，甚至编过一本《郁达夫年谱》④。那时还没有郁达夫文集，得从第一手资料做起。我还格外喜欢诗歌，可惜没有机会朝这方面努力。

　　1981年留校任教后，看到教研室是有大致"分工"的，鲁迅、小说、诗歌、戏剧等都有老师在做，那我就"填补空白"吧，选择做思潮与理论批评。这也是工作需要。1984到1987年，我在职师从王瑶先生读博士，博士论文**《新文学现实主义的流变》**（1987）⑤就是研究思潮的。

　　记得当时论文选题还举棋不定呢，我一开始并不打算做思潮，想往鲁迅靠。1985年，为参加全国首届比较文学会议，我写了《欧洲现实主义传入与"五四"时期的现实主义文学》（1985）⑥，在《中

---

① 发表于《北京大学学报》1981年第5期。
② 发表于1981年12月《鲁迅研究文丛》第3辑。
③ 发表于《国外文学》1982年第4期。
④ 《郁达夫年谱》撰写于1979年，王瑶先生曾作序。文稿交香港波文书局，因变故未能出版。
⑤ 北京大学出版社1988年出版。
⑥ 发表于《中国社会科学》1986年第3期。

国社会科学》发表了。王瑶先生看了，认为还可以，也适合我的理路，就建议我还是研究现实主义思潮。这可是个"大题目"。当时文坛正在呼唤回归现实主义，许多文章都在说这个问题，但是它的来龙去脉不见得很清楚，梳理一下是必要的。于是，我就选择了这个难题。如果铺开写，等于是半部文学史了，很难把握。我就决定先"清理地基"，把现实主义思潮发生、发展与变化的基本事实呈现出来。我找到一个当时还较少使用的词叫"流变"，一下子把思路点亮了。接下来的工作就是大量搜集整理材料，然后以史述为主，从繁复的文学史现象中选择一些最突出的"点"，去把握数十年间现实主义思潮衍变的轨迹，追溯其成为主流的原因，以及它对新文学所起的推进或制约作用。

现在看来这篇论文写得还是平，但那时关于思潮流派系统研究的专著还很少，这是第一部叙写现实主义思潮史的著作，得了首开风气的"便宜"，颇受学界的注意，很快被翻译到韩国出版，还被日本某些大学选作教材。20 世纪 80 年代后期，许多博士论文大抵顺着这个趋向，以思潮流派的梳理作为题目，出了一批殷实的作品，比如研究浪漫主义、象征主义、现代派、左翼文学思潮，等等。

我的第二种专著是《**中国现代文学批评史**》（1993）①。如果说前一本博士论文的写作还有些顾忌，要考虑如何通过答辩，那么这

---

① 北京大学出版社 1993 年出版。

本批评史倒是比较放得开，也比较精心。那是 1990 年前后，我在中文系开现代文学批评史的课，意在接续古代文学批评史。当时北大搞古文论的有三四位专家，可是没有人关注现代文论，现代文论给人的印象似乎学术"含金量"不高。别的大学也大抵如此，当时各种文体与作家研究专题课都有人讲，就是很少有人专门研究现代批评。我心想古代文论研究当然重要，但是现代文论也已经形成新的传统，对当今文学生活有弥漫性的影响，所以清理现代文学的理论批评，也应当是有学术价值的。

我上现代文学批评史这门课，的确带有些草创的性质。考虑课时安排和实际的教学效果，我不面面俱到地总结所谓规律，也不注重系统性，而是另辟蹊径，选择了十多位比较重要的批评家做深入探究，让学生领略不同的理路方法，观千剑而后识器，提高文学评论的能力。当时，现代批评史的基础研究还十分薄弱，我讲授每一位批评家，几乎都要从头做起，非常费工夫。不过一两轮课教下来，我积累了大量第一手材料，更重要的，是研究的现实感强了，问题意识突出了。

我的批评史研究也许并不全面，但现实的指向性明显。我意识到在现代文学研究格局中，理论批评是非常重要的，是贯穿性的。置身于当代文学批评的氛围，仍然能强烈地感受到以往那些批评家根须的伸展。我们如果能认识当今所讨论的许多文学命题由来已久，也就能从以往的批评家那里获得某种批评传统的连续感。后来，我

温儒敏部分著述（文学研究及散文随笔）

花了两三年时间，才在讲稿基础上写成了这本批评史。讲课时论涉的批评家比现在书中多一些，包括鲁迅、钱锺书、闻一多都曾讲到，但出书时只集中论述了十四家。诸如成仿吾、梁实秋、李健吾、周扬、梁宗岱、李长之、沈从文、唐湜，等等，当时专门研究他们文学批评的还不多，我几乎是要"从头做起"的。

和前一本专著一样，此书"论"的成分比较多。那时我很痴迷于韦勒克的文学理论，受他的影响，不刻意勾勒历史链条或者什么规律，而是重点论说最有理论个性和实际影响的批评家代表，注意他们对文学认知活动的历程，以及各种文学认知在批评史上所构成的"合力"。这本书的确下了"笨功夫"，也提出一些新的看法，至今仍然是现代批评史研究中引用率最高的一本。

第三种是《**中国现当代文学专题研究**》（2002）①。最初是为中央电大编的教材，我负责现代部分，赵祖谟老师负责当代。框架体例是我定的，邀请一些年轻学者参与编写，我写的章节最多。此书2002年初版，到2024年，已有过两次修订，总印数近六十万册。我没有料到这本书如此受欢迎，大概也因为既有一定的学术深度，又贴近教学吧。有许多大学中文系把此书作为选修课教材，很多考博考研的学生也都会找来参考。

此书是我讲授作家作品研究选修课时的产物，其章节设计也是

---

① 北京大学出版社 2002 年初版，2013 年第二版，2024 年第三版。

有教学上考虑的，即通过重点作家作品的分析，以点带面，将"文学现象"的考察"带"起来。在特定的历史文化氛围中，从文学潮流发展变化的历史联系，去讨论某一文学现象产生的缘由，去评判作家作品的得失，尽可能从文学历史发展的坐标上来衡定其得失地位。还希望能引导学生顺藤摸瓜，找一些研究论著来参考，从中或许就可以得到某些启发，帮助自己进入研究状态，找到自己进一步探讨问题的空间。虽然这是一本教材，但几乎每一章的内容都对相关研究有所推进。比如研究郭沫若，就力图回答当下对郭沫若评价过低，甚至以道德化的评价代替学术评价的问题。这本书主要部分是我写的，从总体设计到最后定稿，花费了很大精力。2024年又修订一次，出了第三版，加大了当代文学的比重。

第四种是《中国现当代文学学科概要》（2005）①，也是我多年来给研究生讲课的副产品，我带着一些年轻学者共同完成了这本书。目的是对现当代文学研究的历史做一番回顾与评说，后来发现有些吃力不讨好，因为距离还不可能充分拉开，要品评学术，难免顾此失彼，甚至"得失人情"。但这个工作还是很有意思，对于学生的学术训练尤为必要。让学生能尽快入门，获得更专业、更有学术自觉的眼光，就要领略各个阶段种种不同的方法理路，从学科评论的高度，了解现代文学研究发生发展的历史、现状、热点、难点以

---

① 北京大学出版社 2005 年出版。

及前沿性课题。这等于在展示一张学术"地图"，研究者可以从中了解和测定自己的方位，起码可以从中获取某种学科史评价的信息。

该书原是给研究生写的，因为论涉整个学科的历史与现状，并引发诸多新鲜的话题，也引起研究者的广泛关注。值得欣慰的是，一些大学现在也开设学科史这类选修课了。

第五种是《现代文学新传统及其当代阐释》（2008）①，是我和陈晓明等几位学者合作的著作。大约是2001年，南京大学中文系召开过一次题为"中国现代文学传统"的研讨会。我在会上做了一个发言，其中谈到对"新传统"应当抱着历史同情的态度，不能只当事后诸葛亮，抱怨历史上存在的不足和错误。研究当然有当代性，但历史毕竟不是任人打扮的女孩子，也不该是用作显示自己理论杀伤力的靶子。我对那种动不动将现今的弊病往五四和新文学传统方面找病根的做法表示反感。

会后，我将这次发言整理成一篇文章，题为《思想史能否取替文学史》②，还引起过一些争论。后来南大现代文学研究中心承担教育部人文社科规划重大课题，要全国招标，鼓动我申报一个关于"现代文学传统研究"的课题。我意识到这个课题很重要，以我一人之力很难做好，就邀请了陈晓明、高旭东两位教授以及几个年轻的学

---

① 北京大学出版社 2010 年出版。

② 发表于 2001 年 10 月 31 日《中华读书报》，《新华文摘》2006 年第 9 期转载。

者加盟。这本书意图是较全面地考察现代文学传统的形成过程及其在当代社会生活中的渗透影响，强调在当代价值重建中"小传统"（相对古代的"大传统"而言）的意义。重点有两个：一是历史梳理，考察新的文学传统如何在不断的阐释中被选择、沉淀、释放和延传；二是分析当代文坛中"现在"与"传统"的对话。以往涉及新文学传统研究的论著不少，但这是第一本相对超越出来，专门把现代文学传统的延传及变迁作为研究对象的专著。书中不但全面梳理了现代文学传统的形成与发展过程，还对新传统的比较稳定的"核心部分"做了深入的探讨。

其中提出了几个重要观点：一是要重视近百年来的"小传统"价值；二是传统研究必须摆脱本质论束缚，注意观察阐释接受的"变体链"；三是关注现代与当代的"对话"现象；等等。这些观点在文学史观念与方法上都有创新。研究过程中碰到一些困难，比如探讨当代作家与现代文学传统的关系，很难在具体材料上落实。书中借用"互文性"（intertextuality）研究视角，一是当代的创作文本，一是现代文学传统已有的文本，从文本之间的相互影响、彼此交融的关系来看新的文本的生成，关注两者的异同及对话。这对于作家作品的"影响研究"有方法论的创新和启示意义。近些年许多关于文化转型与困扰的讨论，包括那些试图颠覆五四与新文学的挑战，都迫使人们重新思考现代文学传统的问题。本书就是面对这些挑战而做出的一些思考。

第六种是《**当前社会"文学生活"调查研究**》（2017）①，属于国家社科基金重大项目的结题报告，是我带着山东大学和北大的一些同仁做的。其研究的重点是"文学生活"，特别是普通国民的文学生活，包括文学阅读接受状况、文学影响下的社会精神现象。以往文学研究大都围绕"作家作品—批评家—文学史家"这个圈子进行，对于普通读者的接受及其对创作的影响很少关注，这种"内循环"的研究不够完整，甚至不接地气。而"文学生活"研究弥补了这一缺陷，使我们对当前文学的认识能够拓展到文学自身之外，帮助我们更广泛地认识文学的生存环境和生产消费状况。特别是对于处在市场经济背景和网络文化影响之下的当代文学来说，文学生活研究的介入，显然可以拓宽视野、调整方法，获得新的研究活力。国内外迄今尚未见有专门以"文学生活"为主题的研究著作。该书还有一个设想，就是把社会学方法引入文学研究，做跨学科的尝试。这本论集的出版带有一定的原创性和方法的独特性，在学界产生了较大影响，《人民日报》《光明日报》等媒体还做过专门报道。

第七种是《**鲁迅作品精选及讲析**》（2020）②。新冠疫情搅扰人间那时，我闭门蛰居，写成此书。出版后学界反应并不大。有关鲁迅的研究汗牛充栋，在"鲁研"领域哪怕是一寸推进，都挺难的。我倒是颇花费了一些功夫，自己也比较看重此书。全书约四十三万

---

① 江苏凤凰教育出版社 2017 年出版。

② 人民文学出版社 2021 年出版。

字，所选的都是鲁迅有代表性又比较好读的诗文，一共七十六篇（首），基本上覆盖了鲁迅创作的各种类型。每一文体前面有一"阅读提示"，简介鲁迅该文体创作的概况和主要特色，提示一些阅读的建议。文后所附注释，在 2005 年版《鲁迅全集》注释基础上有所增删或修改。重点是，每篇作品都有"讲析"，千把字，尽量贴近作品来解读，帮助读者扫除阅读障碍，把握阅读津梁，领会和欣赏鲁迅作品的思想内容和艺术形式。这些"讲析"参考了前人相关的研究观点，亦有不少自己的研究心得，一些新的观点点到即止，可惜没有精力另外拓展成文。

第八种是《温儒敏讲现代文学名篇》（2022）①。从 1981 年到 2017 年，我先后在北大和山东大学讲授现代文学基础课。此书是在近四十年积累的多份讲稿基础上写成的。全书共选现代著名作家二十六家，涉及代表性作品四十多篇（部）。所节录部分基本上保持原有讲课内容与讲授风格，但也做了许多修改和补充。这本书是现代文学欣赏和研究的"入门"书，讲的多是相对稳定的基本内容，是那些已经沉淀下来、学术界有大致共识的文学史知识，以及对代表性作家作品的评价，同时也融入了我自己或者学术界新的研究成果。本书专业性较强，但尽可能深入浅出，对于中小学语文老师以及喜欢文学的中学生，也是适合的。学界对此书评价较高，认为书

---

① 商务印书馆 2022 年出版。

中对《阿Q正传》《朝花夕拾》《伤逝》《莎菲女士的日记》《雷雨》和《边城》等名篇的分析,均有"比较新鲜、独到的见解"(孙绍振)。还认为这本书的特点在于"回归阅读本体,准确把握现代文学基本面"(陈平原)。此书"看似平易,但平易中不平凡,平易中融进了温先生几十年的心血、一生的阅读、一生对文学教育的领会"(陈晓明)。

第九种,或者"类",是我**有关语文教育的论著**,包括《语文课改与文学教育》①和《温儒敏论语文教育》一至四集②,还有近些年出版的《温儒敏语文讲习录》③、《温儒敏谈读书》④、《语文课改 守正创新》⑤、《用好语文统编教材》⑥,等等。大约从2000年到2024年,二十多年来,我用部分精力投入基础教育,特别是语文教育的研究。2012年以来,又接受中央的任务,担任总主编,牵头编写从小学到高中的全国统编语文教材。这五六种书,都是我这些方面工作的一些积累,包括上课、讲演、访谈等文字,大致能体现出我对语文教育的一些思考,有些曾产生大的社会反响。如《温儒敏语文讲习录》《温儒敏谈读书》《用好语文统编教材》三书,都

---

① 江苏教育出版社2007年出版。
② 北京大学出版社出版,第一集2010年,二集2012年,三集2016年,四集2021年。
③ 浙江人民出版社2019年出版。
④ 商务印书馆2019年初版,2024年增订再版。
⑤ 山东教育出版社2021年出版。
⑥ 商务印书馆2024年出版。

是长销书。虽然谈不上是专深的研究，但比较"接地气"。本书另有一篇《我的语文教育著述与主张》，对我这方面的著述有个小结，这里不赘。

除了这些著作，还有**其他一些论集**，包括《文学课堂：温儒敏文学史论集》（2001）①《文学史的视野》（2004）②《为精神界之战士者安在》（2019）③《温儒敏序跋集（增订本）》（2023）④，等等，收录了我专著之外的一些论文，呈现了我多年来问学燕园的脚印。

其中《为精神界之战士者安在》是"自选集"，收录了我自以为比较"拿得出手"的一些篇什。数十年来，写下三四百篇文章，收进文集中的只是一小部分。比如，《谈谈困扰现代文学研究的几个问题》⑤，其中谈到对现当代文学研究中出现的某些趋向与问题的看法，包括学科的"边缘化"、"思想史热"、"泛文化"研究的缺失，以及"现代性"的"过度阐释"问题，等等。《文学研究中的"汉学心态"》⑥，指出所谓"汉学心态"，不一定说它就是崇洋媚外，但起码没有过滤与选择，是一种盲目的"逐新"。我主要是针对学风而言，带有学术反思的意味。《现代文学研究的"边界"及"价值

---

① 吉林人民出版社 2002 年出版。

② 人民文学出版社 2004 年出版。

③ 人民文学出版社 2021 年出版。

④ 团结出版社 2024 年出版。

⑤ 发表于《文学评论》2007 年第 2 期。

⑥ 发表于《文艺争鸣》2007 年第 7 期，同年《新华文摘》第 20 期转载。

尺度"问题》① 则是针对无限制拓展现代文学"疆域"的做法提出质疑，也涉及学科定位与方法等问题。这些专著之外的论文，其影响不见得比前述那些专著要小。

学术撰著之外，我还有些余兴之作，散文、随笔之类，多发表于报刊，历时既久，所积也有二三百篇。只有一部分汇集出版，聊当闲谈，小作芹曝之献，这就是《书香五院》②、《燕园困学记》③ 与《师友感旧录》④。

---

① 发表于《华中师范大学学报》2011 年第 1 期。

② 北京大学出版社 2008 年出版。

③ 新星出版社 2017 年出版。

④ 河南文艺出版社 2024 年出版。

我的语文教育著述与主张

我的本业是现代文学史研究，从 2000 年起，关注并参与语文教育的工作。起先只是抱着知识分子"淑世"的想法，想做点实事，敲敲边鼓，回馈社会。参与进去了，发现这个"江湖"很大，非我"余力"所能及，但也欲罢不能，就一直做下来了。

2003 年前后，我带领北大中文系十多位教授，与人教社合作，编高中语文实验教材。2003 年底，发起成立北京大学语文教育研究所。2007 至 2010 年，接受教育部委托，与巢宗祺等先生主持义务教育语文课程标准的修订。2012 年春，被教育部聘为中小学语文统编教材总主编，先编小学初中语文，2016 年投入使用；接着又编高中语文，2019 年全面推开；2023 年，又主持义教语文统编教材的修订。这就一直做到 2024 年秋，算来有二十多个年头了。

大概因为担负了一些责任，也就被看作所谓"权威"，不时要发表一些言论，写一些文章，有的还有较大的影响，引起过业界的讨论，但也领受过许多网络的"拍砖"。我当然也自知斤两，遗憾的是力所不逮，学理性的研究毕竟还是太少。

◎ 温儒敏部分著述（教育论著）

迄今（2025年4月）为止，我出版有关语文教育的书六种，包括《语文课改与文学教育》（江苏教育出版社2007年出版）、《温儒敏论语文教育》（一至四集，北京大学出版社2010、2012、2016、2021年出版）、《温儒敏语文讲习录》（浙江人民出版社2019年出版）、《温儒敏谈读书》（商务印书馆2019年初版，2024年增订再版）、《语文课改 守正创新》（山东教育出版社2021年出版）与《用好语文统编教材》（商务印书馆2024年出版）。这些书都是论集，收录了论文、讲稿、随笔、访谈，等等，大都是针对特定时期的语文教学或者教材编写问题的即兴讨论，内容比较杂。又因是不同时期由不同出版社出版，彼此有些重复。此外，我还有许多文章、讲话未曾收入论集中，粗略估计，不下百篇。顺便一提，为便于学术交流，听取一线教学意见，我在网上开有一个微博，坚持十多年，拥有四百二十多万"粉丝"。

本文把二十多年来我有关语文教育的著述与思考大致收拢，想做个反思和小结。年迈眼花，随想随记，"小结"了如下九个方面。包括：语文课程"定位"与"母语教育"；"基本口粮"和"兜底"说；落实语文核心素养的"以一带三"；把培养读书兴趣作为语文教学的"牛鼻子"；实施"1+X"，改进阅读教学方法；"整本书阅读"的功夫在课外；对"大概念教学"的质疑与思考；关于语文高考的建议；关于语文教材编写的思考。

一、语文课程"定位"与"母语教育"

对语文课程性质与定位的认识，见仁见智，似乎人人都能说上一套，细想，又不甚了了。一百多年来，语文作为现代基础教育中一门独立的课程，先后被称为"国语""国文""语文"，其间甚至还分过"文学"与"汉语"，"定位"一直不太清晰。这跟语文课程的综合性也有关，其教学的内容、范围、标准，不像数理化等学科那样有明确界定，加之不同时期为形势所需，可能会给语文课添加一些即时的内容，课程的外延不断拓展，许多"非语文"的因素随之进入，"定位"就更是模糊移动，经常引起争论。

"定位"很重要，自觉不自觉会对语文教育产生影响，语文课程必须有一个相对科学而又能被普遍接受的界定。我认为，对语文课程性质有各种不同的阐释，其中也有互相重叠的"共识"，那可能就是语文课的本义和基础，可以在这个"共识"上去给课程"定位"。

2007 年，在一次接受记者采访时，我曾提出"母语教育"说。所谓母语，指一个人最初学会的语言，一般情况下是本民族语言或者方言。中华民族运用最广的汉语，是国家通用语，也就是中国人的母语。我提出："对语文是什么尽管有不同说法，大家还是可以找到互相重叠的共识的部分，那就是母语学习。""儿童习得母语是自然的过程（这也是有趣而又复杂的课题），但不是说会说话就无须学习语文了，母语是终生都要学习的。而母语又必然是带上特定民族文化内蕴的，学习母语，同时可以提升文化力、思想力、审美力等。一般讲语文是语言文学，或者语言文字，也都不错，都能涵盖语文的主要部分，但这些概括不全面，所以宁可讲语文就是一种母语学习的课程，是一个非常基础性的学科。"①

很多老师读过著名教育家雅斯贝尔斯的《什么是教育》，那本书有句名言，说教育是"一朵云推动另一朵云，一个灵魂唤醒另一个灵魂"。其实，他还有一句重要的论断："一个人要精通一门学科就需要付出毕生的精力，在语言方面，则是母语。"我是赞同这个观点的，因为"母语虽然内化在人的精神和思维习惯中，但这需要过程，所以母语要长期不断学习，语文素养提高是长远的事情"。②

我采用"母语教育"来给语文课程定位，似乎"老生常谈"，没有什么理论含量。是的，但很多无休止地争论而又难以完全取得共识的问题，若化繁为简，回到朴实的立场去考虑就好了。这也是我探究问题的一种习惯。把语文课程性质"定位"为"母语教育"，就可能返璞归真。

在我后来的著述和言论中，却很少直接提到语文课程是"母语教育"，而把"母语教育"具体化，改用"语用"，即学习"语言文字运用"。内涵未变，但呼应了较有"共识"的表述。比如，在义教语文课程标准（2011 年版）中，关于语文课程的"定位"，就

①② 参见《语文学科的定位及其他》，原载《语文建设》2008 年第 4 期，收入《语文课改 守正创新》，山东教育出版社 2021 年版，第 1—3 页。

有这样的阐说："语文课程是一门学习语言文字运用的综合性、实践性课程。"① 并在论述课程理念那一段，使用了"祖国语言文字"一词。在近些年修订的普通高中语文课程标准中，"定位"更明确改为"语文课程是一门学习祖国语言文字运用的综合性、实践性课程"②。课标没有直接使用"母语"一词，而"祖国语言文字"，就是母语。

我始终还是把语文课程的定位，"定"在提升国民的语言文字运用上，我有关语文课程是"母语教育"的想法没有变，只是更具体化，也更切合现实。

我这样"定位"的思考，也源于对许久以来有关语文课改争论的审察。我看到很多争论都与对课程性质理解和强调的偏移有关。比如，20 世纪 90 年代关于语文课改的那场大讨论，争论的是"语文到底属于什么样的学科"，以及如何处理"人文性"与"工具性"的关系，等等，说到底，是"定位"模糊，脱离了语文课程的本义。"文革"结束后，社会转向经济建设，恢复高考，语文学科从"泛政治化"，转为格外重视"工具性"。而随后十多年，高考越来越成为"改变命运"的通道，语文教学也就越来越趋向

---

① 教育部制定《义务教育语文课程标准（2011 年版）》，北京师范大学出版社 2011 年版，第 2 页。

② 教育部制定《普通高中语文课程标准（2017 年版 2020 年修订）》，人民教育出版社 2020 年版，第 1 页。

应试，这就由一个极端到另一极端，物极必反，引起反弹。当时对于语文教学应试化的状况普遍不满，呼唤语文课程改革，转为强调"人文性"。

回头看，如果从"母语"学习这个角度去理解语文课程性质，所谓"人文性"与"工具性"就不会偏至，不至于强调一端而削弱另一端，因为这两者本来就是融为一体的。母语是每个人从小习得的民族共同语，其本身就带有世世代代积淀的思维、审美、文化、习俗，等等，语言习得本身就有"人文性"；而作为社会交际的工具，语言文字同时又具有负载和表达信息的"工具性"。时代不同，对这两方面的要求可能有不同侧重，但总不能否认语言文字的学习本身就是"两性"兼修，彼此共生的。如果从"母语"的角度给语文课程"定位"，就能化繁为简，厘清争论，无须在"两性"上厚此薄彼。

认定语文课程的本义就是学习语言文字运用，就是"母语教育"，这个观念也贯彻到我的工作实践中。2002到2006年，人民教育出版社与北大中文系合作，编写高中语文教材（那时还不是统编），那时社会上正大力呼唤语文课的"人文性"，教材的单元设计也都是人文主题为纲。那时我也赞同教材凸显"人文性"，但这"人文性"必须是在语言文字运用的学习过程中自然获取的。我主张教材编写要从"母语教育"的角度，坚持"语用"的本义，步子要稳一些，不搞偏至。①

最近二三十年，应试教育造成的偏至愈演愈烈，那主要是社会焦虑所造成，不能只归咎于教育；渴望通过加强人文教育和素质教育来"纠偏"，可以理解，也有必要，但不能脱离了语文课程"定位"所决定的基本规律。我提出语文课还是要把提升听说读写能力作为基础，而这种能力培养的实践性很强，必须有反复的训练和积累，训练的过程不可能都是快乐的，甚至也不可能都是个性化的。希望语文学习全都变得很快乐，或者所有学生都很喜欢，那只是一种理想。语文和其他科目一样是一门学科，有它的学习和教育的规律，有最基本的要求和规范。如果连"训练"都不敢提了，那语文怎么学？语文课作为"母语教育"，其范围与功能有一定的界限，如果无限扩大，大而无当，好像很重视语文了，到头来可能"掏空"了语文。②

二、"基本口粮"和"兜底"说

当然，关于语文学科定位，还可以从不同角度去阐释。阐释的有效度，要看其满足教学实践和时代要求的程度。2010 年前后，课改在许多地区推进，有意改变应试教育的僵局，在教学方式上做

---

①② 参见 2005 年 9 月 23 日笔者在宁夏召开的"中学语文新课程讨论会"上的发言。发言稿发表于《语文建设》2006 年第 5 期，题为《扎实稳妥地推进课程改革》，收入《温儒敏论语文教育》，北京大学出版社 2010 年版，第 33 页。

了一些大胆的探索。但改革用了行政的手段，步子有些冒进，脱离实际，什么"翻转课堂"呀，"杜郎口模式"呀，都出来了，一哄而起未必能让教学获益。很多公开课上得很"漂亮"，很热闹，却留不下多少"干货"，"语用"方面必备的知识和基本的能力得不到保证。对此，我提出了"基本口粮"说。

我在《扎实稳妥地推进课程改革》等文中，一方面支持课改，另方面，强调要首先达标，让学生掌握基本知识和必备能力。我说："还是务实一点，回到朴素的立场，多一些调查研究，看到底社会上多数人首先要求从语文课学习中得到什么，这个清楚了，定位清楚了，再来讨论教学方法和教学模式的改革，就更有针对性。""语文课改应当有一些很实在的东西，让老师和同学心中有数的东西，也就是所谓工具性的要求吧，背诵多少文章、掌握多少文言词汇、阅读写作大致达到什么水平，都要有一些基本的实在的要求，大家可以把握，知道哪些是'基本口粮'，做到'手中有粮，心中不慌'。"我提醒，课改如果"把人文性搞得很玄乎，工具性又不明确，甚至不敢理直气壮抓基本训练，那么情况有可能更糟糕"。①

坚持基础教育面向全体普通学生的"基础"属性，改变在中小学阶段过于侧重"选拔"和"应考"的偏向，我还提出过"兜底"说。

2024 年 12 月 7 日，在北师大举办的"语文独立设科 120 周年

① 参见《温儒敏论语文教育》，北京大学出版社 2010 年版，第 33—34 页。

学术研讨会"上，我做了题为《语文教育要起"兜底"作用》① 的发言。其中特别谈到，所谓"兜底"，就是要兜住学生日后生存发展的"底"，"语文教育应为多数学生的谋生和发展打基础"。

其中"谋生"这个词好像太过"低档"，一般论文和文件不会这样说的，其实对大多数国民来说，这又是非常切实的。

我是这样说的："对学生而言，语文素养对未来发展和工作的作用是实实在在的，语文课必须承担起培养大多数普通国民语文生活能力的责任，为他们日后更好地谋生做准备。因此，要'兜底'，就要重视语文教学的基础性、实用性价值，强调其常识性和社会性，做到惠及全体。语文教育要强调语文的工具性、实用性，让学生掌握未来人才需要具备的基本知识、基本能力。我们一方面要把眼光放远，实施素质教育，重视拔尖创新人才的培养；另一方面，绝大多数的学校、语文教师要脚踏实地回归生活、回归现实，为大多数普通国民的谋生和发展考虑。"

其实，我讲"兜底"这番话，和多年前讲语文课程主要是"母语"学习的想法一以贯之，但也有现实所指：这些年教育界"动作"频繁，动辄颠覆既有的教学秩序，语文教育很浮躁，各种显示"改革"的花样很多，效果不好；另一方面，应试教育"稳如泰山"，应考式刷题仍然缠绕着一线师生。在这种情形下，只能做好平衡。尽量

---

① 发表于《中国基础教育》2025年第1期。

发挥教师的主动性，既让学生考得好，又不把脑子"搞死"。关注"兜底"，做些平衡，也许是实在的事情。

教育是理想的事业，改革也是必要的。我崇尚那句话——既仰望星空，又脚踏实地。关于语文学科"定位"的思考，我始终坚持"母语教育"的角度，比较偏重于现实，希望课改的举措能多一些平衡，多一些可操作性。

三、落实语文核心素养的"以一带三"

我这些年做教材，深感和自己做研究、写论文不一样，需要面对的不只是学术圈，还有整个社会，容不得出错，也不能引发争议。这让我不得不采取务实的态度。而且接触一线教学比较多，知道"水的深浅"，对"理论滚动"不感兴趣，多关心如何"落地"，所以也给人比较"保守"的印象。其实，我并未放弃理想，也向往理想的教育，支持课程改革。语文课程标准提出的"语文核心素养"这个概念，我就很欣赏，给予高度评价。我认为此概念也是一种"定位"，把争论不休的语文课程性质功能细化了，"终结"了关于语文教什么，学什么的争论。"语文核心素养"提出的语言运用、思维、审美和文化的四个维度，丰富了我关于语文课程是"母语教育"的思考，对于我和语文教材编写组的工作有实质性的影响。

不过，经过一段实践，所反馈的意见中，有许多人认为课标围绕"语文核心素养"所提出的一些新概念太多，诸如"学习任务群""情境化学习""综合性学习"等，到一线教学，不容易操作，难免出现泛化与虚化。"学习任务群"有利于把教学内容结构化，有利于调动学生学习的主动性，可是在一线教学（尤其是示范课和教学检查）中，往往把"学习任务群"完全等同于用"任务"去驱动教学，花架子比较多，一线老师很迷茫。网上也出现许多批评，甚至把我本人当作是所谓"大语文""大单元"的始作俑者。

针对一线教学中出现的形式主义偏误，我再次提出，落实"语文核心素养"，必须坚守语文的课程"定位"，让"学习任务群"等要求有可操作性，同时应当把课改的主动权交还给老师，在"怎么教"问题上不搞"一刀切"。2021年底，我写了《落实语文核心素养的"以一带三"》①一文，其中提出，新课标中并没有"以一带三"的说法，但在解释"语文核心素养"四要素时，体现了类似的意思。还特别说到语言是"交际工具""思维工具"，又是"文化的重要组成部分"。这些论述强调语言的发展，是与思维的发展、审美与文化传承的学习相互依存，相辅相成，也就是"以一带三"。"一"是"语言运用"，"三"是"思维""审美"和"文化自信"。语文教学必须以"语言运用"为本，这是出发点与落脚点，通过"语言运用"的教学，把其他三方面（还可能有其他方面）"带"进来，彼此融为一体，在不断的语言实践中得到综合提升。

---

① 发表于《中国基础教育》2022年第4期，又载《语文学习》2022年第11期，收入《用好语文统编教材》，商务印书馆2024年版。

　　义务教育和高中课标对于"语文核心素养"的阐释，词语表达有些差异，但改革指向基本一致，都在强调思维、审美、文化自信必须以"语言运用"作为基础和载体。语文课程实施的是母语教育，要以"语言运用"为本，这本是毋庸置疑的常识，无论如何改，总不能离开"语言运用"这个课程的本质属性。"文化自信"属于更"上位"的要求，整个基础教育所有的课程，都要重视培养学生的"文化自信"。而思维训练和审美能力培养，其他学科也要承担，如数学课重视逻辑思维，音乐美术课注重审美能力等。学生在学习母语的过程中，以语文独有的方式（比如更加重视熏陶、感悟、积累等）去提高思维、审美的能力，获得对民族文化的认同与自信，这是其他学科所不能替代的。

　　语文课重视并落脚于母语的"语言运用"，强调其"本位"的引领和覆盖作用，本来无须多说，笔者之所以要提出"以一带三"，为的是强调语文课程的本质属性，纠正某些偏向，也为教学提供"抓手"。

　　"以一带三"的提出，在语文教育界产生较大影响，有些报刊开辟专栏讨论，有这方面的实验，赞成的较多，亦有质疑批评。"以一带三"的提法还被语文报社评为 2023 年度语文教育"十大关键词"之一。

四、把培养读书兴趣作为语文教学的"牛鼻子"

2016 年，我给北京大学语文教育研究所举办的国家级语文骨干教师培训讲课，讲"读书为本"，后来讲稿整理成文，题目就叫《培养读书兴趣是语文教学的"牛鼻子"》①。这似乎又是"老生常谈"：谁不知道读书重要？可事实上，语文教学偏偏又多是在这"常识性"问题上发生偏移。我始终认为，通常讲"听说读写"，"读"最重要，应当把阅读放在首位，"读"占"鳌头"。现在那种一切指向考试的语文教学，是很枯燥、很累人的，难怪很多学生中学毕业了，也没有读过几本书。阅读对他们来说不是一件优雅有趣的事情，他们没有形成阅读的爱好与习惯。这样的语文课即使把学生送进了大学，也不能说是成功的。②

我强调的是读书"兴趣"的培养，养成爱读书的良性生活方式。这是给孩子的一生打底子。

我还格外关注经典阅读的问题。经典作为一种文化积淀存在物，对于民族精神建构有极端重要性。我们需要经典，是因为经典作品积淀了人类的智慧，可以不断启示人们对文化价值的理解。我主张语文教材选篇应当以经典作品为主，还应当鼓励中小学生课外多接

---

① 发表于《课程·教材·教法》2016 年第 6 期，收入《温儒敏论语文教育三集》，北京大学出版社 2016 年版。

② 2009 年前后笔者在几次阅读教学研讨会上讲到这些观点，部分内容整理稿发表于 2009 年 8 月 21 日《中国教师报》。

触一些经典。青少年读经典肯定会有隔膜，不喜欢也正常。要用孩子们能够接受的方式去帮他们接近经典。孩子们在不同年龄段会有不同的兴趣，他们也会自我调整，自我塑造。我常说读经典是"磨性子"，如同思想爬坡。①

我对某些关于读书的流行观念还做了检讨，认为不切实际，不利于培养读书兴趣。比如，"不动笔墨不看书"，在一定情况下可以也应当有这样的要求，但在课外阅读或者其他很多情况下，又很难做到凡是读书就必须动笔。不能每逢读书就要求孩子做笔记，写作文。"处处扣着写作来阅读是很累的"，会变成束缚，扼杀兴趣。②

还有就是常见的对于"好读书不求甚解"的批评。其本义是要求学习要认真、精细、踏实，不要似懂非懂、马马虎虎。如果我们是在认真阅读分析一篇精读课文，或者做研究性阅读，这样要求是完全应当的。但对于一般的读书，特别是课外阅读，就不宜强求了。在很多时候，读书了解一个大概即可，不一定本本书都要精读，都要像精读课那样"求甚解"。有的时候"不求甚解"恰好可以拓展阅读面、培养读书兴味。③

---

① 参见《读经典是"磨性子"，如同思想爬坡》，收入《温儒敏谈读书（增订本）》，商务印书馆 2024 年版。

② 参见《处处扣着写作来阅读是很累的》，收入《温儒敏谈读书（增订本）》，商务印书馆 2024 年版。

③ 参见 2024 年 10 月 28 日凤凰卫视中文台播出的主持人吴小莉对笔者的专访，标题为《中小学语文教材变化大？专治不读书？》。

我还主张让孩子"读闲书"。读书终究是个人行为。一个普遍的现象，就是家长老师不让孩子选择阅读他们有兴趣，而又与考试无关的课外书，即所谓"闲书"。而不让读"闲书"，读书很功利，那就肯定扼杀兴趣。所以，我建议要兼顾一点，除了"为高考而读书"，适当让孩子们保留一点自由阅读的空间，让他们的爱好与潜力在相对宽松的个性化阅读中发展。①

我提出的一种说法流传很广，现在许多老师也都耳熟能详，那就是"连滚带爬"地读。我在一些文章和多次讲座中建议，让学生，特别是小学初中生"海量阅读"，鼓励他们读得多，读得快，可以似懂非懂，"连滚带爬"地读。方法可以无师自通，最好有老师家长支持点拨，包括浏览、快读、猜读、跳读，等等。我认为必须有远超课本和教辅的阅读面和阅读量，才谈得上培养读书习惯与兴趣。②"连滚带爬"地读这个说法得到许多语文老师的认可，虽然做起来还会有许多障碍。

我还有一句话是常挂在嘴边的，就是"少做题，多读书，好读书，读好书，读整本的书"。这本是义教语文课标（2011 年版）中提倡的拓展阅读的要求，也是我和修订组研究提出，并写进课标的。③

---

① 参见《应当把阅读放在首位》，收入《温儒敏谈读书（增订本）》，商务印书馆 2024 年版。

② 参见《培养读书兴趣是语文教学的"牛鼻子"》。

③ 参见温儒敏、巢宗祺主编《义务教育语文课程标准（2011 年版）解读》，高等教育出版社 2012 年版，第 259 页。

　　问题是，谁都不反对读书重要，但在实际生活中，又很难把读书真正重视起来。最常见的也最无奈的"理由"就是，现在的孩子功课繁重，压力大，根本没有时间读书。这的确也是事实。特别是网络自媒体时代，缺少读书氛围，培养读书"兴趣"是很难的，要有学校、班级、家庭等多方面的共同配合。网络上"攻"我本人最多的"理由"也是负担重，没时间。而我总是不厌其烦地劝说，光是抱怨孩子没有时间读书，无济于事。关键还在于习惯与兴趣。如果把读书完全指向考试，搞得那么功利，只会败坏读书的胃口。应当调适一下，多考虑如何给些空间，给些自由，激发孩子读书的兴趣。只要有兴趣，没有拖延症，孩子就总会有时间。

　　基于这种认识，我在主持小学初中语文统编教材时，是一直强调"读书为本"的。教材投入使用后，有一篇报道用的标题是《语文统编教材专治不读书》①。的确，语文统编教材从小学到高中，最明显的变化就是三点：加大阅读量，激发阅读兴趣，掌握读书方法。

五、实施"1+X"，改进阅读教学方法

　　阅读教学的效果不佳，学生不喜欢语文课，有多方面原因，课型混淆，模式僵化，扼杀读书的兴趣，可能是主因。长期以来，语文教材的课文都分为精读和略读两类。实际教学中，几乎都处理成

---

① 2018年7月14日《中国青年报》采访笔者的报道。2024年10月28日，凤凰卫视中文台播出主持人吴小莉对笔者的专访，采用了类似的标题。

精读精讲，而且讲课的套式都差不多，无非是主题思想，篇章结构，字词辨析，写作手法之类。我主张改变"精读精讲"独揽全盘的做法，把精读与略读两类课的课型区分清楚，将"精读"改为"教读"，"略读"改为"自读"，再加上"拓展阅读"，三位一体，构成阅读教学的新的体制。这样也许真正能调动学生学习的自主性，激发读书兴趣。

老是围绕考试的需要读那百把几十篇课文，顶多还有一些教辅，限制那么死，怎么可能有阅读兴趣，又怎么可能提高语文素养？即便对考试而言，这也是下策。关键在拓展阅读面，扩大阅读量。于是我建议实施"1+X"的办法。[①] 即每讲一课（主要是精读课），就附加若干篇同类或者相关的作品，让学生自己去读。可以在课内安排读那些附加的作品，也可以安排在课后。不只是读散篇的作品，也要有整本的书。教师可以稍加点拨，但不要用精读课那一套要求去限制学生，只要求学生能读就好。这种思路也体现在统编教材的设计中，特别是小学和初中，一些单元和栏目也都采用了"1+X"的方法。这对激发读书兴趣，拓展阅读面，起到积极的作用。

与此相关的，我认为读书方法的教学也要拓宽思路。我发现，以前教学中比较多练习精读、默读，那当然是常见而又实用的读书方法，但浏览、快读、跳读等方法却是很少传授的。其实这些方法

[①] 参见《如何用好初中语文统编教材》，收入《用好语文统编教材》，商务印书馆 2024 年版，第 29 页。

也很重要，只有具备这些能力，才有阅读的速度，扩大阅读面。于是我主张把多种阅读方法编到教材中去，编写组也吸纳了我的意见。比如阅读《西游记》，顺便就传授浏览和跳读等方法。这就是一个改进吧。

与此同时，我还提出"语文生活"的概念，也许和"文学生活"的研究有些关联的。我认为语义教学必须尊重学生的"语文生活"。[①]现在从小学中、高年级开始，学生就逐渐形成了他们的语文"圈子"与表达形式，包括他们的课外"闲书"的阅读交流、上网、微博、微信，等等，其实这些都是语文能力成长的重要方面，又关系到语文兴趣的培养和阅读习惯的形成。老师和家长也许不能完全进入孩子的语文生活，但应当给予尊重和必要的关照，尽可能在语文课和学生的"语文生活"之间疏通一条通道，那肯定有利于引发学生学习语文的兴趣，培养起读书的习惯。我甚至把孩子们普遍喜欢"哈利·波特"作为一种"语文生活"现象，力主语文教学重视孩子们的"自由阅读"，改变刻板的教学思路。[②]

六、"整本书阅读"的功夫在课外

其实早在 2008 年，我参与并主持义教语文课程标准（2011

---

① 参见《在语文课和"语文生活"之间疏通一条通道》，2012 年 9 月 24 日《羊城晚报》。

② 参见笔者为人民文学出版社 2018 年出版的《哈利·波特与死亡圣器》所写的前言《孩子们喜欢"哈利·波特"的 N 个理由》，发表于 2019 年 1 月 23 日《中华读书报》，收入《温儒敏谈读书》，商务印书馆 2019 年版。

年版）时，就提出了"少做题，多读书，好读书，读好书，读整本的书"。后来我在许多场合和文章中反复提到这句话，认为"读整本的书"是语文教学的重要环节，只是被忽略了。

我在一些讲话和文章中提到，文选式的语文教学，是新式学堂产生之后的产物，教材也是文选为主，因为还有其他学科，课内不可能有很多时间读完整的书。文选的好处是可以举一反三，拓展阅读视野，可是后来的教学几乎全都采用课文精读精讲的方式，只学课文了。局限于屈指可数的课文，读得再熟，也未必能掌握必备的阅读能力。所以现在要"补火"，要求把语文学习延伸到课外，让学生多找一些书来读，要完整地读几种基本的书。在编小学初中语文统编教材时，编写组在这方面思想是统一的，就安排了"读整本的书"的教学内容。小学语文设计有"快乐读书吧"，初中有"名著导读"，后来，编高中，有"整本书阅读"。2023 年修订义教语文教材，干脆把初中的"名著导读"统一易名"整本书阅读"。

近些年来，"整本书阅读"已经成为语文教学的重要内容。

不过，这种新的课型怎么教？现在还很不成熟，仍然需要在实践中积累经验。2018 年前后，"整本书阅读"很"火"，坊间也马上出版了许多有关的书。但一线老师还难以把握，主要问题是太想把"整本书阅读"完全"课程化"，目标定得太高，过程干预太多，加上要面对考试，那就过犹不及，变味了。我对如何教好"整本书阅读"并没有深入的研究，但从常识出发，考虑有两个问题必须面对，一是如何课内课外结合，二是如何让学生有兴趣。

2017 年 12 月，上海召开"整本书阅读"研讨会，我没有参会，给会议写了一封信。其中提到，"整本书阅读"的功夫应当是在课外，是学生的自主性阅读。我不太主张把"整本书阅读"完全"课程化"，更反对对应考试。建议老师安排"整本书阅读"教学，不实行"过程管理"，而采取"目标管理"。也就是开头有个提示和引导，结尾布置一点小结之类，就够了。如果太多干预，太多要求，学生还没有读，可能就兴趣减半了。我认为"整本书阅读"的教学效果好不好，就看学生是否爱上读书，是否自己能找更多的书来读。[①]

2022 年 5 月，我又在一次教师培训会上做了题为《遵循课标精神，尊重教学实际，用好统编教材》的讲话，其中提到"整本书阅读"问题，指出教材指定的书目，其中很多书孩子们都不感兴趣。一方面因为是经典，有时代的隔膜，学生不适应。另方面，因为指定阅读的"规定动作"太多，太繁琐，又要写笔记，又要写心得，又要小组讨论，又要朗读，又要演出，谁会喜欢呢？兴趣是第一位的，有兴趣学生自己就会主动去读，就有时间读。

我认为"整本书阅读"教学的重点是要激发兴趣，减少"规定动作"，容许学生自己选择教材书目之外的书来读，容许读"闲书"。

---

① 参见《"整本书阅读"功夫在课外》，发表于《语文学习》2018 年第 1 期，收入《温儒敏语文讲习录》，浙江人民出版社 2019 年版。

如今把"整本书阅读"搞得有点玄乎，又有些繁琐，给人感觉是太难了。所以，我提出"整本书阅读"要降降温。

关于"降温"的建议，在当时产生较大影响。

七、对"大概念教学"的质疑与思考

"大概念教学"的推行始于2017年版高中语文课标的颁布，2022年新版义教语文课标颁布，也承续了这一理念。2012到2015年，我主编义教语文教材，落实课标的改革精神，但不是照搬概念，还是比较稳的。因为有些比较理想的改革举措和新的理念，要"转化"教材和实践，得考虑遵循语文教育规律，考虑教材在全国大面积使用的可行性。我当然支持课标提倡的新理念与改革设想，教育总是带理想主义的，因此，在教材编写和许多讲话和文章中，我都力图维护大局，支持课改，认真学习体会课标提出的新概念，但在阐释诸如"任务群""大单元""情境化"等概念时，又始终比较谨慎务实。

2019年以来，我发表过多篇文章，包括《核心素养、任务群与建构主义》《遵循课标精神，尊重教学实际，用好统编教材》等，都在质疑"大概念"，尽可能把"大概念"导向比较实际的可操作的教学实践。2025年4月，我在一篇题为《把课改的主动权交还给一线教师①的文章中，又"面对面"回答了一线老师有关"大概念"

_____

① 发表于《福建教育》2025年第5期。

的诸多提问。这些文章或讲话稿，可以看到我对"大概念教学"的基本态度。

我说：不要再提什么"大语文""大单元""大任务""大情境"，动辄冠之以"大"，虚张声势，是不良文风。其实课标和教材也都没有这一类"标题党"式的提法。分单元教学倒是有的，语文统编教材采用的是"双线组元"的单元结构方式。每一册教材大致划分五六个单元，每个单元有一个大致的人文主题，把几篇课文汇拢一起；同时，每单元又设定若干必须达致的"语文要素"，即与语文核心素养相关的基本知识和必备能力。原来是课文一篇一篇讲，现在改为"群文学习"，将多篇课文汇集起来，共同指向单元教学目标。这样做的好处，是把原来比较零散的教学任务结构化了，授课的目标与用力点更清晰。还有，就是课标与课改所主张的语文教学的综合性与实践性，也因此得到加强。

其实，"单元教学"也并非新事物，课改之前也有这种教法，只是现在强化了，在教材中凸显了，是个进步。但我也指出，单元教学不是"一锅煮"，不宜平均用力，也不排除单篇讲课。每个单元五六篇课文，必定有一二篇是重点。在考虑如何达致单元教学目标的前提下，先要选择重点课文精读精讲，也可以以老师的讲授为主；然后，让学生"移用"精读精讲中所学到的方法，去自学其他几篇课文；最后，让学生把整个单元贯通融汇，在交流研讨中使知识能力得到提升。整个单元教学的过程有分有合，有精有略，有动有静，课型的设计和学习的方法多样交错，更灵活有弹性，也更能调动学生学习的主动性。

对于"大概念教学"所推动的"任务驱动"，我也提醒，那要根据单元内容、文体和学情来定。"任务驱动"只是多种教学方法的其中一种，但不是所有的单元都这样做，更多的单元可以在学完课文之后再来做综合。设计"任务驱动"，不能要求学生直奔"任务"去阅读。很多课文的设计是为了让学生初步接触经典，这是重要的教学目标，如果把课文纯粹作为解决问题、完成任务的"支架"，那就偏离教学主旨了。避免被"任务"捆绑，要尊重学生个性化的阅读，留给学生更多 感受和理解的空间。①

八、关于语文高考的建议

我曾提出过"读书养性，写作练脑"，这只是一种大致的"说法"，其实读写都养性练脑，之所以特别强调"写作练脑"，无非是针对写作教学与高考作文对于思维训练的重视不够罢了。而思维训练，想象力与独立思考能力的培养，在传统教育中是相对薄弱的。我认为无论平时的作文训练，还是高考作文的命题和评阅，都应该以培养考查学生的理性精神和逻辑思维能力为根本。

---

① 2019 年前后，我在教材编写与教师培训的几次会上都讲过这些意见。部分曾整理成文，以《核心素养、任务群与建构主义》为题，收入《温儒敏论语文教育四集》，北京大学出版社2021 年版。

　　语文高考，特别是高考作文，是教学的难点与"痛点"，每年高考结束后都会引起社会的热议，老师的压力也比较大。传统语文教育重视写文章，而所谓好文章，则是格外重视文笔的。这种观念在当代写作教学与高考作文中还在延续。在教学中，也很重视教给学生如何把文字写得漂亮，怎样用某些套式，加上某些漂亮的格言、警句、人生感慨，或者历史掌故等等，故作深沉，去吸引改卷子的老师。整个路数是往抒情、往修辞、往文学的方面走。我认为，作文教学第一要务是文通字顺，有一定的思考内涵，然后才谈得上其他。文学性、文笔等等，不是作文教学的第一要求。① 我有一篇文章，题目就叫《文笔不是作文教学第一要义》②。其中提到，写作是综合能力体现，写作能力不是作文本身能够解决的。语文整体水平上去了，写作能力才能上去。无论用什么教学方法，都应当读写结合，大量阅读，适当练写。多读比多写能更有效地提高写作能力。

　　我还认为，中考和高考作文应当侧重考文字表达能力，其中也就包括思考能力，至于文笔文采，不是主要的，起码不应当侧重考这些。而高考作文阅卷评分存在"趋中率"过高的偏向，即满分六十分，而绝大多数都给予四十五分上下，几乎没有满分作文，也

---

① 参见《高考语文试卷命题改革的几点建议》。该文系根据 2017 年 11 月 25 日笔者在北京大学举办的"恢复高考四十周年纪念及研讨会"上的发言（提纲）整理而成，收入《温儒敏语文讲习录》，浙江人民出版社 2019 年版。

② 本文为 2009 年夏天在一次中学语文研讨会上的讲话纪录，部分内容发表于 2009 年 7 月 24 日《中国教育报》。收入《温儒敏语文讲习录》，浙江人民出版社 2019 年版。

极少二十分以下。我在不同场合多次批评过高考作文评分"趋中率"畸高，导致选拔功能大为弱化，并影响到作文教学的"痼疾"。我在接受《人民日报》和《中国青年报》的采访时，分析过高考作文评分"趋中率"畸高的原因。这跟语文阅卷时间短，工作量大也有关系。这种不合理的评分事实上已经给广大师生造成一种印象：高考语文特别是作文是很难得高分，几乎不可能有满分的，无论你学习多么下功夫，也就是二等吧。而再不用功，也不至于沦为三等，二等总是可以保住的。于是，语文教学与高考"拿分"的关系，往往就被看作是"投入和产出不成正比"。这样一来，谁还愿意在语文学习上多下功夫？我希望高考命题和阅卷，特别是作文评分，要改进。① 后来，一些省市高考作文阅卷注意改变"趋中率"畸高的偏向，满分作文也增加了。

我认为高考是选拔性考试，有人上，有人下，应当拉大分数的距离，难度系数也要相对提高。我就如何改进高考语文试卷命题，曾提出七点建议。包括：命题应当更加注重运用教育测量理论和命题技术；题量要增大；命题所依赖的材料范围要拓展；要更加注重考检索阅读能力；要重视考逻辑思辨能力；要考查读书的情况，包括课外阅读、经典阅读、阅读面与阅读品味。②

---

① 参见《高考作文无满分是"作茧自缚"》，收入《温儒敏语文讲习录》，浙江人民出版社 2019 年版。

② 参见《高考语文试卷命题改革的几点建议》。

九、关于语文教材编写的思考

近期出版的《用好语文统编教材》一书，其中有"教材是怎样'炼'成的"一辑，收有教材编写过程中的讨论、争议、修改、研究等方面的十九篇文字。一个"炼"字，意味着教材编写的艰难，也可从中看到教材编写理念、框架、体例，以及选文等方面的"用心"。因我有关教材编写的思考，涉及面很广，这里只能摘其要者，罗列几点。

语文统编教材应当在哪些方面有所创新和突破？一是强调"立德树人"，避免做表面文章，努力做到润物无声。二是"接地气"，希望有新理念，又不挂空，能实用好用。三是"守正创新"，新教材吸收了过去教材编写以及教学改革的经验，不是颠覆以往的教材教法，而是在以前各个版本教材的基础上去创新。四是贴近当代中小学生的"语文生活"，体现时代性。这四点始终是我的编写指导思想，或者说努力的目标。具体来说，有如下一些考虑和建议：

教材要以立德树人为指导思想，适应社会发展需要，培养健康的，有责任、有担当的国民，思想教育的体现应当通过语文特有的方式，润物无声。

拼音是识字的拐杖，刚上学的孩子学拼音困难大，要考虑"幼小衔接"，降低拼音教学的难度，不要一上来就学拼音，也可以先认识几个字，引发学语文的兴趣，然后再学拼音，而且拼音和识字教学应当结合进行；识字教学实行"认写分流，多认少写"，不要求"四会"。

课文选篇强调经典性、文质兼美、适宜教学，此外还要适当兼顾时代性，适当选收时文，但数量要控制。

加强民族文化自信，小学适当增加古诗文，初中和高中的古诗文略增，约占课文总量的50%。要求背诵的篇目数量要控制。

语文知识"随文学习"，但教材要有隐形的知识体系，每个单元每一课都要有必备的知识和基本的能力，即所谓"知识点"和"教学要点"；增加关于汉字、拼音、阅读、写作、文学等方面的知识，穿插到各个单元；不刻意强调体系，防止过度的操练。

注意教材的教学梯度，让老师能把握课程内容目标体现的线索，各个学段、年级、单元的教学要点清晰。在单元导语、预习、阅读提示、思考题等方面落实教学要点。

强调课型的区分，实行"教读""自读"与"课外阅读"组成的"三位一体"的阅读教学结构，取代长期以来教材沿用的"精读"与"略读"的二元组合；在"教读"课前设置预习内容，课后设置侧重于总结阅读方法和思想内容的思考题；在"自读"课前设置导读，课文中使用批注来帮助学生理解文本，并在部分课文后列出课外阅读的书目与建议。

为增加阅读量，培养读书兴趣，小学增设"和大人一起读""快乐读书吧"两栏目，初中设"名著导读"，高中设"整本书阅读"。

在北大图书馆为中学老师讲课（2013 年）

写作教学设计注重思维训练，包括逻辑思维、形象思维和直觉思维。引导鼓励学生自由表达和有创意的表达。小学注意避免在写作方面搞"提前量"，初中和高中有写作系列，穿插到各个单元或者综合性学习之中。

单元结构采用"双线组元"。一条线指向立德树人，是人文主题，宽泛一点，不搞一一对应。第二条线，就是语文教学的要点和知识点。两条线交错融汇。

以上这些观点或建议，很多是我本人与编写组反复调查、研究和协商后形成的，当时负担具体编写工作的分册主编、编委与责任编辑贡献最大。我的建议，包括我在统稿时的修改意见，大部分被吸收，也有的并未采纳。

总的来说，2012到2016年编小学初中语文统编教材，比较顺心，质量也比较好，紧接着编高中教材，则比较拘谨。也因为世事变化，网络舆论戾气重，上面的要求比较高，还新设了"专委会"和"指导组"督导，虽说他们也出了不少力，可以集思广益，但争议也很多。我的很多意见在编写组和一线老师的反馈中是得到认可的，但在审查会上常常被否决。

2023年前后，由于义教语文课程标准（2022年版）颁布，教育部指示要根据新课标修订教材，还为此专门成立了"编修委员会"，我的"角色"由总主编变成"编修委员会主任"。我和另一位主任王立军教授都主张修订要"稳中求进"，教材局也支持这种想法，不做大的结构性变动。但社会关注度高了,审查讨论的环节多了,"编修"过程更加艰难。

无论编高中语文,还是后来"编修"小学与初中语文,我都不主张单纯采用以人文主题或者核心价值观的十二个词来设置单元,因为主题先行,入口限定了,选文必须围绕主题,难以顾及语文教学环节的需要,教学的要点和梯度容易被打乱。比较适切的办法,还是在充分考虑如何体现核心价值观的同时,以不同学段"语文核心素养"的要求来协调和设置单元。

我也不赞同教材编写"以语文实践活动为主线",认为这实际上很难操作;时兴的项目化学习、任务驱动,等等,可以作为教学的方法,但也不是适合所有单元和不同教学环节的,我不赞成在教材中硬性体现。这些争论牵涉到如何理解课标,以及教材编写如何"转化"和落实课标。

我是总主编,很多意见也未见得能说了算,这都需要协调、妥协、平衡。我的想法就是既要落实课标的要求,又要照顾大面积使用的适切性;既要推进课程改革,又要考虑社会接受程度和改革的"成本";既要满足时代变化需求,又要尊重教学规律;等等。"既要"和"又要",只能平衡,稳中求进。

在多次编写组与"专委会""编委会"的联席会上,都发生激烈的争论,我总是成为争论的焦点,有时也挺沮丧的。回头看,教材编写必然会受各种观念的制约,其中有矛盾、困扰、碰撞和妥协,很正常。最终完成编写任务，靠的也是大家的"合力"。语文教材编写很难超越所在的时代。

现在是网络时代，各种声音都有，语文的社会关注度又高，上上下下要求比以前严格得多，众口难调，教材编写的心理压力很大，其艰难过程用得上"如履薄冰"这个词。

叶圣陶先生晚年说，当年他在人教社编教材，工作很忙很难做，听到的都是批评。① 何况现在？无论多难，总算也坚持下来了。

2025 年 4 月 25 日至 5 月 5 日

---

① 参见商金林《叶圣陶全传》，人民教育出版社 2014 年版，第 580 页。

辑　二

《比较文学论文集》编者序①

　　为了推进我国的比较文学研究，检阅一下这方面已经取得的成果是必要的。出于这种考虑，我们编选了这本《比较文学论文集》。

　　这个集子共收十八篇论文，大都选自解放后特别是近年来各报刊上发表的有关文章或著作，也有几篇是未经发表的。我们想把用不同比较方法、涉及不同比较范围的各类文章都选一些。所选的这些文章都有一定的代表性，大致可以从中窥见我国比较文学研究的路径和实绩。

　　全书分三部分。

　　第一部分有七篇文章，主要是平行研究的论文。

　　钱锺书的三篇具有典范的作用。在《读〈拉奥孔〉》中，他把注意力集中在文类研究上，考察了绘画或造型艺术和诗歌或文字艺

---

① 本文系《比较文学论文集》（张隆溪、温儒敏编选，北京大学出版社1984年出版）序言。该书是国内最早出版的比较文学论文集之一。所选文章大都直接征求过作者（钱锺书、季羡林、王元化、林林、杨周翰，等等）意见。序言由温儒敏撰写。

术功能上的区别，发现中国古代文论画论中，有许多与西方美学家论说相同或相异的精湛见解。《通感》则运用美学、心理学和语言学的知识，说明了文学创作中"感觉挪移"的现象，并广泛介绍了中外古今的作家、批评家对这一现象多种不同角度的解释。《诗可以怨》列举了许多作家诗人的经验之谈，指出痛苦比欢愉更能促进成功的创作，从而提出诗学和文艺心理学中一个根本的问题。

王元化的《刘勰的譬喻说与歌德的意蕴说》选自他的专著《文心雕龙创作论》，这本书的特色是将外国文学批评理论方法与中国古典文论作比较和考辨。

杨绛的《李渔论戏剧结构》，比较分析了李渔和亚里士多德的戏剧理论，认为两者表面上有许多相似之处，但实质上不同，与其说我国传统戏剧结构符合亚里士多德所谓"戏剧"结构，不如说更接近亚氏的所谓"史诗"结构。这就使得人们对中国传统戏剧特征有更深的了解。

佐临的《梅兰芳、斯坦尼斯拉夫斯基和布莱希特戏剧观比较》则论及了三位戏剧大师理论上的共同点和根本区别，进而考察了布莱希特之所以倾倒于梅兰芳艺术的原因。

林林的《中日的自然诗观》从作品分析中发现中国和日本诗人对自然风物感受及表达方式有许多传统性的共同点，这与欧美的自然诗观是迥异其趣的。

这部分平行比较的文章大都侧重于文学、美学理论问题，所进

北京大学比较文学研究丛书

比较文学论文集

张隆溪　温儒敏　编选

北京大学出版社

◎《比较文学论文集》书封及目录

行比较的各方一般并没有渊源或影响等直接联系，但其可比性就在于从相同或相异之处能寻出中外相通、带有普遍意义的艺术规律或艺术方法。这些文章所论及的问题有大有小，但都是企图从世界文学的范围宏观地考察文学现象，这就超出于一般的作家作品类比，从更高更广的角度来作科学的探索。从这些文章不难看出，比较方法的运用，的确能开扩文学研究的视野和胸襟。

第二部分的八篇文章主要是作影响研究的论文。

范存忠的《〈赵氏孤儿〉杂剧在启蒙时期的英国》，是人所熟悉的论题，作者掌握了大量材料，重新考订了《赵》剧是怎样传入英国，在那里怎样上演，以及产生什么效果和影响的，这无疑是中英文学关系史上的一个重要章节。

杨周翰的《弥尔顿〈失乐园〉中的加帆车》并非局限于评述一部作品中一个有趣的细节，而是引发开去，指出文艺复兴以来欧洲许多作家普遍追求古今西东知识这一现象，进而论及广博学问知识在 17、18 世纪一批英国作家的创作中所起的机能作用。这篇文章既是比较文学中所谓的本科范围研究（它论及了文学影响、文学时代与运动以及文学风格等问题），又涉及了非本科范围研究（它论及了文学外围如文学与社会学关系等）。

中国现代文学是在广泛容纳外国文学影响的基础上发生和发展的，许多中国现代作家作品都与国外文学思潮直接相关。因此，中国现代文学与外国文学关系理所当然进入了比较学者的视野。

乐黛云的《尼采与中国现代文学》、盛宁的《爱伦·坡与中国现代文学》以及王富仁的《鲁迅前期小说与安特莱夫》，分别就一些曾在现代中国文坛产生大的影响，但多年来人们不能正视的、复杂的西方作家作了论述，认真考察了他们在中国的影响如何受制于中国的时代和社会特点，以及这些影响的积极面和消极面。近年来，这类文章较多，值得重视。

研究中外文学关系，不能只注目于中国和西方，对于东方各国间文学影响或渊源也要顾及。季羡林的《印度文学在中国》比较全面地考察了从汉代到近代印度文学如何传入中国并与中国文学互为影响的情况，所引资料极为丰富。王晓平的《〈万叶集〉对〈诗经〉的借鉴》和严绍璗的《日本古代小说的产生与中国文学的关联》，分别追溯了中日诗歌、小说的影响和交融的关系，并指出某些由地理、历史、民族等种种原因所导致的东亚文学的共同特征。比较文学的研究最终着眼点不在于国别文学，但比较的研究方法无疑可以加深对国别文学特色的认识。这一点，从本书的影响研究论文中也可以明显看到。

20世纪以来，随着人类学、心理学、神话学、语言学等学科的发展，民间文学和神话传说的比较研究日益成为重要的研究领域。本书第三部分特别选了有关神话或民间文学比较研究的三篇文章。

刘守华的《〈一千零一夜〉与中国民间故事》举出后者与前者

情节结构上有惊人类似的作品十一例，然后从民俗学、渊源学等角度对导致类同的种种复杂原因作出解释，同时指出形态相同的故事同中有异，各有特色，这是由各自不同社会条件和文化背景所决定的。李沅的《从印度的〈罗摩衍那〉到泰国的〈拉玛坚〉和傣族的〈拉戛西贺〉》，则更多考察了三者之间的渊源关系以及由各自民族心理素质所决定的史诗特色。刘守华的另一篇《民间童话之谜》探讨了一组民间童话从中国流传到欧洲，演变成为具有不同民族色彩故事的有趣的过程。

比较文学所关心的范围很广，除了上述文章涉及的方面，还有翻译研究、比较理论研究等等，而本书未能广为搜求。另外，近年来国内陆续出版一些运用比较文学方法的专著，如钱锺书的《管锥编》，限于篇幅，本书也未能选用。但要全面了解比较文学研究的成果和动向，这些作品是不能忽视的。

虽然早在 30 年代就有人译介国外比较文学理论，并陆续出现一些尝试比较中西文学的著述，但真正潜心于此并卓有建树的学者毕竟很少。后来，这一学科在较长时间内未能深入发展。只是到了近几年，随着整个文化事业的发展，这门学科才又重新在文学研究领域占有一席地位，并日益引起重视。尽管我们有了一些研究成果，但总的来说，还处在尝试阶段。要发展比较文学研究，最重要的不是把大量精力投放于空洞的号召或有关名词定义的界定论争，而是要埋头苦干，拿出实际成果来。只有实际的研究成果，才足以证明比较文学在我国发展的可能性和必要性，也才能吸引更多同好诸君一起来努力，建立真正具有中国特点的比较文学学科。我们现在把已经取得的一些成果汇集于此，奉献给读者，相信大家读到这些文章会感到十分欣喜。这对于我国比较文学的发展，也许能起推动的作用。

1982 年

《新文学现实主义的流变》新版自序 ①

《新文学现实主义的流变》这本书是我的博士论文，成稿于1987年，当年通过答辩后，1988年由北大出版社出版，转眼十多年过去了。现在要重版，出版社的编辑问我是否要做些修订。回头看这篇少作，自然感到有不少肤浅之处，但我不想做什么改动了，它毕竟记录了自己曾经走过的学术途程，也带有那个时代思维的特点，还是保留它原来的面目吧。

想当初选择这个题目，也真是有些"大胆"。那时现实主义已经被人们谈得很腻，是个老旧的话题，但又很少有学理性的探讨，甚至还没有一本系统的现实主义研究的专史，而我专门要拣这颗"酸果子"来啃，当然就有点"吃力不讨好"。记得论文答辩时，答辩委员吴组缃先生就给我当头一炮，说现实主义问题纠缠太多，很难说得清。他是作家，写作也从来不会考虑什么"主义"之类。弄得导师王瑶先生也有些"紧张"，我更是胆战心惊。担任答辩委员的

---

① 本文系北京大学出版社 2007 年版《新文学现实主义的流变》自序。该书 1988 年初版，2007 年再版。初版曾有"小引"和"后记"，再版时删去了"后记"，增补了这篇自序。

还有樊骏、钱中文、吕德申等几位先生，好在"有惊无险"，诸位老师"批判从严，处理从宽"，让论文通过了，还给了较高的评价。回想起来，吴组缃先生的批评真是一语中的。不是这个题目不值得做，而是以我等能力，的确很难做好。论文出版后，虽然得到许多好评，引用率很高，被海内外一些大学指定为本专业研究生必读书，甚至还得过奖，但我心里越来越清楚，拙著其实还是有"做文章"的痕迹，毛病不少，之所以被重视，多少也是占了"出道"较早的便宜。不敢说这本小书已足以称"史"，它顶多只是做了"清理地基"的工作：大致梳理了有关现实主义思潮方面的资料，粗略地勾勒了新文学现实主义流变的轮廓，并试图初步总结其历史特征与得失经验。如果这些"清理地基"工作能为后来的研究提供某些材料，或者引发对某些问题的思索，那就是笔者的安慰了。考虑到这一点，我乐于重版这部旧作。

现实主义是个包容性非常广的概念，从思潮、流派、创作方法或者其他各个角度，都可以介入"现实主义"。本书主要谈的是现代中国新文学中的现实主义思潮，虽然也必然会涉及文学社团、流派、创作、批评和论争等等，但都是从思潮角度去讨论。其实这是一种思潮史的研究，中心线索很明确，但涵盖的范围可能又比较宽。在本书初版的"小引"中我曾经提到，本书采取的办法是"史述"为主，从繁复的文学历史现象中选借一些最突出的"点"，去把握五四"文学革命"以后三十多年间现实主义作为一种文学思潮发生、

◎ 博士论文答辩合影

前排左起：王瑶、吕德申、吴组缃、乐黛云；
后排左起：樊骏、商金林、钱中文、孙玉石、温儒敏。
（1987年）

发展与变化的轨迹,考察它与其他思潮流派的关系,它所以成为"主潮"的原因,它对整个新文学所起的推进或者制约的作用,以及它在世界文学发展背景下所表现出来的某些特色。写这本书时,我除了查阅大量史料外,也还尽量了解中外关于现实主义的各种理论。我不想预先命定所谓本质意义的现实主义,但又确实有意在做一些中外的比较,看某些西方的或者东方的现实主义理论与创作进入中国之后,产生了什么样的影响和变形。也许就是这个缘故,本书除了受到现当代文学领域学者的关注外,也曾被看作是当时比较文学界的一项收获。

本书初版时有过一篇后记,这次再版删去了,但其中有这么一段话我还想抄录在这里,也是对于过去岁月的一种纪念吧:

北大中文系我们那一届博士研究生只有陈平原与我两人,平时不怎么上课,王瑶先生不时把我们找去他家里坐一坐,通常又还有一些教员和文学界的专家以及研究生在座。这就是"文学沙龙"吧。每回大致也有一个中心话题,可是并不拘束,大家随便发表意见,交换文学研究的信息。对我们来说,这就等于上课。在轻松的气氛中,先生总是一边抽着烟斗,一边古今中外天南海北地"闲聊"。我的许多思路正是在这种"闲聊"中酝酿形成的。初稿出来后,王瑶先生又花了半个多月,逐字逐句地认真审阅,提出许多修改意见。这本书得以通过答辩并出版，又使我有幸获得文学博士学位，恩师的扶掖是感铭不忘的。除了王瑶导师之外，严家炎、乐黛云、孙玉石等老师也曾给我许多指教，有些观点形成又曾在与学兄钱理群、吴福辉等的讨论中受益。对于师友们真诚的支持和具体的帮助，我在此表示敬意。

当然还要感谢北大出版社，感谢本书初版时的责任编辑张文定先生，他们帮助这本书面世，还把它列入当时颇有影响的"北大青年学者文库"。我生命中值得忆念的美好的一部分，也就和这本书以及催促它诞生的师友们联系在一起了。

2006 年 5 月 8 日于京西蓝旗营

《中国现代文学三十年》出版往事

　　《中国现代文学三十年》初版是1987年，一晃快三十年了。写这本书的时间更早，是1982到1983年，那就不止三十年。一本普通的学术性教材，三十年间居然印刷五十多次，印数过百万，这也是当初所未能预料的。北大出版社要开个会来纪念一下，不禁想起许多往事。

　　这本书的"由头"，是王瑶先生给的"任务"。

　　我和钱理群、吴福辉都是1978年考入北大中文系读研究生的，王瑶是我们的导师。1981年毕业，吴福辉分配工作到作协下面的一个机构，参与筹建现代文学馆。我和钱理群则留校在中文系任教。当时全国中小学正从"文革"的困境中走出来，恢复了正常的教学秩序，广大教师渴望进修，提高教学水平。有相当一部分中学老师没有上过大学，希望通过在职学习能拿到大专文凭。于是上"刊授中师""电大"和"自修大学"就成为一股热潮。1982年春，有一份面向中小学老师的刊物《陕西教育》向王瑶先生约稿，邀请他编一套"中国现代文学"，作为刊授"自修大学"中文专业的教材。

191

王瑶先生二话不说就答应了。像他这样大名鼎鼎的学者怎么会为一份"小刊物"供稿？是一种责任心和使命感的驱动。记得同时为该刊编教材的还有其他几位著名学者，包括写《文学理论》的郑国铨先生和写《现代汉语》的张志公先生。

当然，王瑶先生也是想为学生提供一个"练手"的机会。王瑶先生就找我们三位，还有他的女儿王超冰（当时也在现代文学馆工作）讨论，希望能承担编写任务。我们几位都非常乐于参与。查了一下日记，1982年5月13日，和钱、吴、王讨论教材的大纲体例，分工落实每人编写的部分。吴福辉和王超冰负责小说，钱理群负责诗歌与戏剧，我主要负责文学运动、思潮和散文部分，每个人还要再写几个作家的专章。1982年10月，我写完关于五四新文学的第一讲。又过了大约半年，写完自己负责的其他五讲。

老钱老吴他们也是边写边拿去《陕西教育》发表，从1983年10月开始，每月刊出一至二讲，共刊出十七次，二十四讲，约二十五万字，一直连载到1984年底。每次刊出的署名都是"王瑶主编，某某执笔"。

那时我们还年轻，总想超越一般教材的写法，放手往"深"和"新"里写，使教材带点专著性质。这部教材的确不太像一般文学史教材那样严谨，但较有生气，反而受到欢迎。那时思想解放刚刚启动，现代文学研究非常活跃，但基础性的研究还不够深入，很多史料都要重新去寻找、核实和梳理，论述的观点也需要拿捏，许多

◎《中国现代文学三十年》的"前身"是为自学考试编写的教材，
1983 年 10 月起在《陕西教育》陆续发表。
左：温儒敏手稿；右：《陕西教育》所载第一讲首页。

章节等于是写一篇论文，费力不小。但这项任务也促使我们去考虑如何把新的研究转化为文学史教学，等于是把整个现代文学史认真"过"了一遍，对我们后来的研究开展有莫大的帮助。

《陕西教育》的发行量不小，估计有一二十万，但这部教材刊出后，好像泥牛入海，没有什么反应，学界也并不关心。尽管这样，我们几位还是不甘寂寞，希望能把教材修改好，出单行本。几个人商量，叫什么书名好？老钱建议叫《中国现代文学三十年》，以区别于通行的"现代文学史"，这也是受到胡乔木《中国共产党的三十年》的启发吧。原稿二十四讲，成书时以三个十年为"经"，以文体及代表作家为"纬"，交织设计，拓展为三编三十二章，字数也扩展到四十六万。

书稿修改完毕，先是想投给北大出版社。那时北大社刚恢复建制不久，在北大南门一座破庙里办公，一年出版不了几本书。因为有熟人黄子平（后来居香港，成为著名评论家）在那里当编辑，我就去找他。他拍拍胸脯说："老温，没问题，我包下了。"可是过了些天，他有些沮丧地说，社里讨论没有过，领导说你们只是讲师，写教材还不够权威。我们只好另谋出路。吴福辉说他认识上海文艺出版社的编辑高国平，不妨一试。于是便写信联系高国平。上海文艺社果然思想开放，不论资排辈，很痛快就接纳了这部讲师写的教材，准备出版。当我们把消息告诉王瑶先生时，他边抽烟斗边连连咳嗽，高兴地说他来当"顾问"好了，还要专门写一篇序言。

　　这篇序言竟然在书正式出版之前一年就写好，发表在《文艺报》上。文中用主要篇幅回顾了自 1922 年胡适写《五十年来中国之文学》以来新文学研究的历史，认为几经折腾，如今终于进入到"日常的学术建设"阶段。王瑶先生是想从学科史的角度来看几位青年研究者写教材这件事，肯定这是一部"有特色的现代文学史著作"，"这个事实本身就是令人振奋的"。关于这部书的特色，他说得并不多，但肯定了其"打破狭窄格局，扩大研究领域"，"力图真实地写出历史的全貌"的努力。另外，指出这本书重视作品的艺术成就和创作个性，注重文学思潮流派及文体的历史考察，并对一些代表现代最高水平的作家进行专章论述。王瑶先生对这本书也有隐性的批评，认为该书体例框架和研究方法上仍然存在欠缺，对文学发展内部规律缺少细致的探究。导师的序言给了我们很大的鼓励，当时书还没有出来，他就为年轻人"鸣锣开道"了。

　　王瑶先生的序言写于 1985 年 5 月 24 日，全书的修改完稿，则是 1986 年 5 月，正好一年之后。又过了一年多，到 1987 年 8 月，《中国现代文学三十年》才由上海文艺出版社出版，首印 6200 册。现在我手头还保存有初版本，32 开本，665 页，封面是红蓝条纹的简单构图，定价才 3.40 元。这本书对我们来说，都不是"处女作"，但《三十年》的面世，仍然让我们"振奋"。每听到一线教学使用这本教材的反馈，无论批评还是表扬，我们都有满足感。

　　《三十年》在上海文艺出版社十年，印刷四次，估计印数超过

在北京香山修改《中国现代文学三十年》（1997 年）

两万，教学中的使用率不算很高。它真正为广大师生所熟知，是到出版的"第二个十年"之后。

1997年我就任北大出版社总编辑。当时有一个想法，就是把教材作为出版社的主业，多出好教材。我首先就想到《三十年》。就和老钱、老吴商量，把上海文艺已经到期的版权要过来，交北大社修订出版。1997年10月底至11月初，由北大出版社编辑乔征胜和张凤珠安排，我和钱理群、吴福辉在北京香山蒙养园宾馆"闭门蛰居"多日，认真讨论修订方案，然后分头着手写作。王超冰因在国外，没有参加。那时老钱老吴不到六十岁，我五十出头，精力都还旺盛，讨论写作之余还一起登"鬼见愁"呢。那是一段快乐充实的时光。

和十多年前比较，我们三位在学术上开始有些积累了，对教材修订也更有些眼光和把握。老钱这时期除了研究周作人，还和黄子平、陈平原提出"二十世纪中国文学"的概念，对现代文学史的整体评价有了较成型的看法。吴福辉正在开展京派与海派的研究，出版了《沙汀传》《带着枷锁的笑》等著作。而我也已有《新文学现实主义的流变》和《中国现代文学批评史》等论作问世。三人的专长不同，风格各异，但在修订《三十年》时却能取长补短，配合默契。

这次修订改动的幅度很大，框架也有调整。原有三十二章减少为二十九章，取消了绪论，把每个十年原安排的关于小说的上、下两章合为一章，第三个十年中，解放区的小说、散文、戏剧相关章节，与国统区小说、散文、戏剧相关章节合并，另外又增加了关于通俗文学的三章和关于台湾文学的一章。代表性作家的专章除了原来的鲁迅、郭沫若、茅盾、老舍、巴金、曹禺、艾青和赵树理，增加了沈从文。此外像张爱玲、林语堂、冯至、穆旦等一批主要作家，也都增加了论述篇幅，有的改为专节评说。这次修订注意吸收学界新的研究成果和自己的研究心得，每人的论述风格也容许略有不同。求新，但也兼顾到教科书相对的稳定性和可接受性。对于现代文学的性质、范围、分期，以及总体特征的概述，虽然已有许多成果（例如"二十世纪中国文学"概念），但考虑总的还处于探索阶段，修订就没有充分采纳，而对于相对成熟的作家作品和文体研究，则较多吸收并有意突出。修订后的《三十年》更加突出了创作成就的论述，以及对各文体代表性作品的分析、创作演变历史线索的梳理。修订的功夫还放在史述上，一种想法就是文学史重在为教学提供基本的史实与书目，而进一步的理论探究与总结则引而不发，留给教学中去发挥。

全书修订稿汇集后，由钱理群统稿，他改得很细，我则最后通读，并做文字润饰和史实审核。清样出来后，又经由严家炎、樊骏、杨义和费振刚等几位权威学者组成专家组审定，封世辉和王信先生做了资料审核。1998年7月，修订本由北大出版社正式出版。

《三十年》修订本面世后，被教育部推荐为"九五"和"十一五"重点教材，又曾获得"王瑶学术奖"首届的二等奖（一等奖空缺）。

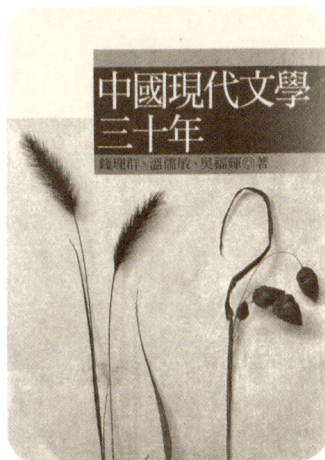

◎《中国现代文学三十年》的几个版本
左上图：中为上海文艺出版社1987年初版本，右为北京大学出版社
1998年修订本，左为北京大学出版社2016年再修订本；
左下图：台湾五南图书出版公司繁体中文本；
右图：俄罗斯东方文学出版社俄文译本。

需要说明的是,尽管这本书影响很大,我们没有去申请任何奖项,"王瑶学术奖"只是现代文学圈子里认可的奖,评得比较认真,"水分"比较少,评上后我们都很开心。有越来越多的学校中文系采用这本书作为现代文学课程的教材,大多数学校都将其指定为现当代文学研究生考试的参考书。

多年来,出版社希望能重新修订这本教材。我们几个也商量过,感觉该书的出版已有些年头,它的时代过去了,应当有新的更好的教材来取代。可是广大师生也频频提出修订的希望。还有一些认真的学者撰文研究这部书,在肯定其特色与成绩的同时,指出不少史实或者观点方面的错漏。既然书还年年在印刷发行,我们总还得吸收大家的意见做些修改。于是2016年在出版社编辑艾英的催促下,《三十年》又做了第二次修订。① 这次修订部分章节吸收了学界近年来的一些研究成果,根据教学的需要适当调整了内容的写法,改正了一些字句表述和史料运用上的错漏。其中有些章节的改动比较多。如"文学思潮与运动"(一)(二)、"新诗"(一)(三)、"散文"(二)、"戏剧"(三),以及关于郭沫若、茅盾、巴金、沈从文、赵树理的专章。特别是"通俗文学"(一)(二)(三),有的章节几乎是重写。

《三十年》的三十年,在我们几位撰写者的人生中留下深深的

---

① 《中国现代文学三十年》2016年重印版,应当是该书的修订第三版,增删补充和改写是很多的。但因某些原因,未能采用新书号,出版封面上只标明"修订本",容易给读者造成困扰。关于该书版本问题,可参考2016年版的"重印说明"。

印痕。我们三师兄弟著作都不少，但又都格外看重这本教材。该书的问世、修订、传播及反应，亦能从一个侧面看到一门学科的变迁。感谢导师王瑶先生，感谢所有为这本书出过力的朋友，感谢这本书的上百万读者，因为有你们，这本书才拥有它的学术生命。

2016 年 5 月 17 日

《中国现代文学批评史》自序 ①

　　《中国现代文学批评史》这本书的目标不是全景式地扫描批评史的详细"地貌"，而是集中展示批评史上一些最为重要的"景点"，有选择地论评十四位最有代表性的批评家及相关的批评流派，以此概览现代批评史的轮廓。

　　这十四位批评家的选择是颇费一番斟酌的。现代涉足批评的人很多，可是绝大部分都并非纯粹意义上的批评家，他们或者写过许多书评去解释作品，或者发表各种意见参与论争，却大都视批评为创作的附庸或论争的工具，真正把批评当成一项严肃的事业、一种相对独立的理论创造的，是极少数。

　　在选论这十四位批评家时，我最注重他们的理论个性与批评特色，还有他们对文学运动与创作所产生的实际影响，同时也考虑其对某种批评倾向的代表性。有些批评流派可能有众多批评家，如果彼此的理论观点和批评角度比较一致，就只选其中最有代表性的一

---

① 本文系《中国现代文学批评史》（北京大学出版社 1993 年出版）自序。

199

家以窥斑见豹。例如，在作为主流派的马克思主义批评流派中，就选论了冯雪峰、周扬等数家。另一些独立的批评家是难以划入某个批评流派的，或者是跨流派的，他们的理论批评个性往往更突出，书中也以专章选论，如王国维、周作人、朱光潜，等等。考虑批评的实际影响并不同于只注重"轰动效应"，有些曾红极一时的知名度很高的批评家，书中却并未专题选论；而有些确有学理建树，但在当时可能比较孤寂，其后又长期不被文学史编写者所重视的批评家，也有专章论评，发掘其对文学批评的新方法、新境界的创见。

批评史不等同于文学史，也不等同于思想史，虽然彼此有关联，批评史应有自己的研究视角，它所关注的是对文学的认知活动与历程，是对文学本质、文学发展、文学创作的不断阐释与探讨。所以选论现代十四位批评家时，也格外注意各家对文学的认知活动与历程。

选论十四家，可能同时考虑全局，考虑这十四家的周围的几十家、上百家，这就有一个定"点"的问题。书中每分论一家都兼顾其在整个批评格局中的"方位"，他到底处于批评史的哪个环节，与其他批评倾向和流派有什么关系，等等。读者可能会注意到，本书所论列的各家批评并不是按照严格的历史进程排列，但大体还是看得清整个批评史的流脉，特别是各派批评的得失及彼此间的对立、互补、循环等结构关系。例如，五四时期的批评承受多元的外来影响，形成了众多不同倾向和流派，如做比较简单的分类，则有"为

中國現代文學批評史

溫儒敏　著
申振浩　譯

新雅社

中国现代文学批评史

溫儒敏　著
北京大学出版社

◎《中国现代文学批评史》的其中两个版本
右：北京大学出版社 1993 年初版本；左：韩国新雅社韩文译本。

人生"的现实主义批评、"表现论"的浪漫主义批评、印象式的批评、心理分析批评以及古典主义的批评，等等。一般文学史容易将这多元竞争、互补共存的状况简化为二元对立，只注意文学研究会的"为人生"与创造社的"为艺术"两大批评派系的区别与争论。事实上不是二元对立，而是多元竞存互补。因此在论评周作人时，笔者就特别注意到这位原属"为人生"派的批评家在短短几年时间内批评观的变迁，注意到他后来对"为人生"与"为艺术"两派的综合与超越。同样，在持"表现论"的浪漫派批评家成仿吾身上，也看到其对文学社会性、功利性标准的吸纳。这种互补的情况有时又体现在不同批评倾向的冲突中。例如梁实秋几乎全盘否定了五四新文学，他的新人文主义观点可以说与浪漫派针锋相对，他那保守而带有清教色彩的批评又始终是"反主潮"的。他的许多批评结论并不一定正确，但又时常歪打正着地指出了主潮派文学的某些偏弊。

书中注意到这种现象，从整个批评史格局去考察，特别指出不同派系的批评之间的冲突又有某种制衡和互补的作用。明显的情形还可以在三四十年代发现，当众口一词赞赏社会－历史的批评，大多数批评家都极为看重文学的时代性、现实性，而忽视审美批评的时候，像李健吾（刘西渭）、沈从文、朱光潜等的重直觉、重审美也就起到一种制衡、互补的作用。

通常人们在评价文学历史现象时容易性急地突出主流，贬抑支流，批判所谓逆流，然后评定主流、支流、逆流对文学发展的促进或反动作用。但如果承认文学的历史发展是由各种不同导向的力所构成的合力所支配，那么就没有理由否认某些通常被看作"支流"或"逆流"的批评，也可能在针对"主流"的纠偏中客观上起到某种制衡作用，批评史发展的"合力"中不应当简单否定或贬斥这一部分制衡的"力"。从本书各专题的选定也可以看出，本书是很注意从多元竞存互补的批评格局中，去分析批评史的"合力"的。

也许更为重要的是历史的启迪。笔者在选"点"论评时，时时都联想到当代批评的许多类似的现象，并力求以当代的眼光去重估现代批评。所选的十四位批评家的业绩已经凝定为历史传统，他们所创设或依傍的批评规范可能已部分失去往日屡试不爽的那种效用，但置身于当代批评的氛围中，仍然能强烈感受到以往这些批评家根须的伸展。我们要是认识到当今所讨论的许多文学的命题由来已久，在进行思考时我们无须从头开始，那是因为我们有某种批评传统的连续感。笔者有理由相信，对十四位现代批评家的专题探讨，会强化这种"传统的连续感"，拓宽批评视野并增加理论的自觉。

本书所选论的十四位批评家以往大都还少有专门研究，即使是已经得到学术界一些专论的批评家，笔者仍力图深究并提出某些新的看法。例如，书中提出鉴于王国维文学评论的现代性，应将批评史的上限从1917年左右"文学革命"时期提前到本世纪初《〈红楼梦〉评论》的发表；提出周作人的散文理论和批评是不应忽视的重大收获；提出李健吾的随笔性批评文体与茅盾的作家论批评文体甚至比他们的理论有更大更久远的影响；提出胡风的批评理论核心可以用"体验的现实主义"来概括；提出梁实秋的新古典主义批评对二三十年代的庸俗社会学批评与"泛性心理分析"批评有针砭作用；提出应从中西文论寻求契合的角度重新评价朱光潜诗学批评的理论意义；提出冯雪峰关于"人民力"与"主观力"统一的命题是对马克思主义批评的贡献，高度评价周扬对人道主义与异化问题所做的思考；等等。这些观点带有探索性，不一定圆熟，但却是对某些现代批评现象的认真探索，笔者期待能得到学术界指正，并能引起深入的讨论。相信经过许多学界同仁的共同努力，在对诸多批评家与批评现象都有了较深入研究之后，就有可能出现高质量的现代批评史。

本书是根据笔者几年前在北京大学中文系讲授批评史专题课的讲稿改写的。原讲稿因用于授课，需兼顾批评史的系统性与知识性，面铺得比较宽，论析的批评家也比较多，除了本书的十四家之外，还有胡适、鲁迅、郭沫若、朱自清、瞿秋白、李广田、钱杏邨、钱锺书，等等。如果全面考察现代批评史，这些批评家同样是应当详加了解的。限于本书的题旨与篇幅，也考虑到批评"景点"的相对集中，书中对这些卓有建树的批评家就没有再分章论列。本书并不企求对现代批评史完备的论述，而重在对主要批评派系做系统的彼此有联系的讨论，其中力图贯穿对现代批评传统的了解与评估，其研究探索意义大于历史记录意义。

本书在酝酿和写作过程中得到我的一些同事和研究生的支持与协助；部分章节在《中国社会科学》《文学评论》《北京大学学报》等刊物发表时，又接受过有关编辑和读者的具体指教。对他们我深表谢忱。还当感谢国家社科基金为本书写作提供研究经费，北大教材建设委员会资助出版。

1992 年 12 月 5 日镜春园且竹居

《中国现当代文学专题研究》前言 ①

　　"中国现当代文学专题研究"是一门带有研究性质的课程，共十六讲，涵括了现代和当代两大部分。这门课是为已经学过"中国现代文学史"和"中国当代文学史"基础课的同学设计的。基础课主要学习有相对稳定性的知识，这种专题课则要深入一步，就一些比较集中的课题，让大家了解现有的研究成果和研究趋向，包括一些有争议的问题，同时通过对课题中某些方面的重点分析，引发对不同研究角度与方法的探讨，从而拓展我们批评和鉴赏的眼界，学习如何评论作家作品与文学现象。也许还有一个很实际的目标，那就是引起同学们对某一研究课题的兴趣，或者可以从中找到做毕业论文的题目。

　　这十六讲并非对现当代文学的全面评述，但选题也有教学上的考虑，即通过重点作家作品的分析，以点带面，将"文学现象"的

---

　　① 本文系《中国现当代文学专题研究》(温儒敏、赵祖谟主编) 初版 (北京大学出版社 2002年出版) 序言。该书有多次印刷，2013 年修订，从原来十六讲增加到二十讲，主要增加当代部分。2023 年第二次修订，2024 年 5 月出版第三版，有较大变动。

考察"带"起来。同学们在学习过程中也应当"以点带面",充分运用以往学习过的文学史知识,从文学潮流发展变化的历史联系和特定的历史文化氛围中,去讨论某一文学现象产生的缘由,去评判作家作品的得失。对于当下发生的文学,如果我们学会运用相应的文学史眼光去考察,尽可能从文学历史发展的坐标上来衡定其得失地位,也可能是有利于增加理解的深度的。当然,推展开来看,这种带研究性的学术训练,多少也就可能使我们的文学感悟力,以及分析概括问题的能力得到提高了。即使我们所从事的是文学以外的其他的工作,这种由初步学术训练而带来的眼界的拓展与能力的提高,对我们仍可能是获益匪浅,毕生受用的。所以,我们学习这种研究性的课,尤其要注重举一反三,触类旁通,在学术体验和能力训练方面下功夫,而不只是瞄准考试,死记一些答案。

这门课的每一讲都讲到一些重点的作家作品。如果想提高对作品的分析评判能力,光是阅读课文,或者只是听老师讲课都是不够的,最重要的还是要阅读作品,而且必须是在听课之前先读过作品,有自己的第一印象和感受,最好还能同时读一些相关的评论和研究的成果。每一讲都多少介绍了有关的研究状况,有的还提供了基本的研究书目。我们正好可以顺藤摸瓜,找一些研究论著来参考,从中或许就可以得到某些启发,帮助我们进入研究状态,找到自己进一步探讨问题的空间。每一讲后面还设计有思考题,也是为了引起研

◎《中国现当代文学专题研究》的其中两个版本
（北京大学出版社2002年第一版和2024年第三版）

究的兴趣，训练文学史眼光和鉴赏分析能力，当然，也可以帮助复习。

在北京大学中文系有一门供本科生选修的课叫"现当代文学作品赏析"，通常由七八位老师来"抬课"，每位老师讲一两个作家作品，而且各个老师治学和讲课的风格不同，研究和鉴赏的角度方法也可能会有差别，让同学们领略不同的学术风貌，知道文学作品原来是可以从不同的层面和方法去理解的。这很自然就改变了同学们原来可能比较单一的"语文应试式"的阅读习惯，而拓展了把握和分析文学现象的视野。同学们都很喜欢这门课。我们现在开讲的"现当代文学专题研究"，大体上就是仿照北大的"作品赏析"课，稍多一些研究的色彩。主讲人也大都是北大中文系的教授。参加教材的编写的有教授和博士，他们做如下的分工：

温儒敏（北大中文系教授、博士生导师）：前言、第一讲、第二讲、第四讲、第六讲、第七讲第三节；黎荔（北大中文系博士生）：第三讲、第五讲；李宪瑜（北大中文系博士）：第七讲第一、二节，第九讲；姜涛（北大中文系博士生）：第八讲；赵祖谟（北大中文系教授）：第十讲、第十一讲；李平（中央电大教授）：第十二讲、第十六讲；高秀芹（北大中文系博士生）：第十三讲、第十四讲、第十五讲。

温儒敏和赵祖谟负责这本教材基本框架的确定和全书的统稿。

本书原为内部讲稿，因作者水平有限，汇稿时间匆促，肯定存在诸多问题与不足。为满足教学的需要，现作为教材出版，希望得到同行专家的指正，并能在教学中征得同学们的意见，以期再版时修改和完善。

本课程教学大纲的制定，曾经过专家小组的审议论证。他们是：钱理群、谢冕、洪子诚、吴福辉、孟繁华。特向他们表示感谢。

2001 年 11 月 18 日于且竹居

《中国现当代文学学科概要》引言①

　　"中国现当代文学学科概要"，顾名思义，是介绍中国现当代文学这一学科的入门课，也是属于"研究之研究"的课。这门课在北大中文系已讲过几轮，凡是现当代文学专业的研究生，一进来都要求他们听这门课，还有不少其他相关专业的研究生和本科高年级学生，希望了解这个学科的历史与现状的，也都选这门课。在本科阶段，同学们已经学过"现代文学史"和"当代文学"，都是刚上大学不久开的课，主要讲述作家作品和重大的文学史现象，引导掌握基本的文学史知识，并初步学习评析文学创作与文学史现象的方法。作为基础课，重在相对稳定的知识积累，那时还不可能全面介绍这门学科的历史与现状。现在我们学习这门课的角度有所不同，就是说，不再满足于一般文学史知识的积累，而要更专业、更有学术的自觉，去了解"研究之研究"，即从学科评论的高度，回顾现代文学作为一个专门的研究领域，其发生发展的历史、现状、热点、难点以及

---

① 本文系《中国现当代文学学科概要》（温儒敏、李宪瑜、贺桂梅、姜涛等著，北京大学出版社 2005 年出版）引言。

209

前沿性课题。学科的入门和导引，是本课程的定位。

从事任何学术研究，都要有问题意识，有问题才有研究的动因，才能形成研究的课题。所谓问题意识，并非凭空产生，而是源自对研究对象深入的思考，包括对既有研究成果的充分把握。因此，对所从事研究的学科性质、特点及状况的全面了解，是我们初学者进入研究的必经之路。面对业已形成的学科格局，我们很自然地会寻找自己可能适合的位置，明白自己可以做什么，什么问题的探寻可能是有意义的，也才能感觉到自己工作的价值。而且只有这样，才能和既有的或相关的研究形成对话，对既有的研究结论或超越，或颠覆，或有所补充，或有所发挥，或另辟蹊径，或触类旁通，总之，无论"接着说"还是"重新说"，既有的或相关的研究都可能是一种前提，一种引发，或一种基础。学习"现当代文学学科概要"，就是要帮助大家在较短时间内，对现当代文学的学科史与研究现状有较全面的了解，领略各种不同的研究方法、角度与多样的治学风格，由此觅得进入研究的门径，学会触发研究的问题，找到适合自己的研究方向。

这门课将比较详尽地介绍学科史与研究状况，其中也会帮助大家掌握从事本学科研究的基本书目和许多基础性资料。我们不妨把目标定得再高一点，既要辨章学术，考镜源流，梳理研究的状况与学科的理路，又尽可能从文学史理论与方法的高度总结经验，探讨得失，以期对这门学科的建构原则、研究模式与存在问题有比较清

醒的认识。或者说,不只是给大家一张标示学科研究方位的"地图",
还要让诸位站得高一点,来反思这门学科,对这门学科的研究水平
有整体性的了解与评判。这也许可以增加我们学术上的自觉。

　　和本科生偏重知识的传授不一样,研究生更要强调所谓"科班
训练",即系统的专业培养,以养成专业的敏感与问题意识,也就
是学术的自觉。这不能靠速成,要有积累,有体悟。我们看重的,
绝不只是选几门课,凑够学分,然后写篇毕业论文了事。更重要的是,
有相对完整的训练的"过程",通过自己亲身反复"触摸"研究对象,
大量阅读原始材料(尤其是作品)和既有的研究成果,不断地思考、
摸索、讨论,熟悉所从事的专业领域和相关学科,从中体会做学问
的尊严、甘苦与情趣,逐步发现自己治学的潜质,以及可能发展的
最好的"方位"。听课、阅读、写文章,都是围绕这种学术训练的"过
程"。这种"过程"别人代替不了,老师的传授也不等于学生就有了"体
验"。如果没有这种相对完整的训练"过程",没有属于自己的学术
体验,就很难形成学术上的方向感与分寸感。就我们这个学科而言,
也难以形成对文学史现象知人论世的历史感和审美判断力。以往有
些同学上了研究生就急于发表文章,其实对所从事的学科领域并不
熟悉,更缺少"过程"中得到的学术体验,包括上面说的做学问的
方位感和分寸感,虽然也可能写出一些文章,毕竟后劲不足,难以
在学科领域真正得到更多的发言权,也会影响到学问上的发展。所
以我们上这样一门"研究之研究"的课,并不是要传给大家什么治

学的妙法，也不是要速成什么学问，而是和大家一起总结与反思一门学科，让大家观千剑而后识器，获得在本学科领域的方位感。重要的是给诸位一种引发，大家还得顺藤摸瓜，顺着课上所引介的许多书目与课题去阅读、思考与体验。希望这门课能成为这种系统学术训练的一种发端。

以上主要是对选这门课的现当代文学研究生来说的。对相关学科的同学来说，不一定要从事现当代文学的研究，但是现当代文学研究的方法、理路，以及作为一门学科基本训练的一些要求，也可能对你们各自的研究方向有所启发。有些本科生对现当代文学有兴趣，或者要选这方面的题目做毕业论文，或者准备报考这一学科的研究生，我想这门课也会有很实际的帮助。

这里我想特别要提到的是，文学史研究的科班训练常常会有"损失"的。我们在学会如何进入研究以及"做文章"时，更多的是强调理论思维的养成，学会怎样进行有效的学术"操作"。其实文学研究在很大程度上要依赖研究者的审美体验，应当是有灵性的创造活动，有时过分强调理论框架的搭建，可能会切割和损伤了个性化的文学感觉。文章是"做"成了，离文学反而远了，甚至不相干了。有些年轻的同学刚上大学中文系时，文学的感悟力还是很好的，学了几年理论，也会提笔写一些评论了，可是原来那种鲜活的感觉能力反而丢失了。这很可惜，也不应该。也许我们这门偏于学术史的课确实比较重理论分析归纳，而且注重引导如何"做学问"与"做文章"，但是我们也应当尽可能意识到这类课程功能上的"偏至"。所以，我们帮助大家了解现当代文学研究这门学科的沿革与现状，激发我们的学术思考，只是第一步。真正要进入研究状态，还是要接触文学史的"原料"，特别是作品，要重视自己的经验与感悟。尽量避免从理论到理论，让理论把自己硬是框住了。

中国现当代文学研究作为一门学科，已经有大半个世纪历史，不年轻了。这门学科的发展经历过曲折与艰难，也有过类似"显学"的辉煌，但如今已转为沉实，不再有昔日的风光，也面临一些困扰。是到了该认真总结的时候了。总结这门学科的历史，探索当前这门学科存在的问题与困扰，讨论学科的趋向与前景，也应当是我们开这样一门课的重要目的。

眼下坊间已经出版多种与学科总结相关的书，都只是论及现代部分。如黄修己的《中国新文学史编纂史》（北京大学出版社 1995年）、许怀中的《中国现代文学史研究史论》（厦门大学出版社 1997年）、冯光廉与谭桂林的《中国现代文学史研究概论》（南京大学出版社 1995 年），以及徐瑞岳主编的《中国现代文学研究史纲》（江苏教育出版社 2001 年），等等。这些著作对现代文学史的研究都努力做出比较全面的介绍。黄修己的《编纂史》主要论列几十年来以"现代文学史"面目出现的专著与教材，许怀中的《史论》重点介绍各阶段的"研究流程"及作家、作品、流派等方面的研究成绩，冯光廉等的《概论》和徐瑞岳主编的《史纲》侧重于对一些重点研究专题的评述。这些书的叙述角度不同，各有特色，而所提供的有关研究史的大量资料，尤其值得我们参考。

我们这门"学科概要"课程，有些内容与上述著作有近似的地方，如对研究历史的描述，对许多代表性的研究成果的评价，等等。所不同者，一是这种介绍与评述更注重从学科史的角度去考察，也更注重引申出文学史观与方法论的探究；二是更注重问题的提示与讨论，或者说，更注重往学术训练的角度引导；三是论述范围不止于现代，而是整个学科，包括现代和当代两个部分。这些特点也是本课程的既定目标与性质所决定的。

为便于讲述，这门课设置有二十一讲，分两部分。

第一部分回顾学科沿革。不是面面俱到，而是采取窥斑见豹的办法，选评一些最有代表性的文学史研究论著，突现不同阶段的研究空气与时代特征，从中发现不同的文学史观及研究理路，探究其得失，并以此勾画出本学科发生、发展与变迁的历史轮廓。

第二部分主要是研究现状的述评，主要介绍近期较有影响的研究论著，各研究领域的进展、困扰和可能的生长点，等等；也包括对处于学科前沿的一些重大问题，或可说是学科的难点、热点课题的介绍，尽可能展示不同的学术观点，以引发深入的讨论。

从学科史轮廓的获取，到重点研究成果的掌握，再到对学科前沿的了解并参与探讨，几部分环环紧扣，逐步深入，又始终往学科史观念与方法的层面导引，这也许是适合于前面所说的基础性的学术训练的。

当然，导引毕竟只是导引，"概要"性质的课不可能对许多课题都做出深入的探讨，重要的是在史述中引发学术研究的问题意识。一般而言，这种概要性质的课程有助于了解学科的历史、现状以及前沿课题等等，如前面所说，可以引发学科兴趣，或者提供某些资料线索，帮助找到一些适合自己的研究题目。这是比较容易达到的目标。而更高的要求，则是从学科的梳理引申到对这样一些问题的思考：面对业已形成的学科格局、范式和困扰，后起的研究还能够做点什么？什么样的研究可能是更适合时代的需求，也更可能发挥新一代年轻学者的学术潜能的？这本《概要》只是起一种导引作用，"师父领进门"，"修行"就看个人的努力了。

"中国现当代文学"是一个相对独立的学科，包括"现代"与"当代"。在国务院学位委员会与教育部颁发的有关学科分类中，有"中国语言文学"这一门，是所谓一级学科，下设古代文学、文艺学、比较文学与世界文学，以及现当代文学，等等，都是所谓二级学科。其实，现、当代的硬性划分，有些别扭。通常讲"现代文学"，指 1917 到 1949 年之间的文学，1949 年新中国成立后的文学称"当代文学"。划分的根据主要是政治和社会变迁的界限，不完全考虑文学自身的性质。所以近年来有不少学者对此提出质疑。本课程还将专门探讨这个分期问题。这里仍用"中国现当代文学"这个大家惯用的概念，主要是考虑学科划分的惯例。在实际论述中，我们将重点评述"现代"部分，适当兼顾"当代"部分。这是因为作为一门学科，"现代"部分更多地带有"史"的研究的特点，学术研究的积累相对比较丰厚，比较稳定，而"当代"部分，尤其是近期的文学研究，仍带有许多"评论"的性质，所以从学科建设的角度讲，较为偏重"现代"，也是可以理解的。

2005 年

《现代文学新传统及其当代阐释》前记 [①]

    大约是 2001 年,南京大学中文系召开过一次题为"中国现代文学传统"的研讨会。当时参加会议的学者很多,也有不少精彩的论文,可见大家对现代文学传统的问题已经很重视。我在会上做了一个发言,其中谈到对"新传统"应当抱着历史同情的态度,不能只当事后诸葛亮,抱怨历史上存在的不足和错误。研究当然有当代性,但历史毕竟不是任人打扮的女孩子,也不该是用作显示自己理论杀伤力的靶子。我对那种动不动将现今的弊病往五四和新文学传统方面找病根的做法表示反感。会后我将这次发言整理成一篇文章,题为《思想史能否取替文学史》,还引起过一些争论。到 2003 年,南大的现代文学研究中心承担教育部人文社科规划重大课题,向全国招标。南大一些老师就鼓动我申报一个关于"现代文学传统研究"的课题。说实在的,那时我并没有计划要做这方面的研究,而且也腾不出足够的时间。但南大的友人一直在鼓动,就不妨试一试吧,

---

[①] 本文系《现代文学新传统及其当代阐释》(温儒敏、陈晓明等著,北京大学出版社 2010 年出版)序言。

最终承担了这个课题。所以现在首先还要感谢南大的现代文学研究中心和老师们的信任与支持，是他们催生了这个研究。我意识到这个课题很重要，以我一人之力很难做好，就邀请了陈晓明、高旭东两位教授以及几个年轻的学者加盟。我们把基本框架以及论述方式确定之后，采取分头论述然后集中统稿的办法。这本《现代文学新传统及其当代阐释》带有较多史论色彩，每一部分都有较深入的探究，而彼此的逻辑联系并不格外强调。

本书的意图是较全面考察现代文学传统的形成过程及其在当代社会生活中的渗透影响，强调在当代价值重建中"小传统"（相对古代的"大传统"而言）的意义。重点有两个：一是历史梳理，考察新的文学传统如何在不断的阐释中被选择、沉淀、释放和延传；二是分析当代文坛中"现在"与"传统"的对话。

全书分为两大部分。前一部分共五章，偏于史述，主要回顾探讨现代文学如何在评价阐释中逐步建构传统。其中第二章论评从五四到 40 年代，文学史观的形成及其对新传统的体认；第三章讨论五六十年代的"修史"，如何把现代文学作为"公共知识"传播，从而建立对现代文学传统的权威解释系统；第四章和第五章进入更具体深入的个案考察，分别探讨第一次"文代会"如何"打造"新的传统，以及新文学创作如何在传统阐释的框架内整理、出版与传播。在做完历史回顾之后，转向现状研究，这就是第二部分，共有四章，重点是探讨现代文学传统的当代阐释。其中第六章论述 80

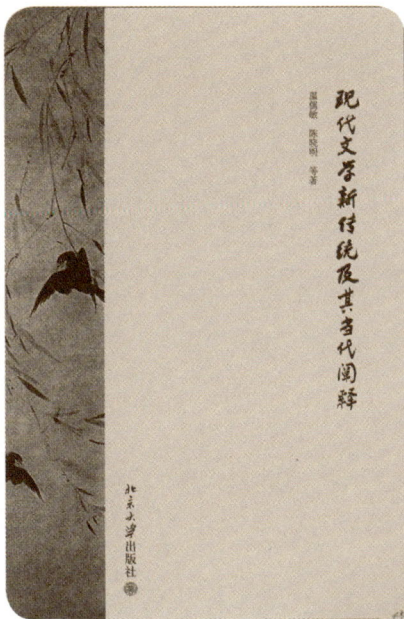

现代文学新传统及其当代阐释

温儒敏　陈晓明　等著

北京大学出版社

目　录

◎《现代文学新传统及其当代阐释》书封及目录

年代对五四传统的反思，牵涉到当时文坛的思想解放运动及其理论资源的运用；第七章讨论当代作家创作与现代文学传统的关系，是对新传统如何渗透到当代文学生活的更深入的探究；第八章论评鲁迅的当代命运，这也是现代文学传统的重大方面；第九章研究现代文学语言的传统在当代的延传与创新。末尾有两篇文章作为附录：一是关于当代中学生的"鲁迅接受"数据调查，二是关于近二十年张爱玲的"接受史"，都涉及现代文学经典及其在当代被改写、变型、传播等接受情况，从具体案例来补充说明现代文学传统的"当代阐释"现象。

以往涉及新文学传统研究的论著不少，但相对超越出来，专门把现代文学传统的延传及变迁作为研究对象，这是第一本专著。传统研究涉及许多前沿理论问题，有较大难度。书中不但全面梳理了现代文学传统的形成与发展过程，还对新传统的比较稳定的"核心部分"做了深入的探讨。其中提出了几个重要观点：一是要重视近百年来的"小传统"价值；二是传统研究必须摆脱本质论束缚，注意观察阐释接受的"变体链"；三是关注现、当代的"对话"现象；等等。这些在文学史观念与方法上都有创新。

研究方法上，本书注重史论结合，不卷入抽象概念的争议，而将更多精力放在那些屡屡引发对传统的不同认识的个案研究上，包括支撑这些研究的几代人不同的文学史观，力图还原各个段落的历史语境，从史的梳理中"体认"传统。总之，聚焦在"现代文学传统及其当代阐释"方面。研究过程中碰到一些困难，比如探讨当代作家与现代文学传统的关系，很难在具体材料上落实。书中借用"互文性"（intertextuality）研究视角，一是当代的创作文本，一是现代文学传统已有的文本，从文本之间的相互影响、彼此交融的关系来看新的文本的生成，关注两者的异同及对话。这对于作家作品的"影响研究"有方法论的创新和启示意义。

近些年许多关于文化转型与困扰的讨论，包括那些试图颠覆五四与新文学的挑战，都迫使人们重新思考现代文学传统的问题。本课题研究就是面对这些挑战而做出的一些思考。

本书部分章节曾作为前期成果在一些刊物上发表，或者被选收进某些出版物。这些在相关注解中已有所说明。

我作为项目主持人，担负了本书的选题、基本立论、论述框架、章节安排及统稿工作，对本书可能存在的错误应负责任。我非常感谢支持我们立项的南京大学现代文学研究中心，感谢这些年愉快合作的诸位学界友人。

2008 年 12 月 3 日

《当前社会"文学生活"调查研究》代序 [①]

提到"文学生活",大家都能意会,但作为一个学术性的概念,主要是指社会生活中的文学阅读、文学接受、文学消费等活动,也牵涉到文学生产、传播、读者群、阅读风尚等等,甚至还包括文学在社会生活各个方面的影响、渗透情况,范围是很广的。专业的文学创作、批评、研究等活动,广义而言,也是文学生活,但专门提出"文学生活"这个概念,是强调关注"普通国民的文学生活",或者与文学有关的普通民众的生活。提倡"文学生活"研究,就是提倡文学研究关注"民生"——普通民众生活中的文学消费情况。事实上,每一个当代普通人每天接触报纸、互联网、电视或者其他媒体,甚至对孩子的学习辅导,等等,自觉不自觉都可能以某种方式参与了"文学生活"。[②] 笔者在 2009 年 9 月武汉召开的一次会上,

---

① 本文系《当前社会"文学生活"调查研究》(温儒敏主编,江苏凤凰教育出版社 2017 年出版)序言。该书为 2012 年国家社科基金同名重大项目主要成果,由山东大学文学院团队联合北大中文系部分老师共同完成。本序文主要部分曾以《"文学生活"概念与文学史写作》为题,发表于《北京大学学报》2013 年第 3 期。

② 参见温儒敏《关注我们的"文学生活"——寻找阅读与研究的源泉》,2012 年 1 月 10 日《人民日报》。

就提出过研究"文学生活",主张走向"田野调查",① 了解普通读者的文学诉求与文学活动。但没有引起注意,我也没有在这方面多下功夫。前年我到山东大学任教,和文学院同事讨论学科发展,大家都认为"文学生活"这个提法有新意,可以作为调查研究的一个题目,推广开去,可能是一个学科的生长点,为沉闷的现当代文学研究开启一个窗口。我们的兴趣就起来了。

这个概念的提出,也源于对现有的研究状况的不满足。现下的文学研究有点陈陈相因,缺少活力。很多文学评论或者文学史研究,当然也还有理论研究,大都是"兜圈子",在"作家作品—批评家—文学史家"这个圈子里打转,很少关注圈子之外普通读者的反应,可称之为"内循环"式研究。就拿近年获得诺贝尔文学奖的莫言来说,研究评论他的文章、专著不少,或探讨其作品特色,或评说其创作的渊源,或论证其文学史地位,等等,大都是围绕莫言的创作而发生的各种论述,极少有人关注普通读者是如何阅读与"消费"莫言,以及莫言在当代国民的"文学生活"中构成了怎样的影响。不是说那种重在作家作品评价的研究不重要——这也许始终是研究的"主体",而是说几乎所有研究全都落脚于此,未免单调。而忽略了普通读者的接受情况,对一个作家的评价来说,肯定是不全面的。其实,所谓"理想读者",并非专业评论家,而是普通的读者。在许多情

---

① 见《楚天都市报》2009年9月27日报道《温儒敏:文学研究也要走进"田间地头"》。

国家社科基金2012年度重大项目

当前社会

文学生活

调查研究

当前社会"文学生活"调查研究
课题组

温儒敏 主编

江苏凤凰教育出版社

◎《当前社会"文学生活"调查研究》书封及内页

况下，最能反映某个作家作品的实际效应的，还是普通读者。正是众多普通读者的反应，构成了真实的社会"文学生活"，这理所当然要进入文学研究的视野。我们设想从"文学生活"的调查研究入手，把作品的生产、传播，特别是把普通读者的反应纳入研究范围，让文学研究更完整、全面，也更有活力。这样的研究做好了，可以为文化政策的实施提供参照，又为学科建设拓展新生面。

以前也有过"文学接受"的研究，比如"接受美学"，探讨某些作家作品的"接受"情况。其所考察的"接受主体"，还是离不开批评家与学者，所谓"接受现象"也就是一些评论和争议之类，很少能兼顾到普通读者的反应，以及相关的社会接受情况。这样的"接受"研究，只是"半截子"的。现在提出"文学生活"的研究，可以适当吸收"接受美学"的精义与方法，但眼界要拓宽，不只是关注批评家与学者的"接受"，更应包括普通读者的"接受"，这是更完整的"文学接受"研究。

"文学生活"的提出还将丰富文学史写作。迄今为止的各种文学史，绝大多数就是作家作品加上思潮流派的历史，很少能看出各个时期普通读者的阅读、"消费"以及反应等状况。"文学生活"的提出将为文学史写作开启新生面。这种新的文学史研究，将不再局限于作家与评论家、文学史家的"对话"，还会关注大量"匿名读者"的阅读行为，以及这些行为所流露出来的普遍的趣味、审美与判断，不但要写评论家的阐释史，也要写出隐藏的群体性的文学活动史。

近年来有些学者主张研究"日常的美学"或审美潮流，和我们说的"文学生活"有些关联，但不是一回事。"日常的美学"主要还是属于社会学或文化学的研究，对文学和精神层面的兼顾可能较少。而"文学生活"研究的着眼点还是文学，是与文学相关的社会精神生活。

不过，"文学生活"研究必然带有跨学科的特点。这种研究既是文学的，又是社会学的，二合一，就是"文学社会学"。这种研究所关心的并非个别人的阅读个性，而是众多读者的"自然反应"。既然是社会对文学的"自然反应"，当然也就要关注文学的生产、传播与消费，关注那些"匿名集体"①（既包括普通读者，也包括某些文学的生产、传播者）从事文学活动的"社会化过程"，分析某些作品或文学现象在社会精神生活中起到的结构性作用。这对我们来说的确是新的学问。"文学生活"研究有赖于运用访谈、问卷、个案调查等方式，通过大量数据收集统计分析，来论证文学的社会"事实"。这和传统的文本分析或者"现象"的归纳是有不同的，要求的是更实事求是的扎实学风。这样说来，"文学生活"研究还是有难度的，需要具备某些跨学科的知识与能力，超越以往文学界人们习惯了的那些研究模式。我们也意识到这种难度，中文系出身的学者不太擅长做社会调查，而"文学生活"研究是必须靠数据说话

---

① 何金兰：《文学社会学》，台湾桂冠图书公司1989年版，第57页。

的。我们还得补课，学点社会学、文化研究，等等。比如如何设计调查问卷，都是有讲究的。还有一个办法是邀请社会学、传播学等学科的专家加入"文学生活"的研究。

"文学生活"研究所关注的是文学生产、传播、阅读、消费、接受、影响等等，是作为社会文化生活或精神结构的某些部分，在这样的视野下，有可能生发许多新的课题，文学研究将展示新生面。举例来说吧：上世纪五六十年代的《青春之歌》《红岩》等作品，曾有过巨大的社会影响，满足了一代人的审美需求，并对一代人的精神成长起到关键的作用。记得我上中学时，阅读的物质条件很差，读书的风气却很浓，没有钱买书，学校就把《青春之歌》撕下来每天贴几张到布告栏上，同学们就类似看连续剧，每天簇拥在布告栏前读小说，一两个月才把《青春之歌》读完。这种文学阅读的热情，以及这种文学的社会影响，现在是很难想象了。但无论如何，那一代人也有他们的审美追求，有他们的文学生活。这种特殊的文学接受现象，也是文学史现象。可是现在的相关研究，对这些现象缺少必要的关注，也难以做出深入的解释。光是"意识形态灌输"或者"体制的控制"并不能说明当年那种文学生活与复杂的社会精神现象。现在不少研究现当代文学的论作，所做的工作无非就是用某种现成理论去阐释文本，即使对当时的读者接受（其实很多仍然是评论家的言论）有所顾及，那也是为了证说某种预定理论，极少把目光投向当时的阅读状态与精神转化，并不顾及那种鲜活的"文学生活"。

这类研究比较空洞，不解渴。我们有理由期待那种知人论世的文学史，能真实显示曾经有过的"文学生活"图景。

引入"文学生活"的视野，文学研究的天地就会陡然开阔。比如对当下文学的跟进考察，也可以从"文学生活"切入，关注社会反应，而不只是盯着作家作品转圈。现在我国每年生产三千多部小说，世界上很少国家有这种小说"生产力"，可是我们弄不清楚这些小说的生产、销售、传播、阅读情况。那些畅销小说是怎样出炉并引发效应的？如何看待"策划"在文学生产中所起的作用？这些小说（包括那些发行量极大的小说）主要在哪些方面引起当代读者的兴趣或关注？普通读者的"反应"和批评家的评说之间可能存在哪些差异？小说在普通读者的精神生活中有什么影响？以及畅销书、通俗文学产出与"出版工作室"及"图书销售二渠道"的关系，等等，都值得去研究。再举些例子：诸如社会各阶层文学阅读状况，"韩寒现象"，"杨红樱现象"，网络文学的生产传播，《故事会》《收获》《知音》的读者群，中小学语文中的文学教育，电视、广告中的文学渗透，甚至四大名著、古代诗词对当代精神的影响，等等，都可以做专题调查研究，也很有学术价值。一些重要文学类型的接受，如诗歌、武侠小说、打工文学等的接受情况，还有文学经典在当前社会的传播、阐释、变异的状况，等等，都可以作为"文学生活"研究的课题。

不只是现当代文学，古代文学也可以引入"文学生活"的视野。

比如研究"词"的形式演变。最初的"词"是伶工之作,相当于古代的"流行歌曲",与温柔敦厚的"诗教"是相悖的,自然不登大雅之堂。后来由伶工之作转为士大夫之作,形式不断更新和雅化,读者"接受"也随之变化,其"地位"才逐步提升。如果结合文学生产、传播与"接受行为"来探究"词",就会对其形式变迁看得比较清楚,同时对古人的审美心理也会有更多细腻的了解。古代文学在当代仍然产生巨大的影响,人们对有些"接受"现象是存在问号的。比如现下为何家长都要让三五岁的孩子读李白、王维、白居易,而一定不会让读郭沫若、艾青或穆旦?到底其中有什么心理积淀?"四大名著"精华糟粕并存,可是在现实中传播、阅读极广,到底对当代道德观念有何影响?这些都是"文学生活"研究的题中应有之义。

现在的文学研究仿佛"人多地少",很"拥挤",每年那么多文学的研究生博士生毕业要找论文题目,按照旧有思路会感到题目几乎做尽了,很难找。如果目光挪移一下,看看普通国民的"文学生活",那就会有许多新的题目。这的确是个拓展,研究的角度方法也肯定会随之有变化。这可能就是学术的更新与推进吧。自然不能要求所有学者评论家都改弦更张来研究"文学生活",但鼓励一部分人进入这块领域,启用不同于传统的研究方法,起码会活化被"学院派"禁锢了的研究思路,让我们的学术研究和文学评论更"接地气"。

"文学生活"研究必然涉及文化研究,这个新的研究方向应当也可能从文化研究的理论中获取某些启示，或采用文化研究的某些方法，但也应当防止陷于"泛文化"研究的困境。数年前，我曾经写过文章，对"泛文化"研究有批评。① 我说的"泛文化"研究，是指那种粗制滥造的学术泡沫，是赶浪潮的学风。当时不少所谓"文化研究"的文章目的就是理论"炫耀"，舍本逐末，文学分析反倒成了证明理论成立的材料。我认为这类研究多半是僵化的，机械的，没有感觉的，类似我们以前所厌弃的"庸俗社会学"的研究，完全远离了文学；而把它放到文化研究的专业领域，也未必能得到真正在行的社会学、文化研究学者的认可。现在提出"文学生活"研究，会涉及社会学、文化研究理论等方法，但本义还在文学，也不会脱离文学。这和我以前的批评意见并不矛盾。文学研究其实包括很多方面，除了艺术分析、文本解读等"内部研究"，还有很多属于"外部研究"，比如思潮研究、传播研究、读者接受研究等等，适当引入社会学、传播学、文化研究的眼光与方法，有可能取得突破。比如，在一些通俗文学的生产传播方式，特别是关于"文学与读书市场关系"的研究中，引入文化研究的模式，也能别开生面。当然，"文学生活"研究本身也有局限，它在有些重要的方面可能派不上用场。比如作家作品的审美个性、形式创新、情感、想象等等，都不是"文学生活"研究所能解决的。提倡"文学生活"研究，要有一份清醒。

---

① 参见温儒敏《谈谈困扰现代文学研究的几个问题》，《文学评论》2007 年第 2 期。

现在处于信息量极大的时期，文学作为人们社会生活的一部分发生了很多变化，也给研究者提出许多新的课题。网上创作与网上阅读越来越成为日常生活。2011 年网络文学用户就达到两亿两百多万①，而智能手机等硬件的发展，更是创造了新的文学样式。网络文学已经成为当代"文学生活"的重要部分。以网络为载体的新的"文学生活"方式，明显区别于传统的以印刷为载体的"文学生活"方式，现在的读者不再是被动的受众，他们有更多机会也更主动地参与到创作活动当中，直接影响文学的生产传播。在网络文学的"生活"中，以往传统文学那种强调创作主体个性化的特征在消退，创作主体与受众客体越来越融合。网络文学的生产很大程度上受制于市场，总的说来良莠不齐，但确实也有好作品。这都是新的课题，可以纳入"文学生活"研究的范围。

网络文学并不能取代传统的文学，但传统的文学创作和读者接受也在发生大的变化。现在的读者分类比以前更多样复杂，"文学生活"也呈现前所未有的多元分野现象。文学生产越来越受制于市场，出版社的"策划"很大程度上控制了作者，甚至可以"制造"和左右社会审美趋向。这些都是新的"文学生活"。不断听到有人说"文学正在消失"。似乎有点根据。且看人们如此依赖网络，变得越来越烦躁、没有耐性，只读微博与标题了，哪还有心思读文学？

---

① 据史建国《网络文学生态调查》，《中国现代文学研究丛刊》2012 年第 8 期。

还不是文学在走向没落？可是认真调查又会发现"反证"。比如现今每年长篇小说的出版就有三四千部，各式各样的散文作品散布在各种媒体上，创作的门槛低了，队伍却大大扩张了；电视、电影很多都在依靠文学，什么"法制"节目、婚介节目等等，都搞得很"文学"，文学对各种媒体的渗透比任何时期都要广大与深入。如果看到这一切，恐怕就不会认为文学在"没落"或者"消亡"。这些现象，也都可以纳入"文学生活"的研究范围。

"文学生活"概念的提出，的确带来许多新的思考，可以肯定，这将成为文学研究的"生长点"。

最后需要说明的是，2012 年笔者邀请山东大学文学院（现当代文学研究所为主）和北京大学中文系部分老师，联手申报国家社科基金项目"当前社会'文学生活'调查研究"，很顺利就获得批准，作为 2012 年的重大课题（批准号 12&ZD168）。这个集子所汇集的就是该课题的主要成果，大部分为调查报告。

"当前社会'文学生活'调查研究"分五个子课题，包括：当前社会的文学阅读和接受调查，网络文学和多媒体文学，当前社会文学生产的实证研究，文学经典在当前社会的传播、接受和影响研究，以及当前社会的非主流文学生态研究。直接参与项目调查研究的达到数十人。

迄今三年时间过去了。回想从项目设计和申请，山东大学当代中国文学生活研究中心的成立，分头的调查研究，几次邀集全国专家研讨指教，到成果的陆续发布，课题组数十位同仁付出了多么艰辛的劳动！我要向他们表示崇高的敬意！也向所有关心和支持这个课题研究的专家学者表示诚挚的谢意！

本论集分六辑，大致就是以五个子课题来划分，最后加上关于"文学生活"概念方法之理论探讨的几篇文章，作为第六辑。每一辑下分若干章节，分别在当页注解中注明撰写者。

2015 年 10 月 21 日写，12 月 16 日修改，山大南院

《为精神界之战士者安在》题记 ①

.

"今索诸中国，为精神界之战士者安在？"——这是鲁迅在论文《摩罗诗力说》结尾说的一句话。鲁迅于 1907 年写下这篇鼓吹浪漫主义反抗之声的檄文，时年二十六岁，还是个热血青年。怀抱"新生"理想的鲁迅希望能借域外"先觉之声"，来破"中国之萧条"。记得四十年前，我还是研究生，在北大图书馆二层阅览室展读此文，颇为"精神界之战士"而感奋，相信能以文艺之魔力，促"立人"之宏愿。四十年过去，我要给自己这个论集起名，不假思索又用上了"为精神界之战士者安在"。这是怀旧，还是因为虽时过境迁，而鲁迅当年体察过的那种精神荒芜依然？恐怕两者均有。

四十年来，我出版了二十多种书，发表二百多篇文章。说实在的，自己感觉学术上比较殷实、真正"拿得出手"的不多。现在要出个自选集，并没有什么高大上的理由，也就是做一番回顾与检讨——让后来者看看一个读书人生活的一些陈迹，还有几十年文学研究界

---

① 本文系现代文学研究自选集《为精神界之战士者安在》（人民文学出版社 2021 年出版）前记。

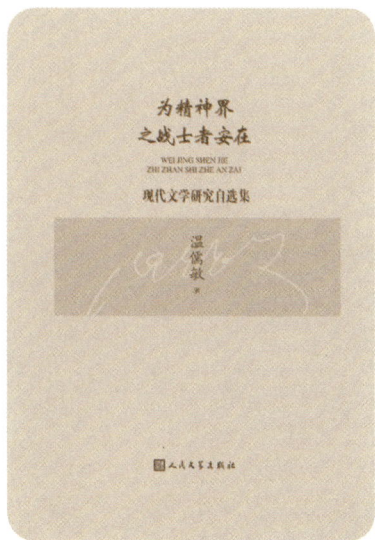

《为精神界之战士者安在》书封及扉页

的某些斑驳光影。

收在这本集子中的,只是我专著之外的部分论文,也有若干是在专著出版之前就单独发表过的,东挑西选,汇集一起,得五十七篇。论集分为四辑:鲁迅研究、作家作品论、文学思潮与文学批评研究,以及学科史研究,大致就是我从事现代文学研究的几个方面。当然,我还关注过语文教育等领域,那些论文已经另有结集出版。

我的现代文学研究之旅,是从鲁迅开始的。1978 年考研究生,找本书都不容易,但鲁迅还是读过一些,就写了一篇谈《伤逝》的文章(记得还有一篇关于刘心武的)寄给了导师王瑶先生。后来到镜春园 76 号见王瑶先生,心里忐忑,想听听他的意见,老人家轻描淡写地说文字尚好,学术却"还未曾入门"。大概因为缺少资料,探讨的所谓观点,其实许多论文早就都提出过了。尽管如此,我对鲁迅研究还是一往情深,在研究生期间花费许多精力在这个领域。收在集中的谈论《怀旧》《狂人日记》和《药》的几篇,以及《鲁迅前期美学思想与厨川白村》,都是研究生期间的产品。后者是硕士论文,题目有点偏,想弄清鲁迅为何喜欢日本理论家厨川白村,当时这还是少有人涉足的题目。后来又断断续续在鲁迅研究方面写过一些文字。

上世纪 80 年代受"理论热"的影响,一度还挺热心去"深挖"鲁迅作品的意蕴,做"出新"的解读。比如对《狂人日记》反讽结构的分析,对《伤逝》"缝隙"的发现,对《肥皂》的精神分析,等等，都带有当时所谓"细读"的特点。但我更关心的还是鲁迅的思想价值和现实意义。90年代以后学界对鲁迅的阐释注重脱去"神化"，回归"人间"，多关注鲁迅作为凡人的生活一面。这也是必然的。然而鲁迅之所以为鲁迅，还在于其超越凡庸。我这时期写的几篇论文，格外留意鲁迅对当代精神建设的"观照"，对当时那种轻率否定五四和鲁迅"反传统"意义的倾向进行批评。如《鲁迅对文化转型的探求与焦虑》《鲁迅早年对科学僭越的"时代病"之预感》，都是紧扣当代"文化偏至"的现象来谈的。始终把鲁迅视为"精神界之战士"，看重其文化批判的功能，也许就是我们这一代学人的"宿命"。

我研究的第二个领域，是作家作品，涉及面较广，也比较杂。不过收入文集的评论并不多，只有十五篇，研究的大都是名家名作。其中郁达夫研究着手比较早。我在研究生期间，就编撰过一本《郁达夫年谱》。当时还没有出版郁达夫的文集，作品资料都要大海捞针一般从旧报刊中去搜集，很不容易，但也锻炼了做学问的毅力。年谱有二十多万字，王瑶先生还赐以序言，当时交给香港一家出版社，给耽误了。收在集子中的几篇关于郁达夫的论述，因为"出道"早，也曾引起过学界的注意。

90年代以后，我教过一门作家作品专题研究的课，就一些名家名作进行评论，努力示范研究的方法，解决学生阅读中可能普遍会碰到的问题。收在集子中的《浅议有关郭沫若的"两极阅读"现象》

和《论老舍创作的文学史地位》,最初就都是根据讲课稿整理成文的。后来还写过好几篇类似的作家论,又和人合作,出版了《中国现当代文学专题研究》,被一些学校选做教材。

我所从事的学科叫"现当代文学",名字有点别扭,现代和当代是很难区分,应当打通。我主要研究现代,但也关注当代,写过不少当代的评论。比如贾平凹因为《废都》的出版正"遭难"受批判那时,我并不赞同对《废都》简单地否定,认为《废都》在揭示当代精神生活困窘方面是有独到眼光的,甚至提出二十年后再来看《废都》,可能就不至于那么苛求了。而当莫言获奖,大量评论蜂起赞扬,我也指出莫言的《蛙》在"艺术追求"上的"缺失"。我在一些文章中曾抱怨当代评论有两大毛病:一是圈子批评多,"真刀真枪"的批评少;二是空洞的"意义"评论多,能够深入到作品艺术肌理的研究少。我虽然没有"圈子",也想做一些切实的批评,可惜力所不逮。

我研究的第三个领域是文学思潮与文学批评。1981年留校任教,在现代文学教研室,鲁迅、小说、诗歌、戏剧等方面都有老师在做,那我就"填补空白"吧,选择做思潮与理论批评。一开始我并不打算就以文学思潮为研究方向,还是想研究鲁迅,或者写点诗歌评论。但有些"因缘"很可能就决定一个人的生活轨迹,学术研究也是这样。1985年我参加全国首届比较文学会议,写了一篇关于五四现实主义与欧洲思潮关系的论文,在《中国社会科学》发表了。王瑶先生

235

认为还可以，适合我的理路，就建议我研究文学思潮与批评。这样我就开始用主要精力研究文学思潮了。收在集中的《新文学现实主义总体特征论纲》，其实就是我博士论文《新文学现实主义的流变》的微缩版。我主要做了"清理地基"的工作，把现实主义思潮发生、发展与变化的基本事实呈现出来。现在看来这篇论文也写得平平，但那时关于思潮流派系统研究的专著还很少，我等于开了风气之先，"带出了"后面许多篇思潮研究的博士论文。

1990 年前后，学界空气比较沉闷，我给学生开批评史的课，意在接续古代文学批评史，认为现代文论也已经形成新的传统，清理现代文学的理论批评也应当是重要的课题。批评史这门课带有些草创的性质，讲授每一位批评家，都要从头做起，非常费工夫。收在集子中的那几篇有关文学批评的论文，大都是在讲稿基础上写成的，后来成就了《中国现代文学批评史》这本书。这本书下了"笨功夫"，也提出一些新的看法，我自己也是比较满意的。

新世纪初年，我着手做"现代文学传统研究"的课题，这也有其现实的针对性。面对那些试图颠覆五四与新文学的言论，我强调的是在当代价值重建中"小传统"（相对古代的"大传统"而言）的意义。集子所收《中国现代文学的阐释链与"新传统"的生成》等文，特别注重考察新的文学传统如何在不断的阐释中被选择、沉淀、释放和延传，分析当代文坛中"现在"与"传统"的对话。这些观点在文学史观念与方法上都有一定的创新。而更实际的影响，

《为精神界之战士者安在》研讨会合影（2021 年）

是回应那些对五四与新文学的挑战。

2011 年到山东大学后，我提出要做"文学生活"的研究，还和山大的团队一起申报了"当前社会'文学生活'调查研究"这个国家社科基金重大课题。收在集中的《"文学生活"概念与文学史写作》大致体现了我的主要观点和研究设想。我认为以往的文学研究大都围绕"作家作品—批评家—文学史家"这个圈子进行，对于普通读者的接受很少关注。而"文学生活"这一概念的提出，是想更广泛地认识文学的生存环境和生产消费状况，关注不同领域、不同层次读者的"反应"，分析文学作品和文学现象在社会精神生活中所起的作用，激活被"学院派"禁锢的研究思路和方法。这项研究得到了学界普遍的认可。

我研究的第四个领域，是学科史，收文十二篇。这也多是由教学所引起的课题。我给研究生开设了"中国现当代文学学科概要"的课，目的是对现当代文学研究的历史做一番回顾与评说，了解这个学科发生发展的历史、现状、热点、难点以及前沿性问题。意图是给学生一幅"学术地图"，领他们进门。收在集子中的多篇文章，都是当时讲课稿的整理，侧重的是学科史的梳理。值得欣慰的是，一些大学现在也开设学科史这类选修课了。2006 年后，我担任现代文学研究会会长，更加关注学科建设问题，不时写一些学科评论，比如收在集子中的《思想史取替文学史？》《谈谈困扰现代文学研究的几个问题》和《文学研究中的"汉学心态"》，都曾经引起过学界的热议。而写于 2010 年的《现代文学研究的"边界"及"价值尺度"问题》，也是紧扣目前现代文学研究的状况和某些争议而发言。后来这篇论文获得"王瑶学术奖"，大概也是因为涉及学科发展的某些议题，大家都比较关心。

虽说是自选集，也并非就是把自认为最好的论作拿出来，还得照顾到不同阶段几个领域的"代表性"。其中有些发表较早的"少作"，现在看是有些青涩的，但也不失年轻时的天真，虽然惭愧，但也还是收到集子中了。

给自己编集子，一面是埋藏，一面是留恋。这些芜杂的篇什其实"意思"不大，但毕竟留下几十年问学的脚印，其中或有一孔之见，那就不揣浅陋，以表芹献吧。只是想到读者省览拙集，要花费时间和精力，我是既高兴而又有点不安，只能预先在此说一声谢谢了。

2019 年 6 月 1 日

《鲁迅作品精选及讲析》代序言 ①

　　这本《鲁迅作品精选及讲析》是专为普通读者，特别是青年学生编的。鲁迅作品很多，《鲁迅全集》（人民文学出版社 2005 年版）就有十八卷，七百五十多万字，一般读者没有必要全部都读。那么精选一种精粹的简本，可以满足大多数读者的需求。

　　《鲁迅作品精选及讲析》约四十三万字，所选的都是鲁迅有代表性又比较好读的诗文，一共七十六篇（首）。分文体编排，其中小说十八篇，散文诗七篇，散文十篇，旧体诗九首，杂文二十八篇，书信四通（另选收许广平致鲁迅信三通），基本上覆盖了鲁迅创作的各种类型。

　　每一文体前面有一"阅读提示"，简介鲁迅该文体创作的概况和主要特色，提示一些阅读的建议。每一文体的作品都大致依照发表的先后时序编排，但《故事新编》与《朝花夕拾》相对集中。文后所附注释，在 2005 年版《鲁迅全集》注释基础上有所增删或修改。

---

　　① 本文系《鲁迅作品精选及讲析》（人民文学出版社 2021 年出版）前言。

每篇作品都有"讲析",千把字,尽量贴近作品来解读,帮助读者扫除阅读障碍,抓住阅读要点,领会和欣赏鲁迅作品的思想内容和艺术形式。

多年来我在北京大学、山东大学讲授现代文学课,鲁迅是重点,这些"讲析"也有部分是以原来讲课内容为基础的,但更多是重新研究和撰写。有关鲁迅的研究汗牛充栋,既要参考前人的相关研究观点,又不能人云亦云,要有一些自己的心得,还得考虑读者的阅读需要,颇花费一番功夫。

翻开这本书,首先碰到一个问题:为什么要读鲁迅?

回答是,为了了解和认识我们民族的文化,为了精神的拯救、建设与升华。

一百多年来,对中国文化有最深入理解的,鲁迅是第一人。鲁迅的眼光很"毒",他是要重新发现"中国与中国人"。有关中国文化的研究论著很多,但鲁迅作品很特别,是别人不可替代的。他对中国文化的观察和思考,不是书斋里隔岸观火的学问,而是痛切的感受,是从生命体验中总结出来的人生智慧。这和读一些学问家的概论和历史著作之类,是不一样的,功能和感觉都不一样。

现今强调继承优秀的传统文化,毫无疑问,这是"主心骨",是精神支柱。但传统文化不能照搬,它是在古代特定的历史条件下形成的,有精华,也有糟粕,有不适合现代社会的部分。我们要继

◎《鲁迅作品精选及讲析》书封及内页

承的是精华，是优秀的部分。这就有一个选择和扬弃的问题。读鲁迅，可以认识他了解和分析传统文化的角度与方法，看这位思想家型的文学家，是如何批判地继承传统文化，而传统文化的优秀部分，又如何体现为鲁迅的思想与创作的。我们既要读孔子、孟子，读古代史、现代史，同时也要读点鲁迅，知识结构才比较全面，思想方法也比较辩证。读鲁迅，还可以带给我们对于自身所处文化的真切的体验，克服在文化问题上"民粹式""愤青式"的粗糙思维。

鲁迅对文化的批判性认知，是基于对人性的深透了解，基于对自身思想心理不断的"自剖"，他反传统、反专制、反"精英"、反庸众，思维是辩证而尖刻的，是"不合群"也"不合作"的，有时说的话很"难听"，但那是知人论世，能让人警醒，换一个角度去打量我们所熟悉的世界。在网络时代，过量的信息冲刷可能会让思维碎片化、平面化，过度强调娱乐消费的流俗文化，又使人们的精神趋于粗鄙，而鲁迅那种批判性的深度思考，是有助于拯救文化滑坡的。读点鲁迅，让我们的思想变得深邃，精神得到升华，意识更加清醒。

鲁迅不是优雅、平和、休闲的，而是真实、严峻、深邃的。读鲁迅是"思想爬坡"，并不轻松，甚至费力、难受。从"生活化"的立场，也许一些人并不"喜欢"鲁迅，我们读鲁迅也并非模仿鲁迅的脾气或生活，甚至也不必让自己变得尖刻；读鲁迅，是要学习鲁迅的思想方法、他的批判意识，从他那里获取对我们民族历史与现实的清醒认识，激发思想的活力。

一些年轻朋友不喜欢鲁迅，也因为语言的隔膜。鲁迅写作的年代刚开始倡导白话文，他的文章有些文白夹杂，是时代的印记，但也是有意为之。鲁迅不愿意俯就过于平直的白话，宁可保留一些文言的因素，加上那种迂回曲折的句式和游弋的语感，所表达的含义往往是复杂而多义的，更能体现其思想的张力。如果不了解这一点，就会觉得鲁迅的作品"难读"。但理解鲁迅式语言表达的风格，尽量读懂读进去了，就能体味到它的特别有味。在充斥周遭的四平八稳的八股文风中，在到处可见的夸张虚假的广告式语言漩涡中，读点鲁迅，会豁然开朗，有所超拔，甚至还能从鲁迅那里吸取语言运用的灵感，学会想问题与写文章。作为当代中国人，如果没有读过几种鲁迅的书，无论如何是说不过去的。

其实，在中学语文课上，我们已经读过鲁迅的一些文章，有了一些印象。有一种说法是中学生"一怕写作文，二怕周树人"。可见，应试式的相对刻板的语文教学，已经在一定程度上败坏了我们阅读鲁迅的"胃口"。这种对鲁迅"敬而远之"的印象，应该得到改变，而且随着年龄和阅历的增长，对于鲁迅这份重要的精神遗产，我们会越来越体会到它的分量。这是肯定的，也是我们编这本鲁迅精选集的信心和期待。

近年来社会上有一种观点认为，鲁迅批判传统文化，附和激进的思潮，造成传统文化在五四的断裂。鲁迅便被贬斥为"全盘否定传统"的一个代表。

这观点表面上似乎不无根据。鲁迅的确是对传统文化批判最深刻、攻打最猛烈的人之一。他对传统的批判是采取决绝的态度,很"偏激"。大家最熟悉的,是《狂人日记》,通过"狂人"之口,把中国历史,特别是封建礼教和专制制度概括和比喻为"吃人的筵席"。"狂人"晚上睡不着,翻开历史书,在满纸仁义道德的字里行间,看到的只有两个字"吃人"。这当然是 种小说的形象表现,不是逻辑判断,但其中有鲁迅独特的体验和发现。在五四时期,鲁迅一谈到旧礼教、旧制度,往往深恶痛绝,有时把话说得很"绝"。他甚至曾经用这样义无反顾的语气来表示:"我们目下的当务之急,是:一要生存,二要温饱,三要发展。苟有阻碍这前途者,无论是古是今,是人是鬼,是三坟五典,百宋千元,天球河图,金人玉佛,祖传丸散,秘制膏丹,全都踏倒他。"(《华盖集·忽然想到》)鲁迅的"偏激"不只是感情的表达,也是一种思想策略。

不能否认,在对待传统的问题上,鲁迅的确常采取与惯常思维不同的逆反质询。这可能让人震撼、惊愕,却又顿觉清醒,思路洞开:"从来如此,便对么?"——这是《狂人日记》中的话,其实也是鲁迅式的质疑。对普通人来说理所当然、司空见惯的事情,或者场面上的"官样"文章,到鲁迅那里,就有疑问和反思,还可能有独特的发现。举个例子。清代乾隆年间修《四库全书》,由纪昀等三百六十多位高官、学者编撰,三千八百多人抄写,耗时十三年,共收录三千多种著作,书目提要一万余种。一般认为这是伟大的文化建设，所谓"盛世修史"，有大气魄。从文化史的角度来看，这种结论是毫无疑义的。《四库全书》的确了不起，给后世保留了多少古代的典籍！但鲁迅对此不以为然，视为一种"文化统制"，是"以胜者的看法，来批评被征服的汉族的文化和人情"，"文字狱只是由此而来的辣手的一种"。（《买〈小学大全〉记》）鲁迅不是否定《四库全书》，而是要揭示其中有统治阶级把握着的"历史的阐释权"。事实上，很多被认为不适合所谓正统文化，特别是不利于清朝统治的书籍和文献，或认为内容"悖谬"和有"违碍字句"的书，都被分别"销毁"和"撤毁"。当人们都在称赞这项文化工程时，鲁迅却来揭露真相，认为官修史书往往把历史上的真实抹去了，这就是所谓篡改历史，强迫遗忘。类似这样说出真话，指明"皇帝的新衣"的例子，在鲁迅作品中比比皆是。因为鲁迅对传统首先采取的是怀疑的态度，他常常另辟一种眼光，透入历史的本质去重新思考评判。鲁迅有意用这种逆反式的评判去警醒人们，挣脱被传统习惯所捆绑的思维定式，揭示历史上被遮蔽的真实，正视传统文化中不适于时代发展的腐朽成分。

如果不领会鲁迅的这种批判的意图和姿态，就可能以为鲁迅太片面和绝对。鲁迅最为一些人所"诟病"的，是他甚至主张不要读中国书。在《青年必读书》（1925）一文中，鲁迅这样说："我看中国书时，总觉得就沉静下去，与实人生离开；读外国书——但除了印度——时，往往就与人生接触，想做点事。中国书虽有劝人入世的话，也多是僵尸的乐观；外国书即使是颓唐和厌世的，但却是活人的颓唐和厌世。我以为要少——或者竟不——看中国书，多看外国书。"光就这言论来看，的确又很绝对。问题是如何理解鲁迅说这些话时的"语境"。鲁迅是针对五四落潮后，那些尊孔读经的复古思潮，而提出要"少看中国书"的。其中也蕴涵有鲁迅对"中国书"也就是传统文化的整体感受，特别是对那种麻木人心的"僵尸的乐观"的反感。注意，鲁迅不是写学术论文，他是写杂文，一种批判式的文学的表达。传统文化当然有精华也有糟粕，不宜笼统褒贬，但当传统作为一个整体，仍然严重牵绊着中国社会进步时，要冲破传统的"铁屋子"，觉醒奋起，就不能不采取断然的态度，大声呐喊。这大概就是五四启蒙主义往往表现得有些激进、有些矫枉过正的历史理由，也是文化转型期的一种常见现象。我们应当理解鲁迅的"偏激"。

而且从实际内容看，鲁迅所反对和坚决批判的，主要是传统文化中那些封建性、落后性的东西，是专制主义制度和文化，包括"存天理、灭人欲"的假道学，以及种种使国民精神愚昧、麻木、迷信的那些糟粕。要剥掉这些缠绕在我们民族躯体上鳞甲上千年的沉重的旧物，若没有果断的措施和决心，恋恋不舍，优柔寡断，那谈何容易。

要理解鲁迅所处的那个年代，是中国正受外敌入侵、挨打的时代，处于"弱肉强食"的国际环境，中华民族面临亡国灭种的危险，但另一方面，封建传统的思想文化又仍然在严重地禁锢民族精神，消解活力。一面是保国保种的焦虑，一面是"老大的国民尽钻在僵硬的传统里，不肯变革，衰朽到毫无精力了，还要自相残杀"。在这种情形下，鲁迅为了警醒人们，当然要大声疾呼，用决绝的而不是温温吞吞的态度立场，去告别旧时代。所以，"吃人"也好，"不读中国书"也好，这种急需突破传统的态度，即使有些偏激，也是符合那时代变革需要的。不能当"事后诸葛亮"，离开特定的语境，摘出一些句子，就来否定鲁迅。

其实，鲁迅并不讳言自己反传统之激烈、绝对，乃至要"全盘否定"。但这是一种策略。封建传统如此根深蒂固，"搬动一张桌子……也要血"，如果不用"全盘否定"式的决裂的态度，如果一开始就总是强调"因时制宜，折衷至当"，那势必被调和折中的社会惰性所裹挟，任何改革都只能流于空谈。正是在彻底地不妥协地反传统这个意义上，我们高度肯定鲁迅在思想史文学史上的崇高地位。

鲁迅绝非历史虚无主义者。在如何为民族文化寻求新的出路这一点上，鲁迅有其明确的主张，那就是，对于传统一要批判，二要继承，三要转化。鲁迅毕生在做两方面工作：一是对传统的批判、攻打、破坏；二是梳理、继承、创新。

鲁迅在批判传统的同时，又用大量精力认真整理、研究文化遗产。鲁迅用了差不多三十年（大部分）的时间，整理了二十二部古籍，包括《嵇康集》《唐宋传奇集》《小说旧闻钞》等等。他收集过大量古代的碑帖、拓片，曾试图写一部中国书法变迁史。他在北大等校上课并写出《中国小说史略》《汉文学史纲要》等讲稿和著作，其中有些已经成了古代文化研究典范性的学术成果，其研究的某些方法、命题和概念，半个多世纪以来一直广为学术界采用，影响巨大。鲁迅自己的创作也从传统文化中吸纳丰富的养分，特别是与"魏晋文章"的风格一脉相承。据孙伏园回忆：刘半农曾送鲁迅一副联语"托尼学说，魏晋文章"，当时的朋友都认为这副联语很恰当，鲁迅对此也默认。可见，鲁迅攻打传统，但并不认为自己已经或可以割断传统。

关于鲁迅"骂人"的现象，也是有较多非议的。

现今读鲁迅的杂文和小说，给人印象最深的，恐怕还是其对国民性的猛烈的批判。有的人可能并不了解鲁迅所批判的国民性的具体内涵，也不了解鲁迅是在什么背景下进行这种批判，所以直观地对鲁迅的批判方式反感，不能接受，甚至担心会丑化了中国人，伤害民族的自尊与自信。鲁迅的确毕生致力于批判国民性，其实也就是他所理解的实现文化转型的切要的工作。他的小说、杂文，时时不忘从人性与国民性的角度去剖析与批判国人的劣根性，如奴性、面子观念、看客心态、马虎作风，以及麻木、卑怯、自私、狭隘、保守、愚昧，等等，在鲁迅笔下都被揭露无遗。作为一个清醒而深刻的文学家，一个以其批判性而为社会与文明发展提供清醒的思想参照的知识分子，鲁迅对国民性的批判真是我们民族更新改造的苦口良药。

因此，重要的是理解鲁迅的用心。我们读《阿Q正传》，看那些"丑陋的中国人"的表现，会很不舒服。但仔细一想，这又的确是真实的，一种毫无伪饰的真实。就如鲁迅所说，这作品的目的就是要写出国民沉默的魂灵来。

鲁迅的国民性批判带有社会心理研究的性质，而且往往注目于最普通最常见的生活现象。例如鲁迅对"看客"心态的揭示，就很能说明鲁迅批判国民性的苦心和特色。鲁迅写得最多的，就是这种世态炎凉、人心麻木。人们隔岸观火，玩味、欣赏别人的苦难，如同看戏。而只会看戏、做戏的民族是可悲的。这也是鲁迅批判国民性时反复关注的问题。

鲁迅生活在中国社会转型、各派势力斗争非常激烈的时代，鲁迅当然有他的政治选择，比较倾向于当时变革社会的革命的力量，他的创作包括杂文有很强的现实性，但鲁迅又是独立的作家，他的价值主要还是思想文化层面的批判性和预警性。鲁迅生前和死后往往都被政治化，这也难免，现在时代不同了，读鲁迅，还是要摆脱政治上拔高或者贬低的怪圈，理解作为现代知识分子的鲁迅独特的贡献。

现代知识分子具有独立批判的精神，与他所生活的现实世界总有一种不相容性，揭示现实人生真相，揭示社会思想文化的困境，是他们的使命与习惯。从社会文化结构来说，有这样一部分批判的成分，有这些不那么和谐的声音，社会才活跃、有生机，在不断的反省与批判中往前推进。从这个角度看，鲁迅有棱有角的批判精神是非常可贵的，我们不能被所谓"尖刻""骂人"之类的表象所左右，轻视乃至抛弃了这份可贵的精神遗产。

在如今这个网络化、物质化、娱乐化的时代，貌似很"现代"，其实周遭很多灰暗和庸俗的东西在鲁迅那个时期他都面对过，有什么办法拯救精神的堕坠？读书是好的办法之一。我们要有意识与流俗文化保留一点距离，尽可能不要让无聊而又浪费生命的微信、自媒体牵着鼻子走，稍微超越一点，让自己的生活充实一点，那就多读一点鲁迅吧。

但愿这本精选集的出版，能开启一扇进入鲁迅思想艺术殿堂的大门，引起大家阅读鲁迅的兴趣。

2020 年 12 月 18 日

《温儒敏讲现代文学名篇》前言 [①]

从 1980 年代初开始，我就在北大讲"中国现代文学"基础课。北大中文系对本科教育历来很重视，要求基础课必须有经验的老师来讲，年轻教员一般还没有资格上本系的基础课。我刚研究生毕业留校那几年，是先给外系（如几个外语系、图书馆系，等等）上课，到 1980 年代末，才给本系讲基础课，每隔一两年讲一轮。与此同时，还讲过与现代文学研究相关的十几种课程，大都是选修课，也有硕士生、博士生的课程，包括：现当代作家作品专题、现代文学批评史、现实主义思潮研究、现代文学与外国文学思潮、"文革"文学史研究、现当代文学学科概要、文论精读，等等。但讲得最多的还是现代文学基础课。我作为主持人之一的这门课，还于 2005 年获得"国家级精品课"的褒奖。"超星"也曾录制过我的授课。2011年我从北大退休，被山东大学聘为"人文社科一级教授"，继续在山大文学院讲授现代文学课程。从 1981 年到现在，我讲现代文学

---

① 本文系《温儒敏讲现代文学名篇》（商务印书馆 2022 年出版）前言。

温儒敏讲
现代文学名篇

温儒敏 著

商务印书馆

◎ 《温儒敏讲现代文学名篇》书封及目录

课已经近四十年。

我口才不太好，讲课一般都要有提纲或讲稿。虽然现代文学课已讲过多轮，但每次上课都会认真准备。我是南方人，有些字音容易读错，要查字典标注。要根据学生的情况调整讲课内容，若有自己新的研究心得，或者参照了他人新的研究成果，都会适当融合进去。因此讲稿就不断改动，几十年下来，积累了厚厚的一摞，很难说有哪一份是定稿。几年前，有朋友劝我把讲稿整理出版，但讲课和写文章还是不太一样的，整理成文的工作量很大，始终没有去做。这次新冠疫情汹涌袭来，有几个月"宅"在家里，有了一些完整的时间，才又想起这项工作。原想主要就是内容删节，文字上顺一顺，但做起来就不是这样简单了，许多部分几乎重写。一做就是四五个月，确实也花了很大力气。

北大的现代文学基础课原来讲两学期，后来改为一学期，一般安排三十多次课。这次整理没有照单全收，只是节录其中一部分，即重点作家作品的评析部分，大约占原讲课内容的一半。有关文学史的叙述，包括思潮、流派、文体，以及一般作家的评述，则基本上不收。这本书说是"讲现代文学"，其实淡化了文学史线索，重点是著名作家及其代表作的鉴赏分析。

这样来节录也是有考虑的。钱理群、吴福辉与我合作编撰有《中国现代文学三十年》，那是比较全面的现代文学史，已经出版三十多年，有三次修订五十多次印刷，不少大学都采用为教科书。其实我多年讲课也并不全按照《三十年》，凡是《三十年》中已经有的，我就少讲，指示学生自己去读。我的课还是偏重作家作品分析。所以本书和《三十年》并不重复，还可以互为补充，供修习现代文学课的大学师生参考。

全书共选现代著名作家二十六家，涉及代表性作品四十多篇（部）。所节录部分基本上保持原有讲课内容与讲授风格，但也做了许多修改和补充。每一讲集中分析一位作家的创作。鲁迅成就比较大，原来讲课所用课时也较多，本书特别安排了五讲。其中有关《朝花夕拾》一讲，直接采用了最近我为人民文学出版社新出单行本所写"导读"，是面向中学生的，特别加以说明。冰心、朱自清等几课以前不是文学史学习的重点，这次整理书稿考虑他们特别受到中学语文教材的"青睐"，就各列一讲，几乎是新写的。还有些比较重要的作家，如田汉、丁西林、叶圣陶、李劼人、夏衍、何其芳、林庚、卞之琳、张恨水、孙犁，等等，本书没有专列章节论述，有遗珠之憾，但限于本书节录的体例，也只好如此。

这本根据基础课节录的书，是现代文学欣赏和研究的"入门"书，讲的多是相对稳定的基本内容，是那些已经沉淀下来、学术界有大致共识的文学史知识，以及对代表性作家作品的评价，同时也融入了自己或者学术界新的研究成果。希望读者读过这本书，能对现代文学主要的作家作品有较深入的了解，对现代文学的轮廓有一个"史"的印象。

　　这本书可以提供给大学中文系的师生阅读参考，也适合社会上关心和喜欢文学的读者阅读。我看现在网上还有许多读者和听众在点播十多年前"超星"录制的我的讲课，如果他们有兴趣看这本节录整理的书，会发现内容变化不小。这本书更加注意显示作品鉴赏分析的"方法性知识"，也更集中，让读者找到"干货"。

　　本书专业性较强，但尽可能深入浅出，对于中小学语文老师以及喜欢文学的中学生，也是适合的。书中论述的名篇，几乎覆盖了中小学语文统编教材所有现代文的课文选目。中学语文的教学内容、目标和大学不一样，不一定要把这本书的内容"移植"到中学语文课上，但在某些方面（比如多读书、思维训练，以及"方法性知识"的传授）又是可以衔接的。我在整理讲稿时有意把中小学师生当作其中一部分"拟想读者"，希望这本书对他们有些帮助。几年前我写过一篇文章《我讲现代文学基础课》，其中一部分专门论及大学低年级的课程如何与中学课程衔接。把有关的几段话转录于此吧：

　　　　拿语文课来说，多数中学现在还是采用那种处处面对考试的很死板的教学方式，大量标准化的习题把学生弄得兴味索然。这种方式培养的学生很会考试也很重视分数，但思路较狭窄僵化。比如接触一篇作品，习惯的就是摆开架势，追求思想主题"通过什么反映了什么"之类，而且很迷信标准答案。所谓艺术分析，也多停留于篇章修辞分类的层面，很琐碎，缺少个性化的体验与整体感悟。……中学语文教学的目标和大学中文系教学是不同的,中学要面对高考,对中学语文教学中存在的问题应有"同情理解",又有所超越与省思;上了大学就要有一种自觉,摆脱过去那种"应试式"学习习惯,转向个性化的、富于创新意识的研究性学习。我上基础课一开始就注意帮助学生实现这种"转化",把这种"转化"贯串整个课程。

"转化"的措施之一,就是把文学感受与分析能力的培养放到重要位置。首先是读书。现在学生的阅读面与阅读量普遍都少得可怜,相当多的学生在中学时期没有完整读过几本名著,他们大量读的就是教材与教辅。基础课就必须来补救,承担引导阅读、培养阅读兴趣的任务。特别是文学课,主要依赖阅读,不读作品怎么讲?作业主要就是布置读作品。给学生开课之前,我会为学生开一份"最低限量必读书目",其中大部分是作品,少量是研究论作。……让学生顺藤摸瓜,自己去找书来读。教学中注意结合学生阅读印象和问题来分析作品,处处强调发掘与培育对文学的想象力、感受力和分析评判能力。

我们大学老师都很专业,对中学情况可能不太了解。讲基础课恐怕还是要多少了解这些应试教育环境中出来的学生的思维习惯与爱好、想法。怎样将大学的基础课与中学课程衔接起来,把学生被"应试式"教育败坏了的胃口调试过来,是个难题,但大有文章可做。关键是重新激发学习兴趣,尊重学生的学习主动性，包括他们的想象力与感悟力，鼓励不断拓展思路，开阔视野。

这些年我在本专业研究之余，还用较多精力参与中小学语文教育的研究，担任全国中小学语文统编教材总主编。这个角色也提醒我在整理这份讲稿时，多想想如果中小学语文老师读此书能得到什么帮助，想想如果中学生读这本书，可能有哪些获益。我是有这份心，至于是否做到了，做好了，那还得听读者的意见。

2020 年 7 月 28 日写，8 月 28 日改定

《高等语文》的编写和使用说明 [①]

经过许多学者、教师二十多年的呼吁和努力,"大学语文"已经成为全国各类高校普遍开设的公共课,还被确定为全国高等教育自学考试各个专业(中文专业除外)必考的一门课程。随着素质教育的大力提倡,该课程更受到重视,许多大学都组织编写了这方面的教材。但就目前的状况来看,多数大学讲授这样一门课,其路数和中学语文大同小异,教材也多是文选,不过稍微深一些就是了。"大学语文"作为一门课程还不很成熟,学生也不见得很欢迎这门课,甚至将之戏称为"高四语文"。现在中学语文也在改革,那种被高考箍得太死、学生被动学习的状况已经引起广泛的注意。所以最近教育部新颁布的中学语文课程标准,在课程的结构、教法以及教材的编写等方面,都提出新的思路和要求,努力加大素质教育的含量,调动学习的个性和主动性。中学语文教育正在发生革命性的变化,改革的步子是很大的。

[①] 本文系《高等语文》(温儒敏主编,朱寿桐、王宁、欧阳光执行主编,江苏教育出版社2003年出版)序言。该书2007年修订,分为甲乙两种版本,乙种本为简编本。

作为与中学语文有承接关系的大学语文，看来也不能不适应时代的变化，改变"高四语文"的状况。

我们组织编写这本《高等语文》，就是为了适应时代的变革，满足素质教育的需求，探索大学语文教学的新路向，同时也希望通过教材的编写，来推进这门课程的建设。

江苏教育出版社以其专业敏感，最早提议要编一本有新思路的大学语文教材，这个提议首先得到南京大学朱寿桐教授的支持，他提出初步的设想，并联系了多所大学的有关教授。大家都把大学语文改革看作一件大事，非常关心，热情投入。2003 年 1 月 11 日，江苏教育出版社委托温儒敏和朱寿桐两位教授，在北京大学中文系召开了关于编写《高等语文》教材的专家座谈会。出席会议的有：张岂之（清华大学教授、西北大学前任校长）、费振刚（北京大学中文系教授、前系主任）、王宁（北京师范大学中文系教授）、朱寿桐（南京大学中文系教授）、欧阳光（中山大学中文系教授、系主任）、董洪利（北京大学中文系教授）、温儒敏（北京大学中文系教授、系主任），以及江苏教育出版社社长、文科室主任和编辑多人。座谈会讨论了《高等语文》的编写设想和选题，希望通过该教材的编写，引起各大学对语文教育的重视，探索大学语文教学的改革。

会议决定聘请各大学一批关注或从事语文教学的教师，组成《高等语文》的编辑委员会，邀请刘中树、张岂之、叶朗、费振刚等著名专家担任编委会主任。为保证这项工作的落实，指定温儒敏出任

《高等语文》主编，朱寿桐、王宁、欧阳光任执行主编。之后，又广泛征求许多大学有关专家和老师的意见，在教材的框架设计上，参照和吸纳了一些大学教学的经验。有十个大学的专家参与这本教材的编写，他们大多是各个学科领域的知名教授和学者。这本教材是校际合作的产物，编者的阵容是相当强的。

目前大学的语文教材普遍称为"大学语文"，而这套新教材名为《高等语文》，并非标新立异，其实类似的命名不无先例。例如，大学理科教学中就有公共课起名为"高等数学""高等物理"或"高等化学"的。本教材定名《高等语文》，意味着和中学语文的承接与区别，也表明是在探索更加适合大学生的新的语文教学结构和学习方式。当然，这也是为了区别于当下坊间许许多多"大学语文"教材。我们认为《高等语文》的"高等"是一种教学的定位，意味着这本教材必须遵循语文教学的规律，在中学语文的基础上，设计和探求语文教学的高等形态，建立起适合大学生特点的语文教育模式和教学规范。

我们理解的"高等语文"的学科建构，在课程乃至教材建设方面，都力图做到更为科学地整合语言文学与文化的知识，这就不是停留于为大学生补补语文课。大学生学习语文已经不再像中学时期那样，要受高考的制约，偏重语文的工具性。大学生选修语文课，应当比学中学的基础语文更放得开，更活泼，也更能发挥学习的兴趣与主动性。《高等语文》的编写充分考虑到这些特点与需求。

"高等语文"应当是一门适合当代大学生的、偏重语文素养培育的基础性课程。人文的熏陶是贯穿整个课程教学的，但又不等于一般的素质教育通识课，还是要立足"语文"，科学地整合语言文学与文化诸方面的知识。尤其应注意发挥学生对语文学习的兴趣与潜能，让他们更加主动地学习，学会欣赏文化精品，学会如何去不断丰富自己的感悟力、想象力与思考力，让高品位的阅读和写作，逐渐成为一种良好的习惯，一种终生受用的生活方式。这就是着重于素养的培育，力求在较高的层次上让学生对语文和中国文化有更系统的了解，而读写能力的提高也就和这种学习了解很自然地结合起来。总之，新编的《高等语文》要更加注重学习方法的引导，以及眼光和品位的养成。这样的"高等语文"就不仅是基础语文的延伸，更是基础语文的更高一级的提升。因此，在策划思想上，或者说是作为一个目标，新编写的《高等语文》不只是一部教材，也是尝试建立一门富于变革意味的课程。

《高等语文》和一般的大学语文教材最大的不同，就是打破惯有的文选讲解的模式（这种模式与中学语文大同小异），而采用分专题讲授语文知识（包括文学史、文化史等方面知识），并引导阅读、思考和写作的综合模式，老师讲解和学生学习都有了更大的选择空间。

教材根据大学生普遍的语文水平，和要求大学生应当了解的基本的语言文学和文化知识，并考虑大学语文课的课时，设计了二十五个专题。教师可以根据各校的教学安排，并结合同学们的兴趣（甚至可以让同学们来选择），从中挑选一部分专题来讲解和学习讨论，其余则由学生自学。教师讲授和学生学习都应当注意，每个专题都包括如下三方面内容，可以有重点地合理地搭配使用：

第一层是专题讲座，也就是导读，大都由著名专家撰写，深入浅出地介绍与专题相关的语文知识，包括文学史、艺术史、文化史等方面的知识。不是面面俱到地介绍，而是在传授相关知识的同时，配合文选做讲解与赏析，引导学生阅读与思考。教师参考这些导言给学生讲授时，也最好扣着"语文"这两个字，尽量带进对于语言文字和文学审美的感悟、分析与表达，不宜把这门课完全讲成文学史或文化史。

第二层次是与讲座导读配套的文选，有的是单独一篇，也有节选数篇的。古代诗文一般都有简明的注释。任课教师讲解应当主要围绕文选，而这也是学生学习的重点材料。选文一般避免与中学教材曾经入选过的课文重复；注重其经典性价值以及文字的精美。上课之前学生应当预先阅读有关文选，教师讲授时可以择其部分，做细读讲解。

第三层次是拓展性研读材料，包括与专题相关的作品以及代表性研究观点的摘录。主要是泛读的材料，也为那些对专题有兴趣的学生提供进一步学习的线索和指引。

这三部分内容中，文选这一部分最重要。教师讲授最好以文选为主，又有所发挥。泛读部分也是和文选配合的，可以理解为是拓展学习的材料和指导。

《高等语文》主要是为中文系之外的其他专业（包括理工医农等学科）的学生设计的，充分考虑到学生的普遍接受水平，不太深，力求简明，深入浅出。讲课时要注意还是扣住"语文"，通过专题的学习，使学生对中国语言文学和文化有一个感性的，又有一定系统性的了解，最重要的是能多少引起他们对语文学习的兴趣。

每一专题前面都列有几个提示题。一类是比较浅近的知识性复习题，一类是有一定学术探讨意味的研习题。根据各专题选文的情况，可以提议学生背诵、朗读文选，讨论某一课题，撰写读书笔记以及做其他实践性练习。

《高等语文》的编写有统一的构思，各个专题是由多所大学的专家分别撰写的，写作的风格不尽相同，也没有必要强求统一。也许这样反而能够给教师和学生以更多的思考发挥的空间。

我们希望这本教材能够成为探讨大学语文改革的一个话题，一个契机。也衷心希望能听到广大师生的批评指正。

《温儒敏论语文教育》前记 [①]

　　《温儒敏论语文教育》由北大出版社出版，我想先对读者说说这本书的编写背景与心得。

　　我的专业不是语文教育，是现代文学，主要精力也不在语文研究上，这方面偶有心得，时而提些看法，只能说是"敲边鼓"。如同观看比赛，看运动员竞跑，旁边来些鼓噪，以为可助一臂之力。到底效果如何，那是用不着去计较的。

　　这年头大学都往所谓"研究型"转，科研数据成了衡量学校与教员"水平"的主要指标，许多学校的特色渐渐消退，师范大学也不甘心"师范"了。语文教育本是中文系题中应有之义，师范大学更应倾力研究，事实上呢，却很少有人愿意在这方面下功夫。也难怪，现今的学科体制中，语文教育的地位尴尬，甚至没有位子。尽管所有师范大学的中文系（现在全都升格为文学院了）都有一个"语文教材教法"教研室，可是人数偏少（一般不到全院教员人数十分之

[①] 本文系《温儒敏论语文教育》（北京大学出版社 2010 年出版）自序。

一 ），难以支持局面，老师也不安心。因为这不是独立的学科。像古代文学、现当代文学、语言学等等，都是二级学科，可以有硕士点、博士点什么的，唯独语文教育没有，教师晋升职称还得到教育学院去评审，在中文系这里就只能是"挂靠"。名不正言不顺，怎能让老师安心？再说学生也不太愿意学师范。全国的师范大学都在大办"非师范专业"，靠这个吸引生源或者创收。师范教育实际上萎缩了，这直接殃及基础教育。近几年中央领导指示一些师范大学招收免费师范生，试图改变这一状况。学生读师范不用交学费，可是要签下毕业后必须教几年中学的"卖身契"，无形中还是带有歧视。这样即使降低分数都很难招到学生，学校也不太乐意往这方面投入。师范教育"沦落"到如此地步，与之相关的语文教育当然也就没着没落的。

为什么会这样？从根上说，还是因为中小学老师的工作繁重，收入却微薄。在现在这个讲实利的社会里，没有体面的经济地位怎么能指望有社会尊重？又怎么能吸引优秀人才到基础教育这边来？优秀学生毕业了都对基础教育敬而远之，中小学教育水平自然也就难以提高。都在抱怨应试教育如何糟糕，其实教师的水平才是根本。老师有地位，才有水平，有水平就能让学生考得好，又不至于陷入应试的泥淖。这本来是常识，可是要提升教师地位好像很难很难，人们似乎就把常识给忽略了。

师范大学也无奈。他们既然不在语文教育方面多花力气，那综合大学就来凑凑热闹吧。其实像北大这样的学校，过去许多大师级学者，都很重视中小学教育。他们自然不用靠这些来提高"学术分量"，主要就是出于知识者的责任。有北大传统的感召，2003年我提议并主持成立了北京大学语文教育研究所，得到校方以及一些校友的支持，这"边鼓"就敲起来了。果然有了一点反响，这几年全国有多所大学相继成立了类似的机构。大家重新看重语文教育了，这是可喜的一步。我想，如果相关部门能着手调整学科结构，把语文教育设定为二级学科，就做了一件实实在在的好事，对重振师范教育，提升语文教育研究的水平，肯定会大有推进。我知道做事很难，很多时候"说了也白说"，但"白说还要说"，一点一点推进吧，相信终究会有些效果的。

说语文教育研究不被重视，好像也不尽然，你看每个省都有很多语文报刊，中小学老师晋升职称，都得在上面发表文章。语文学科文章数量之多，在各个学科中是首屈一指的。但研究水平有多高？不好说。绝大多数语文方面的文章，都是什么教学法、教学模式，以及对课文的各种分析阐述之类。不能说没有用，这类文字对于上课实践还是有帮助的。可是整体而言，语文方面的文章大都是经验性的，很少依据调查做科学的数据分析，研究水平也就打了大折扣。比如，我说文言文重要，你说不见得那么重要，彼此都会有一套一套的"道理"，而且都有观点加例子。可是科学性在哪里？谁也说服不了谁。课程改革推开后，又是语文的争论最多，动不动弄到传媒到处炒作，改革的阻力非常大。语文界争议太多，跟科学思维太少恐怕有关。语文学习带有情感性、体验性，有些方面难以量化测试，但要搞清楚语文教学某些规律，要了解语文教育的某些"稳定部分"，还是可以而且应当进行科学层面的研究的。前不久我参加一个关于语文学习质量检测工具研制的会议，才知道欧美一些国家对于母语教学水平测试是多么重视。检测一个学校甚至一个地区语文教学各个环节的效果如何，他们不全依靠考试分数统计，主要靠诸多相关方面大量的数据分析，有一套可以操作的工具与模本。比如说，各个学段作业量多少为合适？影响学生学习兴趣的主要因素是什么？辅导班对学习帮助是大是小？如果例子加观点，就永远公说公有理，婆说婆有理，终究是糊涂账。依靠调查跟踪分析，靠数据说话，就能得出比较令人信服的结论。类似这样的科学的研究，我们的确太少。中国之大，至今没有一个专门研究语文教学质量的检测研究机构，甚至没有这方面专家。这只是一个方面的例子，说明我们的语文教育研究总体水平，还多在经验层面打转，不能不提醒注意。

这方面我们也想敲敲"边鼓"，以改变语文教育经验性的低水平研究状况。一切先从调查着手。六年前北大语文教育研究所向全国招标，做十个调查项目，包括诸如西部农村中小学语文教师生活状况、农村中学语文课改效果、选修课实施情况、城市中学生课外阅读状况、高考命题与阅卷方式的改革，等等，要求不预设观点，尽可能较大面积调查，取得第一手数据材料，然后做出分析。我们把这叫作"非指向性调查"。目前有的项目已经结项。社会调查是个很专业的工作，光靠中文系出身的人难以做好，必须有社会学、心理学、教育学等学科的介入。目前我们的调查工作可能还不那么如愿，但北大语文所发起调查，是要引起对语文教育研究科学性的重视，提升研究水准。我们自知只是"敲边鼓"，真正做好，还得靠师范大学动员多学科的专业人员投入其中。

除了调查，北大语文所还做了一件事，就是编教材。2002年高中新课标初稿出台，要编新的语文教材。人民教育出版社找到我来搭班子，我意识到这件事重要，很爽快就答应了。我们邀请著名学者袁行霈教授担任主编，我和顾之川先生担任执行主编，语文所和人教社合作，负责具体的工作。我从北大邀请了十多位学者加盟，包括陆俭明、何九盈、陈平原、曹文轩、苏培成、沈阳、刘勇强、吴晓东、杜晓勤、姜涛，等等，虽然工作量大，报酬甚少，大家都还是非常认真负责参加。这就是北大的传统。这套教材目前在全国二十多个省市使用。教材力图体现新课标的精神，和以往同类教材比较，有些特色，但效果如何，特别是选修课效果怎样，还得有一段实践试验再看。我参与教材编写，花费不少精力，也学到很多东西，慢慢进入课改的状况。2007年起，我又受教育部聘请，担任义务教育语文课程标准修订专家组的召集人，常到基层中小学听课，参加教师培训，感受一线教学的甘苦，了解课改的艰难，对中小学老师工作生活状况也有切身体验。收在本书中的许多文字，都和这些工作有关。

我深感在中国喊喊口号或者写些痛快文章容易，要推进改革就比想象中难得多。在教育领域哪怕是一寸的改革，往往都要付出巨大的代价。我们这些读书人受惠于社会，现在有些地位，有些发言权，更应当回馈社会。光是批评抱怨不行，还是要了解社会，多做建设性工作。我这本书很多看法不一定成熟，有些就是一时感受，但那也是有切身体验的，是真实的、建设性的。"敲边鼓"的本意，就是呼唤更多有识之士关注基础教育，关注语文教育，为社会做点实在的事情，尽知识分子的一份责任。

现将我最近几年关于语文教育的部分文字汇集于这里，包括一些讲演、访谈，内容涉及五个方面：

一是对语文教育理念与趋向的探讨。我提出语文教育不是文人教育，而是人文教育，是针对那种把语文课等同于文学课的说法，语文教学不能以培养文人、培养作家为目标。(《中学语文是人文教育而非文人教育》)我还提出"不要输在起跑线上"是错误的口号，并没有经过科学论证，几乎成为"集体无意识"了。不能让孩子人生伊始就绷紧神经参与快跑竞争。童年的"价值"不只是为将来的生活做准备，童年本身也是"生活"，而且是人生最美好的一段生活；童年如果负担太重，不快乐，就失去了人生美好的序曲，对于将来也会有负面影响的。(《"不要输在起跑线上"有误导》)

二是关于目前中小学语文课程改革的思考。我认为目前课改的效果不太乐观，原来设计的"亮点"并没有落实。但课改起码激活了问题的讨论，让我们看到现有的人才培养方式的确存在许多弊病。从国家的未来着想，必须推进课程改革，不改是没有前途的。(《对课改应当补台，而不是拆台》)我提出两个理念：一是中小学课改要"从长计议"；二是课改不能不正视高考问题，可以和高考"相生相克"，一起改进。我们是在高考仍然存在的前提下来进行课改的。(《课改和高考的"相生"与"相克"》)我还认为讲素质教育不能太空，其中也应当包含"生计能力"培养。素质教育是整体性的，提高了生计生活能力，也是素质之一种。(《语文课改的步子稳一些为好》)

三是研究语文教学，特别是阅读与写作教学的方法理路。我提出在阅读教学中尊重孩子的天性，激发学生的好奇心、求知欲，培养想象力。太过功利性的阅读（主要面对考试），目标过于明确和死板的阅读要求（比如一定要求学生做笔记，或者就是为了提高作文成绩，等等），不但不能提升学生的兴趣，反而可能煞风景，扼杀读书兴趣。所谓"闲书"也不必过于强求限制，给学生一点选择的空间。要求太严格就适得其反。(《把阅读放在首位》)我认为多读比多写更能有效地提高写作能力，阅读量增加，与写作水平提高是成正比的。针对写作训练中偏重文笔，我提出作文教学重在文通字顺，有一定的思考内涵，然后才谈得上其他。"文笔"不是作文教学的第一要义。现在语文教学过于偏重修辞、文采，培养出来的学生思考能力、分析能力不见得好。(《文笔不是作文教学第一要义》)

268

四是讨论大学语文与大学文化的困扰与新路。面对目前大学语文教学的困境，提出这门课不应负担过重，主要作用就是把学生被应试教育"败坏"了的语文胃口给重新调试过来，然后，让他们用更多的时间去自学。既不能完全顺着中学语文的路子来学习大学语文，必须要有提升；也不能完全放开，不宜讲成一般文学鉴赏或者文化史那种类型的课。（《大学语文：把"败坏"的胃口调试过来》）

还有第五，最后一部分涉及高等教育和文学研究等多方面问题。其中认为目前我国大学普遍存在"官场化""市场化""平面化"以及"多动症"，所谓四大弊病；提出必须多讲点大学文化，当年蔡元培树立的"思想自由，兼容并包"的办学理念，理当成为北大的校训，对"四病"也是良药。（《北大传统与大学文化》）

我的有些文章也是经验层面的，而且这些年参与课改实践，一些看法也在调整，或者可能和某些主流的意见有些距离。有不同的声音是正常的，学者的角度和管理者或其他人的角度有区别也不用奇怪，正好可以达到结构的平衡。我把这些"敲边鼓"的思考呈献于此，就当是和读者诸君的一次真诚对话吧。

2009 年 9 月 19 日于京西蓝旗营

《语文课改　守正创新》前言 [①]

　　这本书是山东教育出版社和曹明海教授促成的，感谢他们的抬爱。我已经出版过《温儒敏论语文教育》（一至三集，第四集也即将面世）、《温儒敏语文讲习录》、《温儒敏谈读书》等书，这本书多数篇什是从已出的几本拙著中选的，虽然也有几篇是头一次发表，但书的内容难免重复，有"炒冷饭"之嫌，这让我感到歉疚。已经读过上述几种书的读者，就不必再掏钱买这本书了。

　　不过从一二百篇论作、讲稿、访谈中重新选择整理成这本书，也是一个反思和清理的过程。我始终说自己是为语文教育"敲边鼓"的，因为我的本业不是语文，也没有当过语文老师，当初只因为看到基础教育问题很多，而那时的师范大学也都朝着综合大学发展，研究语文课程教法，在大学里边好像没有"搞专业"的受到重视，我就和一些同仁发起成立北京大学语文教育研究所，希望借这个平台唤起更多的学者，为语文教育做点实事。十多年过去了，语文教

---

　　① 本文系温儒敏论文集《语文课改　守正创新》（山东教育出版社 2021 年出版）前言。

育开始在许多大学得到重视,我们"敲边鼓"的目的也就大致达到了。这是值得欣慰的。至于我本人,虽然对语文教育似乎"介入"很深,甚至还主编教材,但也知道自己的斤两,真正殷实的研究并不多,许多文章都还是经验性或者印象式的。我也想静下心来,像以前做文学史研究那样认真扎实地钻研几个问题,可惜年岁大了,编教材又花费很多时间和精力,也就始终未能写出自己满意的论著。大家读我书中的文章,如能注意到其中的"问题意识",甚至引发若干可以进一步去研究的题目,我就有理由感到一点满足了。

我还希望关注我的读者,不止于读我的关于语文教育的这些言论,若有兴趣,也可以看看我专业方面的著述。就在这本书结集前后,我完成了《温儒敏讲现代文学名篇》(将由商务印书馆出版)和《鲁迅作品精选及讲析》(将由人民文学出版社出版)两书,都是偏于文学史专业的,但又处处关心中小学语文如何解读。我想这两本书对于老师备课教学可能有些帮助。但愿不会以为我是在做广告吧。

本书选文四十三篇,分为五辑。第一辑主要讨论语文学科定位、核心素养和课改等问题,认为还是要务实一点,稳步推进改革,尽可能避免"多动症"。第二辑涉及语文统编教材的编写,过程很复杂和艰难,其中有些认识也在各种观点的碰撞中平衡。日后有人若要研究教材,光是看出版的课本恐怕难以了解背景与真实,我这里也只能提供几篇材料。另外还有几篇关于教材使用的讲话,对于当前语文教学可能是有些帮助的。第三辑围绕教学，突出的是如何激发阅读兴趣，把课堂教学延伸到课外阅读。其中的两个关键词——"聚焦语用"与"读书为要"，对于教学中存在的描写偏向是有针对性的。第四辑是有关"读书生活"的，特别强调语文老师要当"读书种子"。第五辑关于高考语文的改革，多是一些会议上的建言，不必看作是权威的论定。

书名《语文课改 守正创新》是曹明海教授起的。似乎有点"张扬"，但也大致能反映本书的内容指向。"守正创新"这个说法，是我 1999 年担任北京大学中文系主任时提出的，希望能把北大好的传统和学风继承下来，作为创新的基础，让创新有根，而不是随波逐流，天天追逐新潮。几年前北大校长认可这个说法，在《人民日报》发文提出北大的发展应当秉持"守正创新"精神。后来这个词便在社会上传开了。其实不光是大学教育要"守正创新"，语文课改同样也要"守正创新"。

课改虽经多年，新观念新方法也人人皆知，但实际效果仍不容乐观，甚至可以说倒退了。无论学生、家长还是老师，焦虑感都比前些年加重，多数学校仍摆脱不了应试教育的泥淖。谁都知道这样不好，又谁都参与。我所居住的北京市海淀区，有所谓"海淀妈妈"一说，指的是在对稀缺教育资源的极致竞争中，那种每分必争、恨不得把孩子未来人生每一步都设计好的家长。这就是社会现实啊！对于很"物质"的一代，买车买房买教育都存在"鄙视链"，链条上的每个人都有强烈的竞争欲望。在这种大环境中，家长其实也挺无奈的。但一个社会多数人将提高未来的收入视为教育的唯一目标时，这个社会必然陷于无休止的零和博弈，那是更糟糕的。语文教育要摆脱困境，也很难，空喊口号无济于事。我们当老师的，只能是尽可能保持良知，有一份清醒，着眼未来，稳步改革，能改一点就是一点。世界很大，不确定的东西太多，很多变化简直迅雷不及掩耳，根本不以人的意志为转移，我们不能不"守正创新"，用积极而务实的态度去面对这个世界。

2020 年 10 月 27 日

《用好语文统编教材》前记 [①]

    ·

    前几年新冠疫情肆虐，蛰居简出，反而多写了几种书。其中包括《鲁迅作品精选及讲析》《温儒敏讲现代文学名篇》和《为精神界之战士者安在：现代文学研究自选集》，还有《温儒敏论语文教育》（第四集）与《语文课改　守正创新》两种。可能用力过猛，眼疾发作。毕竟年岁也大了，早该搁笔退休，多陪伴家人，疫情过去，就决心不再写书了。可是，近日又有出版社"动员"我把有关语文统编教材的讲座和文章，编成一本书。呆坐书房，旧习复发，我又有些心动了。

    语文统编教材推开使用后，我为教师培训做过多次讲座，也写过多篇谈课标与教材的文章。这些材料网上大都可以找到，可是以讹传讹的情况挺多的。如果整理一下，汇编成书，既可以纠正错讹，又方便读者，未尝不是好主意。于是，便动手翻检材料，冀图成集。

    所收的讲座记录稿和一些文字，大都是即时漫谈随笔，不同于

---

① 本文系《用好语文统编教材》（商务印书馆 2024 年出版）前言。

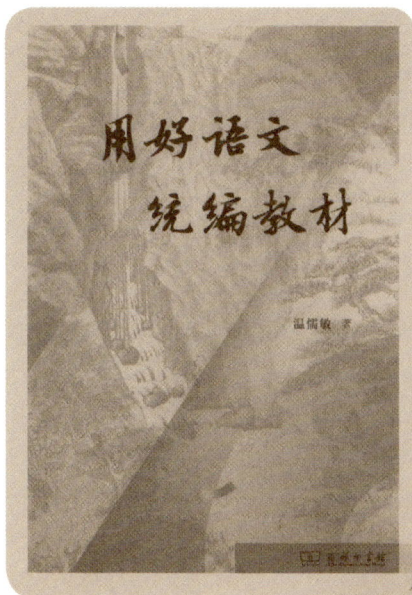

用好语文
统编教材

温儒敏 著

商务印书馆

目 录

上编 如何用好语文统编教材

xd

◎《用好语文统编教材》书封及目录

严谨的讲章法的学术论文，展读之余，愧学识荒陋；究有用心，亦同鸡肋，取舍难定。不过犹疑之间，又不时联想起这些文字生成之语境，不禁感慨当日教材编写的艰难。于是又心生一想：何不在收编有关"如何用好新教材"之文章的同时，也把教材编写过程的某些材料收集存留呢？

语文统编教材从 2012 年启动编写，小学到高中，编了七年，现在这事还未"消停"。我这几十年写过很多书，做过很多事，编这套教材，是最难的，简直用得上"煎熬"二字。教材编写现在提到"国家事权"的高度，要求很高。教材又是公共知识产品，尤其是语文，社会关注度极高，谁都可以批评，隔三岔五成为网上的热议，有时还莫名其妙就遭遇到网暴。从正面去理解，是群众监督，有则改之，无则加勉嘛。可是教材编写的学术性、专业性很强，需要安心和静心，浮躁的网络氛围是不利于学术探讨的，还会造成教材编写者的心理压力。编写组常感叹的一个说法就是："如履薄冰"。

中央和国务院领导对教材统编工作很重视，教育部成立了专门负责教材工作的教材局。编写组的构成和主编、总主编人选，都由教育部来定。编写组之上，还有由各方面的官员和专家组成的"指导组"与"专委会"。当时正着手修订高中语文课标的"课标组"部分成员，也参与"指导组"的指导审查工作。教材编写的组织管理越来越专业和严格。拿语文教材来说，从编写大纲与体例拟定，到选文、样章、初稿、通稿的形成，几乎每一环节都要分别经过专业的、政治的、综合的审查，牵涉敏感问题的稿子或选文，还要请相关部委把关。期间还要在部分学校试教，听取改进意见。送审稿出来后，再呈送国务院召集的专门会议（现在是"国家教材委"）审查批准。

小学和初中语文编了四年多，还算比较顺利。紧接着开始编高中语文，就麻烦得多。当时高中语文课程标准正在修订，我们都知道要体现"语文核心素养"和"学习任务群"，可是如何体现，还不太清楚，对于教材要"以语文实践活动为主线"，也有分歧。我主张要稳一点，既要推进课程和教材的改革，又要考虑大面积使用的可行性，以前的教材教学也有很多经验积累，不能推倒重来，做颠覆式的改革。但也有不同的意见，急于采用新的教学理念，"下猛药"救治语文教学存在的弊病。因此争论就难免。光是体例和样章，就来来回回起草了七八遍。好在大家都是为了推进课程改革，立足立德树人这个目标，彼此妥协、平衡，努力寻求最大的共识，高中语文教材就成了现在大家看到的这个"样子"。应当说，高中语文教材改革的力度还是很大的，呈现了崭新的面貌，也有老师们可以发挥的空间，可是教学效果到底如何，还得看实践。

比较而言，小学、初中语文教材更受欢迎，几年的使用实践后，有数据说明，绝大多数一线老师对于新的义教语文教材，还是充分肯定的。义教语文统编教材还受到中央领导的批示表彰："此乃铸魂工程。统编教材是基础，成功完成，功不可没。"2021 年，义教语文统编教材获得了首届全国教材建设奖"全国优秀教材特等奖"。

统编教材编写的过程艰难而复杂，若能记录下来，对于后人研究教材或者教育史，将是有价值的资料。而让一线老师多少了解一下教材是怎样"炼"成的，对于理解教材编写的宗旨、理念，用好教材，也不无裨益。因此，就决定在本书添加一个部分，即有关语文统编教材编写的"叙录"内容，包括一些讲话、信件、批语、札记之类。

之前曾建议人教社为教材的编写做"起居注"，记录每天发生的有关教材的事情，收集相关的资料，留档妥存，以备日后之需。而我个人这方面的材料则未留意保存，这次钩稽搜集，只得九牛一毛。其中以讲稿、提纲之类较多，稿件的修改、讨论记录，旁批笔记之类较少。现将这些杂乱的文字收在书中，多少增加某些"历史氛围"吧。

本书分为上中下三辑。

上辑是"如何用好语文统编教材"，收文十六篇，主要是笔者有关教材使用以及课标落实的一些讲座和文章，帮助一线老师理解和用好教材，有些建议还比较具体。

中辑是"名著导读与整本书阅读方法举隅"，收文七篇。整本书阅读是新的课型，主要目的是唤起读书兴趣，让语文课多读书，至于如何教学，仍然需要实践和总结。我只试图在导读中提示一些方法，供读者参考。

下辑是"语文统编教材是怎样'炼'成的"。这个"炼"字，意味着教材编写的艰难，也可从中看到教材编写理念、框架、体例，以及选文等等方面的"用心"。收文十九篇，大都是教材编写过程中的讨论、争议、修改、研究、平衡等方面的文字，比较杂，但也约略呈现教材编写过程的某些原生态。有些材料考虑属于"内部参考，不宜公开"的，则没有收入。

此外，还有一个"附录"，是有关人教版"新课标高中语文"的编写资料。这个老版本语文教材，是由人教社与北京大学中文系合作编写的，袁行霈教授领衔主编，顾之川和我担任执行主编。之所以附录于此，也是考虑到有助于了解"教材是怎样'炼'成的"。新版语文统编教材并非从天而降，它是多年来课程改革的沉淀，也是以往既有的教材编写经验的传承与发展。在新编教材中，总是能够看到旧版教材某些根须的连接和伸展的。

小学、初中语文统编教材是 2016 年批准推开使用的，有些地区才用了两三年，刚刚进入状态，尝到甜头，可是教材又要改动了——因为 2022 年版《义务教育语文课程标准》已经颁布，教材必须往课标靠拢，重新修订。好在原来编小学、初中语文教材时，已经接触和了解新课标实施"语文核心素养"的趋势，教材编写基本上是体现了课标精神的，这次义教语文统编教材的修订，基本结构与选文都没有大的变动，应当是小改，不是重编。

从 1999 年到 2023 年，我关注和参与基础教育与语文教学改革已经二十多年。起初抱着知识分子"淑世"的想法，想走出"象牙塔"，敲敲边鼓，用自己的学识与学术资源助力于语文课程改革，为国家社会做点实事。也确实做过一些实事。后来又受聘为中小学语文统编教材总主编，虽然也有某些成就感，可更多是遗憾。这实在是我一生做过的最难的事！无论成败荣辱，已经尽力了。尽管有些报道总是正面描写和褒扬我的奋斗，但细心的读者还是会在书中读到我的某些无奈与颓丧的。但愿这种情绪不至于传染给别人。

书中有些篇章是不同场合的讲稿，涉及某些同类话题，部分内容难免重复。而许多文章都已经发表过，或者收在我之前出版的书中，此次复采录载，便于观览，也是要请读者谅解的。

写于 2023 年 6 月 28 日，8 月 24 日改定

《北京大学中文系百年图史》序 [①]

北京大学的前身是京师大学堂，成立于 1898 年，建校之后时运多蹇，一度濒于停办，到 1910 年，才正式开办"分科大学"，也就是本科。全校七个分科，其中"文科"属下设"中国文学门"，为一级教学机构。这就是北京大学中国语言文学系的前身。若追溯源头，在京师大学堂建立之时，就有供全校选修的"中国文学门"，但那只是一类课程，还不是教学机构。"中国文学门"作为一个教学机构成立，意味着中国语言文学开始成为独立的学科，这件事很重要，带有标志性。所以要记住北大中文系的生日，就是京师大学堂分科大学开学典礼那一天——1910 年 3 月 31 日。

我们编好这本书，北大中文系已经一百岁了。为一个系专门编一本历史，有点"小题大做"。不过，有时"小题"也可以作为个案，窥斑见豹。何况在北大，中文系是举足轻重的文科大系，在全国也算是一个人文科学的重镇。她的一百年，可能浓缩中国学界一个世

---

① 本文系《北京大学中文系百年图史》（温儒敏主编，北京大学出版社 2010 年出版）序言。

纪。研究晚近学术史、文化史或者教育史，绕不开北大中文系。我们相信，梳理总结北大中文系的历史，是一件有意思有价值的事。

一百年的历史，说长不长，但太多风风雨雨，太多曲折坎坷了。当我们埋头那堆积如山布满尘灰的档案旧刊，尽量回到历史现场时，对"百年艰辛"这个词才真有了血肉的感受。人们心目中的大学往往就是"象牙塔"，但北大不是这样的，北大中文系的一百年也不是这样的。20世纪的中国充满战争、动乱与灾难，远没有足够的条件去培植一个"象牙塔"。新中国成立前四十年是战乱频仍，新中国成立后六十年分为两段，前段政治运动一个接一个，后段开头好一点，但随后就是市场化带来的学术焦躁。北大及其中文系的成长有太多"非学术因素"的干扰，要静下心来享受学问的乐趣是很奢侈的。当然，从另一个角度看，北大及其中文系又是历史的宠儿，历史之母给了很多机会让他们在社会变革的舞台上表演，他们也的确为现代中国命运的转变贡献过智慧与心血。有些海外学者研究北大的历史，很难理解我们曾经有过的那种喧嚣和苦难，他们可能更多是从"他者"的立场去议论评说。但是世界上恐怕很少有大学能像北大这样，与民族荣辱与共，对整个社会产生如此巨大的影响，而不只是学术影响。

北大及其中文系有两个传统：一是关注和参与社会的传统，另一是学术自由的传统。我们清理北大中文系的历史，主要还是从教学与科研的角度，是一条学术史、教学史的主线，功夫下在这里，但这并不意味着可以脱离特定的历史环境。两个传统往往纠结缠绕，不刻意去剥离，也许更接近真实。

回顾北大中文系一百年的历程，化繁为简，大致有几个比较重要的段落：第一段，五四时期。国文系在新文化运动中光芒四射，中西学术仍处在激烈碰撞的时期，还有就是"废门改系"，教学模式初步建立。第二段，二三十年代。注意协调西方学术方法与中国传统固有的学术方法的关系，力促教学与研究往现代化的方向转换，教学格局与课程体系形成，产生了一批高水准的专著，也培养了许多功底扎实的学者。第三段，西南联大时期。和清华中文系合作，挺过艰难的战争时期，维护了一批"读书种子"。第四段，50年代初院系调整，清华、燕京和中山等几所大学中文系与北大中文系合并，一时名家林立，成为学术界的"巨无霸"。此为鼎盛时期，学科建设对全国有辐射性影响。尽管50年代如此艰难动荡，还是培养出一批学术骨干。第五段，"文革"时期，也是北大中文系受到摧残的"非常时期"。第六段，80年代前期。有难得的思想解放氛围，无论教学还是科研，都达到良好的水平，是中文系又一个兴盛期。第七段，90年代以降。市场经济大踏步前来，学术与学科的规模扩大，中文系守正创新，积极应对挑战，用流行语言来说，也有"新的机遇"。

百年中文系，五四时期的社会贡献与影响最大，二三十年代以及80年代前期，是做学问与人才培养最下功夫，而且成效也最显

◎ 1924 年，北大国学门同人

◎ 20 世纪 50 年代北大中文系部分师生在文史楼前合影

著的时期。当然，这只是粗略的印象，其实每一历史阶段都有不同的条件与环境，都有人在努力做学问，即使在严酷的"文革"时期，工农兵学员中也出了一些优秀的人才。中文系的每一个历史阶段，包括几代学人的学术经历，都折射出特定时代政治、社会和文化思潮的嬗变景观。北大中文系走过许多泥淖与弯路，她的历史图景中也有过不光彩的暗影，但那种自由、严谨、求实的学风，那代代薪传的"系格"，始终没有中断或放弃。

所谓"系格"是什么？北大中文系的传统何在？魅力何在？这是我们治史过程中常常思考的。答案好像感觉得到，是一种实有，却又难以具体表述。"系格"是由某种主导性的氛围长期熏陶而成，是一种生生不息的风气与习惯，一种共识与"游戏规则"。这里说说我们所理解的北大中文系的"系格"，主要两方面。

一是思想活跃，学风自由，环境宽容。北大中文系历来人才济济，每一阶段都拥有许多名家大师，中文系靠他们出名。为何有这么多大师名家汇聚？不见得都是北大自身培养的，相当一部分是吸引进来，或者合并过来的。不过大多数都还愿意来，冲着北大中文系的牌子以及它自由的学风来，有吸引力。北大中文系以学风自由闻名，有人可能觉得"很难搞"，其实是弥足珍贵的传统。这里不是没有纷争，矛盾不见得比别的单位少，但她自己能够调和、消解、转化，这不简单。回想五四前后国文系"章门学派"与新派的分歧，即"文白之争"，其激烈程度往往被后来的历史掩盖了。但这里有

"游戏规则"，有共同点，就是尊重学术，尊重自由。只要学术上有专长或特色，能成一家之言，无论其在思想上是何主张，甚至性格上生活上不无可议，都可以上中文系的讲台。有许多回忆文字都说五四之后新派占上风，但其对手"章门学派"的学术理路也延续下来，并成为主流：事实上新派也多少接纳并融汇了它对手的路数，你中有我，我中有你了。这就是宽容大度的学术襟怀。

我对必要的宽容很有一些体验。前些年我担任系学术委员会主席，委员会成员大都是来自五个不同学科的老先生，学科的"性格"和各自的理路很不同的，开会也往往有激烈的争论，有时甚至面红耳赤，但终究不伤和气，很少有"一言堂"或者"武大郎开店"的现象。实在说服不了别人，甚至矛盾很难解开了，那也给别人一点空间，大不了就是"君子之交"罢了。北大中文系教员多，专业多，历史积累下的矛盾也不少，但极少闹得剑拔弩张的，大家也不愿在这些方面消耗精力。这些年实行科研成果量化管理，系里有条例，事实上很少靠条例来"制约"人，把人逼到墙角的事情是没有的。这种风气，能让大家比较放松，也比较适合做学问。三四十年代乃至建国后，中文系多经磨难，在特定时空中也出现过荒唐事，但总的来看，始终是人才荟萃、思路活跃，这跟相对宽松自由的学术风气是互为因果的。这种自由宽容的风气或"系格"，是极为重要的资源，应好好利用和发扬。办好一个系，尤其是文科系，非得努力营造这种好的空气不可，这比任何"硬件"都更要紧。

　　当然，在宽松、自由的另一面，又还有严谨求实的风尚。前面讲到，不同的观点、理路完全可以在这里并存，但有个前提：必须有真才实学，做学问要严谨认真。否则，在中文系很难待下去的。从二三十年代到 90 年代，都发生过学术上的"二把刀"被学生轰下台的事。中文系的"王牌"学科，如文学史、汉语史、文献学等等，接受传统朴学的影响较深，注重材料，析事论事力求准确有据，一直是主流学风，也是相对稳定的学术"游戏规则"。如果有个别教员学风浮泛，乐于"作秀"，即使被外面传媒弄得名气很大，在系里也不见得就有市场。所以这个"系格"，在宏放自由之外还要严谨，两者相辅相成，蔚成风气。讲求严谨，也就是讲求学术上的尊严，这方面理应从传统中发掘精神资源。当前，在比较浮躁功利的社会风气之中，做到这一点似乎是越来越难了。唯其如此，严谨的学风更显得宝贵，更要大加彰扬。

　　第二方面是教学。北大中文系的办学理念并没有清晰的表达，但感觉得到，这里注重为学生打厚实的基础，然后放手让他们各自寻路发展，而不是常见的那种教给学生怎样做，总希望他们今后能照章办事。中文系的学业比较轻松，"师父领进门，修行在个人"，拿到毕业证不难，真正上路并不容易。中文系培养了众多人才，他们发展的路向宽广，不只是学术圈子，做各行业的都有，而且都可以做得不错。一百年来，从北大中文系毕业的本科生有八千多名，硕士生两千三百多名，博士生六百多名，量不算大，现在很多学校扩招几年也就赶上这个规模了。但这里比较接近精英教育，注重基础扎实、眼界开阔，发展的余地与后劲就可能比较大。我们在整理历届毕业生名册时，很多熟悉的名字让人眼睛一亮：原来有这么多中文系毕业生成为各个学科的骨干、带头人或者顶尖的学者，还有就是在其他领域做出显著成绩的人物，所谓人才培养的"成功率"比重是很大的。特别是二三十年代形成的北大研究所制度，培养研究生的模式很注重因材施教，出来不少杰出的学者，其经验值得现在借鉴。

另外，有意思的是，北大中文系的旁听生、访问学者、进修生数量巨大，甚至超过本科生。这在其他学校少见。旁听生有不少认真学习，学出名堂的。如作家沈从文、丁玲等，都是来国文系旁听的常客，听来听去，有大受用，逐渐成学者名流，甚至站到北大讲台上当教授了。这种对旁听生来者不拒的风气北大历来都有，如今再度兴盛。至于进修教师与访问学者，光是 1978 到 2009 年，中文系就接纳过一千八百四十多人。现今全国多数大学中文系的学术骨干和一些学术名家、学科带头人，当年都曾经在北大中文系访学或进修。这也是北大中文系人才培养不可忽视的实绩。

多年前我为中文系招生小册子写过一段话，想要表达北大中文系的教学特色，颇费思量，那段话是："中文系魅力何在？在传统深厚，在思想活跃，在学风纯正，更在于其办学理念：不搞急功近利的职业培训，而是力图让学生学会寻找最适合自己的人生之路，打下厚实的基础，使整体素质包括人格精神都有健全的发展。"前面几句说的是学问，后面说的主要是教学，其实都包含一种学术精神，一种"系格"。在编这本系史的过程中，我们深深感到这种办学理念有其特色，难能可贵。

一本史书的完成，会有一些过滤，过滤了的历史总是比较"干净"的。北大中文系虽是学术高地，许多学人羡慕的地方，却也并非完全"净土"，她有她的矛盾和问题，有负面的东西——本书没有刻意去回避这些历史的负面。而今整个社会大变局，许多原来意想不到的新问题和老问题纠缠在一起，成为发展的困扰。面对市场化大潮，身处传统价值崩溃的浮躁年代，北大中文系想做到守正创新，并不是一件容易的事。编这本系史，回顾中文系一百年的历程，我们对"困扰"的感触格外强烈，唯其如此，也就格外珍视中文系的"系格"。

本书分两部分。前一部分是"史事述要"。从中文系一百年历史中选取九十三个"史事"，包括重要的事件、人物传略、代表性著述、教学的变革，诸如"废门改系""吴梅的戏剧史研究""系主任胡适""从红楼、文史楼到五院"，等等，都以专题的方式叙说评述。可以说这些都是北大中文系历史长廊中一些闪亮的"景点"，以点带面，可以比较深入了解她的精神气度。后一部分"编年叙录"，是以年表方式编写的《北大中文系100年纪事》，下的功夫也最多。"纪事"逐年记载北大中文系的大事要事，以获得史的连贯了解。

专题的"史事述要"所不能顾及的更多史事，这里也有简略的叙写。这前后两部分可以进行互文阅读。

全书采取"图史"的方式，前半部分穿插安排有两百多幅资料图片，相当一部分是首次发表，很珍贵。"图史"不光为生动好看，也是让读者可以更直观地进入历史现场，激发想象，感受氛围。

编这部图史，围绕教学与科研这条线，理清在系科发展过程中所体现出来的学术倾向、教研模式的变迁及其得失，以此概览北大中文系的学术变迁，也可以从一侧面探究中文学科近百年的流变脉络。

历史不好写，尤其是近代学术史，尘埃尚未落定，评价也言人人殊，何况又是牵涉北大，历来争议最多的地方。书中所述名家，多系当代之人，偶一不慎，即谬误丛生。有许多具体事件的评述也可能引起不同的意见，牵扯到这样那样的关系。还有就是材料缺乏，特别是近半个世纪的档案资料，保存反而不比上个世纪初的完整。十多年前成立一个什么机构，现在的说法就可能彼此不一样了。但我们还是努力了，希望能尽量从学术的立场，用史实与史识说话。

促使我们大胆动笔的还有一个原因：北大已经过了一百一十岁生日，可是至今没有一部完整的历史，各院系的历史更是罕见。如果总盼望"公家"来修史，难度更大，很可能就是一种专讲平衡讲"关系"的历史，那是很难反映真相的。我们编这部"图史"，真的是为了引起更多有心的史家关注，往后能有更全面更细致的系史出来。这本书肯定有很多遗漏和不足，好在有了一个框架，大家就有了话题，可以围绕它来批评、议论和补充了。

编就这部书时，感到历史的沧桑，一种传统的厚重感和延续感，也感到当下整个人文学科面临挑战的紧迫。当然也有学术的自豪和自信，前辈学人毕竟给留下了"系格"，留下那么丰富的遗产，情不自禁就会认真思索：

我们应当并且能够做点什么？

2010 年 3 月 9 日于蓝旗营寓所

辑 三

办教育要守正创新 [①]

"我觉得教学是值得用整个人生投入的事业，是我所痴迷的乐事，是份完美的精神追求。"2008年，北大教授温儒敏获得教育部授予的"全国高校教学名师"称号，这一简洁凝练的获奖感言，是他几十年教育生涯的总结，他享受这追求与奉献的过程。

温儒敏曾历经许多学术要职，除了文学史研究外，温儒敏将很大一部分精力用于语文教育的研究与组织工作，希望带动大家回到教育的本义上去理解语文教学，"把学生被'应试式'教育败坏了的胃口调试过来"。

一

1946年，温儒敏出生于广东省紫金县中坝镇乐平村。他的父亲十六七岁时就外出谋生，曾在香港东华医院当学徒，后来回到紫金龙窝圩开设西医诊所，是当地最早的西医之一。母亲是基督徒，

---

① 本文系学术传记，2017年10月18日《光明日报》专版报道。记者舒心。

知书达理，常常给温儒敏讲《圣经》故事以及各种民间谚语传说，教他背诵《增广贤文》等蒙学书籍。

小学四五年级，温儒敏开始读《西游记》《三侠五义》《七侠五义》，很多字都不认识，就跳着读、猜着读。这也是后来温儒敏提倡的阅读法。如果不认识的字就要查字典，大概阅读也会兴味索然。就在这种"连滚带爬"的海量阅读中，温儒敏爱上了读书，甚至模仿过艾青、裴多菲写诗，还给自己起了个洋气的笔名"艾琳"。

1964 年，温儒敏考入中国人民大学语文系。尽管在大二时遭遇"文革"，他还是乱中取静，见缝插针地读了大量古今中外的文学、历史、哲学经典和各种杂书闲书。这种"漫羡而无所归心"的"杂览"，为他后来的学术研究打下了丰厚的基础。后来他指导研究生，除去专业训练，也主张有些"杂览"，知识面尽量拓宽，而不是一上来就直奔主题。

大学毕业后，温儒敏被分配到粤北的韶关地委办公室担任秘书。八年时间，经常下乡下厂，还当过生产队驻队干部，耙田、插秧什么活儿都干过。温儒敏说，这种对国情民情的切身体验，是别人代替不了、书本也难以描述的。几十年过去了，一到变天，他几乎本能地开始惦念南方农民是否受灾。知识分子各有专攻，如果有较多的人生阅历，特别是基层生活经验，性格可能会有所"调和"。温儒敏认为，人文学者最好还是有些社会实践经历，他们那一代学者大多不是"三门干部"（即从家门到学校门再到机关门），丰富的人生历练使学问与社会紧密相连。

在机关当秘书，接触领导多，写东西快，温儒敏备受重视，如果走仕途，可能会有前途。但他喜欢安静，不爱交往。1977 年的一天，在粤北的浈江河畔，温儒敏听到中央人民广播电台播送恢复高考和研究生制度的消息，决定报考研究生。

1978 年，北京大学现代文学专业有八百多人报考，原计划招六人，后来增加到八人，十一人参加复试，温儒敏排在第十五名。但他却意外地接到了复试通知。后来才知道，导师王瑶看了他的文章，觉得有潜力，特别提出让其破格参加复试，这让温儒敏终生难忘。他当老师之后，也常效法此道，考察学生除了看考分，更看重实际能力。

那时课不多，不用攒学分，不用考虑核心期刊发表文章，就是自己看书，寻找各自的兴趣点与发展方位。这种自由宽松的空气，很适合个性化学习。温儒敏研究生阶段读书量非常大，他采取浏览与精读结合，起码看过一千多种图书。许多书只是过过眼，有个印象，但读得多了，历史感和分寸感就形成了。1981 年温儒敏留校任教，三年后又继续师从王瑶先生读博，当了王瑶两届"入室弟子"。

当时是北大中文系第一次招博士生，全系读博的只有他和陈平原两人。王瑶没有给他们正式开过课，主要还是自己读书，隔一段和导师交谈。王瑶抽着烟斗静静地听，不时点评一两句。

"有一种说法，认为理想的大学学习是'从游'，如同大鱼带小鱼,有那么一些有学问的教授带领一群小鱼,在学海中畅游,长本事。当年就有这种味道。"温儒敏在回忆王瑶对自己的影响时这样感慨。他总看到先生在读报,辅导学生时也喜欢联系现实,议论时政,品藻人物。导师的入世和批判的精神,在温儒敏身上留下很深的影响痕迹。

温儒敏受惠于 20 世纪 80 年代,也感激那个时代。知识分子的使命感、事业心,以及对久违了的学术的向往与尊崇,都在学术的重建中得到痛快淋漓的表现。温儒敏说,我们这一代学者很多人都有过艰难的岁月,但又真的很幸运能在那个年代投身学术。

二

做学问,温儒敏下的是笨功夫。他恪守王瑶"板凳要坐十年冷,文章不写一句空"的师训,不趋时、不取巧,追求一种沉稳扎实的学术风格。

温儒敏的博士论文《新文学现实主义的流变》是研究思潮的。当时文坛正在呼唤回归现实主义,许多文章都在说这个词,对它的来龙去脉却不见得清楚,梳理一下是必要的。他就选择了这个难题。他说,这是"清理地基",要用"史述"的办法,把现实主义思潮发生、发展与变化的轨迹清理出来,对于现实主义在新文学发展过程中所起的推进或制约作用,作出客观的评说。

温儒敏找到一个当时还较少使用的词叫"流变",一下子就把思路点亮了。回过头看这部著作，他有些不满意，认为写得有点平。但那时关于思潮流派的系统研究还很少，这是第一部叙写现实主义思潮史的著作，开了风气之先，颇受学界的注意。

不过温儒敏更看重《中国现代文学批评史》，这是他的代表作。1990 年前后，他给学生开现代文学批评史的课，意在把批评史古今贯通。现代文论给人的印象似乎"含金量"不高，当时北大研究古文论的有三四位专家，可是没有人关注现代。别的大学也大抵如此。温儒敏认为，现代文论也已经形成新的传统，对当今文学生活有弥漫性的影响，不可忽视。他率先在北大开设现代批评史这门课，由于当时这方面的基础研究薄弱，他几乎要从头做起，非常费功夫。一两轮课下来，积累了大量第一手材料，问题意识也突出了。

温儒敏认为自己的批评史研究并不全面，但现实的指向性明显。他强调从以往批评家那里获得某种批评传统的连续感，把重点放在论说最有理论个性和实际影响的批评家代表上，注意他们的文学认知活动的历程，以及各种文学认知在批评史上所构成的"合力"。文学史界高度评价这种"合力说"，认为有方法论的启示。这本书至今仍是现代批评史领域引用率最高的一部著作。

还有一本书在文学界几乎无人不晓，那就是温儒敏和钱理群、吴福辉两位老同学合作的《中国现代文学三十年》。最初这本书是为自学考试编写的，发表于 1983 至 1984 年的《陕西教育》。该书和其他同类文学史很不一样，这是用专著的力度写就的教材，带有强烈的理论个性，引发的话题很多，留给读者思考的空间也很大。如今这部书已经是许多大学中文系指定的基本用书。但当初此书也曾遭遇退稿。评论家黄子平那时是北大出版社的编辑。温儒敏去找他，希望在北大出，黄子平说没问题。半个月后黄子平无奈地告诉温儒敏：领导说你们还只是讲师，写教材欠点资格。这本书后来由上海文艺出版社出版，20世纪90年代末才回到北大出版社修订再版。《中国现代文学三十年》出版三十年来，已四十八次印刷，印数一百三十多万册，其影响之大是温儒敏未曾料及的。

温儒敏的众多著作，很多都是在文学史的教学中"提升与结晶"的，和教学关系密切，如《中国现当代文学专题研究》《中国现当代文学学科概要》，一直被许多大学中文系列为研究生教材。温儒敏在现代文学研究方面成就显著，但他对自己的研究并不满意，对人文学界研究日趋泡沫化的状况也很担心。这"不满意"也许就酝酿着某种突破的内力吧。

从1999年到2008年，温儒敏担任北京大学中文系主任，极少有人称他"温主任"。在学校称呼"官职"他会感觉不自在。

温儒敏担任北大中文系主任九年，老师们印象最深的是他提出"守正创新"的办学理念。其含义是既坚守中文系长期以来形成的传统，又在新的时代环境下有所发展和创造。他尽量给老师们创造自由宽松的学术环境。

温儒敏很反感浮泛的学风。他担任中文系主任时期，全国的大学正在扩招，多数中文系"翻牌"改为"学院"。校方也曾征求意见希望把中文系改为文学院。他说没有必要，等全国都"升格"完了再说。

温儒敏认为，办教育还是要求实守正，不要改来改去太多"动作"。特别是像北大这样的老校，要看重"文脉"。"我们讲文脉，讲传统，不是摆先前阔，而是要让文脉来滋养我们当前的教学研究。现在，人文学科越来越受到挤压，北大中文系还能取得一点成绩，在全国同一学科仍能整体领先，我想还是靠'老本钱'，在'守正'上下了些功夫，所谓创新仍然是要有'守正'作为基础的。"

温儒敏出台了多项措施改进和规范本科生与研究生教学管理工作，在全国率先提出博士论文匿名评审和导师回避制度，以及教师业绩评定中的"代表作"制度，引起广泛注意。

三

表面上，温儒敏温文尔雅，但是无论担任北京大学出版社总编辑，还是接掌北京大学中文系主任，他都有一套有效的管理方式。用他自己的话说，是真"有点'冲'，好像并不符合自己的个性"。正是这股"冲"劲儿，温儒敏带领团队全力以赴，半年多的时间出版五六十种校庆图书，为当时北大百年校庆交上一份完美的答卷；也正是这股"冲"劲儿，温儒敏以"不睡觉也要干出来"的豪情带领出版社编辑，快速高质地推出七十二卷本大型古籍整理项目《全宋诗》，1999 年获得第四届国家图书奖荣誉奖，至今仍是北大出版社首屈一指的标志性出版物。

1998 年，北大出版社在香港组织了书展，引起轰动。而温儒敏为展销会设计的主题条幅"学术的尊严，精神的魅力"，后来成为北大出版社全社共同的精神追求。

"我 1999 年担任北大中文系主任时，提出'守正创新'的办学思路，后来做学问、编教材，都努力这样去做。"看到北大前校长林建华发表文章，讨论如何建设一流大学，也认可并采用了"守正创新"这个提法，北大一些学院开会也打出这一"口号"，温儒敏感到欣慰。

2003 年 12 月 25 日，在温儒敏的努力下，北京大学语文教育研究所正式挂牌成立，林焘、袁行霈、徐中玉、陆俭明、刘中树、巢宗祺、蒋绍愚、王宁等一批著名学者加盟。其实这只是一个虚体机构，却做了很多实体也未见得能做的实事，其中包括组织对全国中小学语文教育状况的九项田野调查，参与修订国家语文课程标准，参与高考语文改革的研究，举办"国培"，连续多年培训二十多万中小学教师，组织编写中小学和大学的语文教材，培养语文教育的硕士生、博士生和博士后，等等。温儒敏说："人文学科其实花不了太多钱，有时钱多了要老想着怎么花钱，反而误事。北大语文（教育研究）所很穷，连办公室也没有，但享有北大多学科的资源，为高校服务基础教育提供了一个平台。"

◎ 与"国培计划"学员课后合影

温儒敏把介入基础教育说成是"敲边鼓":"如同观看比赛,看运动员竞跑,旁边来些鼓噪,以为可助一臂之力。这是责任使然,也是北大传统使然。"2002 年,他邀集十多位北大教授,包括陈平原、曹文轩、何怀宏等著名学者,跟人教社合作编写高中语文教材,现在仍然有 60% 的中学在使用这套教材。2007 年,他又担任义务教育语文课程标准修订组召集人,修改制定一部指导中小学语文教学的国家文件。这些工作需要协调各方面的意见,很烦琐,一做就是几年,还不算自己在单位的业绩。但温儒敏和他的团队实心实意想为基础教育做点事。

2012 年,教育部聘任温儒敏为中小学语文统编教材的总主编,从全国调集数十位专家和特级教师,历时五年,编撰一套全新的教材。目前,这套"部编本"语文教材已部分在全国投入使用,今后数年将成为全国统编的教材。

"编教材太难了,几十位专家和老师,编了五年,历经三十轮评审,终于熬过来了。"温儒敏感慨地说,用了一个"熬"字,可见其中艰辛。新教材投入使用后,得到一线教师普遍的认可,认为"有新意又好用"。这又让温儒敏感到"很有成就感"。他说,有什么样的教材,就有什么样的国民,教材太重要了。但教材是公共知识产品,社会关注度高,动辄还引起炒作,难免要戴着镣铐跳舞。

温儒敏把语文教材编写说成是"风口浪尖上的工作"。因为教材是不容许出错的，而选文又特别容易引起社会议论，一篇课文是上还是下，可能牵动许多人的感情。温儒敏说，其实语文课本并不只是美文的汇编，需要照顾方方面面，还得讲科学性。新教材有很多改革，都要有调查研究和论证，讲学理根据。比如过去小学生一上学首先就学汉语拼音，而统编语文教材改为先认识一些字，再学拼音，而且拼音学习的难度也降低了。其可行性是预先做过专题调查论证的。

统编语文教材渗透了温儒敏的语文教育思想。他认为，语文教不好，最大问题就是读书太少。一本语文教材也就十几篇文章，如果只读课文，不读课外书，无论怎么操练，也是无法提高语文素养的。温儒敏提出语文教学的"牛鼻子"就是培养读书兴趣。新编的小学初中语文教材在激发阅读兴趣和拓展课外阅读方面下了功夫，想办法让学生不要过早陷于流俗文化。比如增加古诗文诵读和名著导读，在小学一年级安排了"和大人一起读"。他希望通过中小学生的多读书来推进良性生活方式，带动社会风气的改善。

近几年，《温儒敏论语文教育》有三集陆续出版，封底都写上这样一段话："在中国喊喊口号或者写些痛快文章容易，要改革就难得多，在教育领域哪怕是一寸的改革，都要付出巨大的代价。我们光是批评抱怨不行，还要了解社会，多做建设性工作。"

记者（舒心）的手记：

视角敏锐源自做事专注

我曾几次与北京大学中文系教授温儒敏接触，每次都有新的认识和收获。

2014 年 4 月 8 至 10 日，在山东桓台召开的中国教育学会中学语文教学专业委员会 2014 年工作会议，他对当下语文教育的看法，引起我浓厚的兴趣。我们的谈话，涉及教材市场的混乱，教学存在的问题，也有学者论道的无奈。他看重基础教育，将其视作国家的命脉。然而多数学校瞄准考试的套式训练，几乎人人喊打，又人人参与。他提到如何面对复古的思潮。传统不是固定地放在那里拿来就可以用，文化是流动的，对传统文化应该有分析的眼光，应该批判地继承。

我珍惜这些温和然而一针见血的观点，照录下来，却终究没有成文。温儒敏说，时机尚不合适。那时，他已受命于教育部，担任"部编本"中小学语文教材的总主编，他对教材统编充满信心。他说，"部编本"教材会有相当的突破，语文课最成功的标志是学生喜欢读书。

他的种种问题意识，基于对学生、对教育的热爱。他希望以一己之力做些有益的事情。

2014 年 11 月 7 至 8 日，中国现代文学研究会第十一届年会在南京举行，再访温儒敏。作为现代文学研究会连任八年的会长，温儒敏用"持重"和"团结"概括现代文学研究会,参与学会是为了彼此交流、取暖、通融、帮扶。在当前实利化的风气中,现代文学研究会却有它的独立品格。这与温儒敏的追求和学风息息相关。他注意到且不留情面地指出不利于治学的现象与趋向,重新强调文学研究的"当代责任",提出思考如何通过历史研究参与价值重建的必要和紧迫。

那次会上,温儒敏提交的论文是《为何要有"文学生活"研究》,他的发言有很强的针对性和可操作性。他希望能够解决一些实际问题,希望能够改变学术生产泡沫化的状况。他很清楚这些问题最终还得从学术管理体制上解决,但不能全都归咎于体制或者环境,最切实的是应先从自身去找原因,调整自己的心态与步伐。

"人文学科是需要个性投入的,每一代学人都总是可以找到自己的空间、自己的题目。"这也是温儒敏投入"文学生活"研究的现身说法。

无论是担任北大中文系主任时坚持"守正创新",还是担任北大出版社总编辑时破釜沉舟的举措,温儒敏的干劲儿和"冲"劲儿令人刮目且敬佩。我一直在想,他对于学术研究,对于学界种种现象和问题的敏锐来自哪里?对于学生,对于学术乃至社会的大爱来自哪里?对于管理、对于改革、对于不良习气,他的魄力和发声的勇气来自哪里?温儒敏的回答很简单:一是不爱交往,保持了独立性;二是生活简单,专注做事。

以教师为"志业",不只是"职业"[①]

　　"儒言经古道,敏志复民光。"这副书法作品挂于温儒敏在圆明园附近"且竹居"的客厅里,其含义不言而喻。温儒敏是文学史家,最近十多年,把大部分精力都用在语文教育的研究与组织工作上。他说这是"敲边鼓":"我们这些读书人受惠于社会,现在有些地位,有些发言权,更应当回馈社会。光是批评抱怨不行,还要了解社会,多做建设性工作。"

　　他始终看重"澹泊敬诚"四个字,低调做人,务实行事,绝不做"学术明星",而要成为一位"接地气"的学问家。2012年,温儒敏受聘于教育部担任中小学语文统编教材的总主编,组织数十位专家和特级教师,历时七年,经过几十轮评审,终于"熬"了出来。如今他已年逾七旬,但依然耕耘在教育第一线,因为教育于他,已经不单单是一份"职业",而是一份值得用整个人生投入的"志业"。

---

　　① 本文作为封面人物报道发表于《教育家》杂志 2019 年 6 月刊第 2 期。记者李香玉。

教育和做学问辛苦并快乐着

记者：您如今年逾七旬，桃李遍天下，却依然耕耘在教育第一线。2008 年您被教育部授予"全国高校教学名师"称号，在发表获奖感言时您说："我觉得教学是值得用整个人生投入的事业，是我所痴迷的乐事，是份完美的精神追求。"教书育人给您带来了怎样的"享受"？

温儒敏：人生在世几十年，除了衣食住行和必要的生存条件，总要有一些精神层面的依托和追求，最好还能为国家、为社会做些事。如果一个人能把自己的职业与志向、兴趣结合起来，把"职业"变"志业"，那么他既能把本职工作做好，又能收获一种真正的愉悦。在我看来，当老师是值得骄傲的事，这不只是"稻粱谋"的职业，更是一种可以充分张扬自己生命意义的"志业"。

我年轻时也当过公务员（当时叫"干部"），但觉得自己不是特别适合官场，所以一恢复高考，我就报考了北京大学的研究生。后来主要做两件事，当老师和做研究。有句话叫"辛苦并快乐着"，做研究的过程虽然艰辛曲折，但最终能有所发现，有所建树，那种艰难的付出也就觉得很值。教学也同样，从事教育的几十年中，除了带研究生、博士生，我一直特别重视给本科生上基础课。最高兴的莫过于看到自己的学生成才，在业界获得好评。教书育人跟做学问的艰辛与快乐，只有亲身经历的人才能体会到。

记者：研究生、博士生阶段，您是王瑶先生的两届入室弟子，您也一直视此为"人生的福气"。谈谈王瑶先生给您带来的影响好吗？

温儒敏：王瑶先生原来任职于清华大学，上世纪50年代初期院系合并后他到了北京大学。当时他是三级教授，虽然级别不是很高，但他却是一位标志性教授，影响很大。一是由于他在学术界的影响力，二是他的人格魅力。跟一般教授相比，他更放达，也更接地气。我们能够找到这样的导师，实在是一种幸运。

王瑶先生做学问不死板，知人论世，能够把做学问跟社会的脉动联系起来，这一点对我影响很大。王瑶先生视野非常开阔，他是从古典文学研究转到现当代文学研究的，做学问的根底非常扎实。他研究文学史很注重从复杂的情况中归纳出一些"现象"进行研究。他做学问"进得去"，也"出得来"，这对我们治学也有很大的影响。

他的教学方式因人而异，注重学生未来的发展。在聊天过程中，他会对学生分析问题的思维方式进行点拨，帮助学生把握研究方向。我在写硕士论文时本想做郁达夫研究，但王瑶先生建议我不要满足于做自己已经熟悉的领域，而是建议我做关于鲁迅的研究。虽然难以突破，但题目重要，学术含金量大，要敢于去碰。后来我的硕士论文研究鲁迅与厨川白村，博士论文研究现实主义思潮，都离不开当初王瑶先生的指点。

教改是"补台"不是"拆台"

记者：您的专业是文学史研究，为何如此关注基础教育？为何要在北京大学建立语文教育研究所？这个机构是怎么运作的？

温儒敏：对语文教育的关注，其实是五四的传统，也是北大的传统。北大历史上有很多老先生都对基础教育非常关注，像王力先生、朱德熙先生等。近一二十年，北大和许多大学一样，学科分工越来越细，每人抱着一块研究，虽然很深入，但也可能比较脱离社会现实。许多师范大学都不愿做"师范"。我想做学问总还得关注社会，北大中文系也应当关注基础教育，于是就在2003年底领衔成立了北大语文教育研究所。我们也是想以此来影响师范大学提高对基础教育的重视。果然，语文教育研究所成立后影响很大，全国各师范大学陆续成立了六七所研究语文的机构。

北大语文教育研究所实际上是个虚体，没有国家的资金支持，起初甚至连个办公室都没有。但它借助北大校内外资源，以项目制做过很多大型调查。自成立至今，三次被北大评为优秀机构。我们想通过北大语文教育研究所来跟全国中小学研究界发生一些联系，帮助他们提升教学水平。

记者：从2012年起，您受教育部聘任，担任中小学语文教科书总主编，据说今年小学和初中要全国投入使用，高中也将陆续使用新教材。作为总主编，您对这项重大工程的完成有什么感想？

温儒敏：不得不说这是一项非常艰难的工程。因为教材是公共知识产品，万众瞩目，社会上的认知各种各样，谁都可以对此发声。而且中央也有很高的要求，既要保留教材的科学性，又要体现改革的力度。所以这是一个需要平衡的工作，背后的艰辛和曲折外人难以理解。我曾经说过，喊喊口号或者写些痛快文章容易，要做成一件事、要推进改革就比想象难得多，现在教育领域哪怕是一寸的改革，往往都要付出巨大的代价。

新教材有新面貌，特别是在培养读书兴趣，以及提倡学会学习上，有许多改进。特别是小学和初中语文，我比较满意，是体现了"守正创新"的编写理念的，社会反响也比较好。高中语文改革幅度很大，但还是力求能适合大面积使用。效果如何，要看一线教学的实践检验。课程改革和教材编写都要"守正创新"。教育要改革，不是说以前的错了，要推倒重来。教育是"农业"，其改进和创新，是需要一步步积累的。以前好的东西还是要保留的，要改掉的是不适应的东西，有新的东西要补充进去，教改是"补台"不是"拆台"。

记者："部编本"语文教材作为新教材，它的使用应该也有"磨合期"吧。近两年，"部编本"语文教材已陆续在全国范围投入使用，在使用过程中有没有遇到什么问题？

温儒敏：会有一些磨合，但有些改革在逐步达成共识。比如，过去小学生一上学就先学汉语拼音，而"部编本"语文教材改为先认识一些字，再学拼音。为什么这样安排？要的是孩子们对汉字的原初感觉。"第一印象"不是字母 abc，而是汉字"天地人"，把汉语、汉字摆回到第一位，而拼音只是辅助学汉字的工具，不是目的。先认字后学拼音，还有一个考虑，是幼小衔接，放缓坡度。对于刚上学的孩子而言，一上来就学拼音，等于给了下马威，不利于培养对语文课的兴趣。

再比如，古诗文篇目的增加。小学一年级开始就有古诗，整个小学六个年级十二册共选有古诗文一百三十二篇，平均每个年级二十篇左右，占课文总数的 30% 左右，比原有人教版增加很多。初中六册选用古诗文的分量也加重了。这样做是因为，古诗文的学习不仅是文化的传承，也是给学生打底色的过程，对语言的学习和运用都有所裨益。还有就是重视读书，把课内和课外的阅读结合起来。新教材的阅读量有大幅增加。

记者：新修订的高中课程标准与新教材都"加重"了语文的阅读量，社会上反响较大，网上还出现某些批评您的声音，有的还很激烈。对此您有什么澄清或者说明？

温儒敏：批评者说得最多的是高中必背古诗文从十四篇增加到了七十二篇。其实这里面是存在误解的。所谓原来规定背诵十四篇，其实并不存在，只是在 2003 年的高中课程标准中曾以举例方式提到过十五篇古诗文，给教材编写者和老师选择古诗文时参考。所谓"猛增到七十二篇"也并不符合事实。早在 2000 年，教育部颁布了《全日制普通高级中学语文教学大纲（试验修订版）》，其中就明确规定了古诗文背诵篇目为七十篇，这个数字与 2017 年课标定的七十二首基本持平，并无"猛增"。网上有些人借"猛增"背诵篇目这个并不存在的事实来指责我"增加学业负担"，可能是因为只从网上拼贴材料，找错了批评对象，我其实没有这么大的"能耐"，也根本没有参加高中课标的修订。至于教材增加阅读量，这个改革显然得到绝大多数老师的支持，大家越来越意识到，培养读书兴趣，是语文教学的"牛鼻子"。阅读兴趣高了，阅读能力强了，就不会感到读书是负担，这总比反复刷题好，真正增加负担的不是读书，是僵化的作业和考试。

"学好语文"比"考好语文"更重要

记者：作为"部编本"语文教材总主编，您的一些话被视为透露教改的动向。前一段网上炒作您主张语文高考要"让 15% 的考生做不完"。很多家长为此担心。您能说说到底是怎么回事吗？

温儒敏：2017 年我在一次座谈会上讲，高考是选拔考试，必须有难度系数、信度和效度的要求，会适当拉开分距，还要考阅读速度。根据几年高考的调查，很多考生阅读能力差，读得太慢，结果做不完卷子。每年总是有 15% 左右考生做不完，但这也是正常的。我说的是一种事实，而并不是"不顾学生死活"，"就是要让"15% 的人做不完。有些话被断章取义，"标题党"起"吓人"的标题，以讹传讹，引起不必要的担忧。后来我也做过澄清，但作用不大。道理大家一想就明白，高考是选拔性考试，有 15% 左右的考生做不完，这个概率始终是存在的。不光是语文，其他学科也都有类似情况。如果全部考生都能答题完好，你好我好大家好，都得高分，怎么选拔？那些担心孩子高考做不完卷子的家长，应当考虑如何让孩子提升实力，而不要只是指望考试降低难度。即使再容易的题，也会有竞争。要想考得好，还得尽早培养起读书兴趣与习惯，多读书，读好书，阅读能力上去了，就不会"做不完"卷子了。

记者：马上又到高考季，近几年每年高考作文题出来以后，各大媒体都会邀您做一些评论和解读。您认为目前高考作文最大的问题是什么？

温儒敏：高考作文，整个社会都非常关注，有各种各样的要求，这些年也逐步在改进。据我的观察，这些年的高考作文命题在往理性靠拢，多出一些评论性的题目；另外，设题注重引导关注社会，贴近学生的生活，让学生有话可说。但也存在一些遗憾，就是有些作文题比较空，容易被套题，大家写得都差不多，评分就很难拉开距离。此外，高考作文还有一个大问题，就是评分的区分度不够，六十分的作文，给四十多分的甚至可以占到 70%。结果一线教学就基本不用教作文了，因为怎么考都四十分上下。这个我以前也呼吁过，要拉大高考作文的区分度。要增加满分作文、一类作文和三类作文，以此来"指挥"一线教师对作文教学加以重视。

记者："既让学生考得好，又不把脑子学死，兴趣搞没。"关于中小学语文教育，老师如何平衡素质教育与应试教育，您有什么建议？

温儒敏：社会竞争加剧，焦虑增加，自然就会辐射到教育领域。看来在短期内是不可能摆脱应试教育的。我们可以从另一角度想，能否既面对应试教育这个巨大的现实，又不完全被其左右和淹没，努力在有限的空间内让孩子既能考好，又不把脑子搞死。把近期利益和长远的考虑结合，虽然很难，但有水平的老师和家长会懂得尽量去平衡。

小学阶段应试教育的压力还不像高中那么大，应当抓紧这一段，多做一些素质教育，就语文而言，很重要的就是培养起读书的兴趣、习惯。有良好读书习惯的孩子，不会被游戏、网络所牵制，不会迷恋流俗文化，这些孩子到了初中、高中，语文水平肯定差不了。考试当然重要，但不能总盯着考试，"学好语文"比"考好语文"更重要。有水平的老师和家长是需要兼顾素质教育和应试这两方面的。

记者：对于激发学生的读书兴趣，您认为老师应该从哪些方面来做？

温儒敏：首先，对学生尤其是对小学生来说，阅读不要任务驱动，比如一个暑假规定他读完多少本书，读书要写读书笔记、读后感等。

这是学生不喜欢读书的最主要原因。对于阅读，范围不要限定得太
死，让孩子适当接触一些"闲书"，培养他自由阅读和思考的习惯，
然后再给以适当的引导。相对应的，我鼓励目标驱动，当孩子完成
一定阅读量时老师给与奖励和鼓励。

温良儒者，敏慧前行 [①]

如今已经年过七旬的温儒敏仍然每日花费大量时间在阅读、研究和写作上，这是老先生几十年以来一直保持的习惯。客厅里摆放着一块"澹泊敬诚"的牌匾，那是温儒敏的自勉。几十年来，温先生始终坚守这种对学问的真诚与谦逊，投入到他终身热爱的文学教育事业中。他是一位儒者，用温柔优雅的态度待人接物，用敏锐的心灵去感知世界，始终保持着"入世""济世"的心态，这或许就是温儒敏名字背后的寓意。

人生最要紧的那几步

温儒敏 1964 年毕业于广东紫金中学，考入中国人民大学语文系读书，其间因为"文革"爆发，延至 1970 年毕业，分配到粤北的韶关地委办公室担任秘书。在韶关的八年，温儒敏跑遍了十多个县的山山水水，还担任过"生产队干部"，这段经历让他对农村生

[①] 本文系《中华儿女》（海外版）2020 年 6 月号刊出的人物报道。

活有了真切的体验，打掉了很多不切实际的书生气。当时温儒敏在韶关地委是受重用的，如果走仕途，也可能有不错的发展。但温儒敏总觉得自己不适合当干部，他渴望安静的读书生活。转向学术的契机出现在 1978 年，怀揣着做学问的情怀，温儒敏报考了北大的研究生。

温儒敏说，因为是北大"文革"后首次招考研究生，考生很多，报考现代文学专业的甚至超过了八百人，竞争激烈。按规定，录取名额六人，容许参加复试的名额十一人，但温儒敏的笔试（初试）成绩排在第十五名，他觉得"没戏"了。没想到北大竟然还是通知他参加复试，最终成为"文革"后第一批研究生。为什么会有这样的"幸运"呢？原来导师王瑶和严家炎两位先生在考前收到过他"投石问路"的信，附有两篇评论鲁迅和刘心武的文章。导师认为其他入围的考生几乎都是中学老师，多少还有时间接触文学，而温儒敏在基层的机关工作，能腾出手来写评论就很不错了，所以"网开一面"，特别给予考虑。回忆起这样的一段经历，温儒敏感慨："这就是北大，不拘一格降人才！"

回忆起当时去北大报到的场景和感受，温儒敏印象深刻："1978年 10 月 9 日，我到北大中文系报到，住进了 29 楼 203 室。新粉刷的宿舍油漆味很浓，十多平方米的房间要住四个人，挤得很，但心里却是那样敞亮。戴上红底白字的北京大学校徽，走到哪里，仿佛都有人在特别看你，那种充满希望与活力的感觉，是很难重复的。"

读研时温儒敏已过而立之年，新生活带来的活力、时间的紧迫感和对学术的追求让他发奋读书。每天早晨在食堂吃过馒头、玉米糊早饭，就去图书馆，常常在图书馆里一待就是一天。那时不实行学分制，规定选修的课不多，主要是自己读书，隔段时间写个读书报告。导师一两个月找学生开讨论会，由某一人围绕某一专题主讲自己读书和思考的心得，大家展开议论，最后是导师从研究方法上去总结和引导。这种几近于"放养"式的培养方式，恰恰给温儒敏提供了自由选择的开阔空间，让他在博览群书的同时，能够相对从容地挖掘和找寻自己的研究方向与路子。

研究生三年当中，要数王瑶和严家炎两位老师对温儒敏的影响最大。温儒敏回忆道，王瑶老师虽然表面严厉，但熟络之后，会感到他其实是个幽默的人，那是种历经磨难之后的练达，谈学论道潇洒通脱，透露着人生的智慧。王瑶老师辅导学生时也喜欢联系现实，议论时政，品藻人物，这种入世的、批判的精神，对温儒敏做人做学问都有潜移默化的影响。严家炎老师为人很是严谨认真，当时人们都说他是"严加严"。据温儒敏的回忆，有一回温儒敏有论文要投稿，请严老师指教，他花许多时间非常认真地做了批改，教他如何突出问题，甚至连错别字也仔细改过。温儒敏在文章中把"醇酒"错写为"酶酒"了，他指出这一错意思也拧了，这个小事虽然过去快四十年，但温儒敏觉得这个场景还历历在目。

1981年研究生毕业之后，温儒敏选择留在北大任教，直到

2011 年退休，刚好三十年。这三十年间，无论再忙，温儒敏始终坚持给本科生上课，因为他觉得"教学"是身为人师的"第一要义"。因为深感自身求学之路的波折，温儒敏希望能够切实地帮助到一些辛苦求学的年轻人。温儒敏常说："人生的路可能很长，要紧处常常只有几步，特别在年轻的时候。也许就那几步，走好了就改变或确定了你的生活轨道。"

为语文教育"敲边鼓"

除了现当代文学方向上的专业研究，温儒敏还把相当部分精力用在中小学语文教育的研究上。2002 年，温儒敏带领北大十多位教授与人民教育出版社合作，编写高中语文教材。2007 年，温儒敏担任召集人，主持国家义务教育语文课程标准修订工作，历时四年，新课标终于在 2011 年正式颁布。此外，温儒敏还花费三年时间，带领北大、人大、首师大等校十多位青年才俊，编写了《语文素养读本》，从小学到高中，共二十四册，是目前坊间很受欢迎的一套课外读物。更值得一提的是，2012 年温儒敏担任中小学语文统编教材的总主编，在教育部直接领导下，从全国调集数十位专家和特级教师，历时七年，编撰一套全新的教材，现已在全国投入使用。教材是公共知识产品，也是国家事权，编写过程受到各方面关注和制约。温儒敏说："这是我这一辈子做过的最难的事，但也值得。"中央领导称赞这套教材是"铸魂工程"。温儒敏说，关于基础教育改革，他就是"敲边鼓"的。"如同观看比赛，看运动员竞跑，旁边来些鼓噪，以为可助一臂之力。"可敲着敲着，温儒敏手里的鼓槌也越来越难放下了。

谈到当下基础语文教育的问题，温儒敏指出："现在的语文教学的确是存在很多弊病的，比如教学内容方法僵化，繁复，琐碎；形式主义，花架子，过分依赖多媒体；教学活动几乎完全指向中考与高考，反复操练，题海战术，等等。这些年实施课程改革，大家都在想办法给语文课治病，千方百计提高教学效果。但情况如何？不见得很好，在某些学校甚至越来越糟。我们似乎有这样的感觉，这些年在课改中转了一圈，又回到应试教育，特别是到了初三和高二之后，语文课基本上就是被中考与高考裹挟，考试至上，分数第一，百变不离其宗。我们大家都感到很累，很焦虑，也很沮丧。"

针对基础语文教育的这个"通病"，温儒敏也给开了一剂"猛药"，在温儒敏主持编辑的新"部编本"中小学语文教材中有一个非常鲜明的观点——把培养读书兴趣，作为语文教学头等大事。新版教材和以往教材比，普遍更注重突出人文性，尽量考虑调动学生学习的主动性和创造性，比如问题探究（思考题）设计就注意多样选择，贴近学生语文生活，培养开放性思维，每一课还有阅读链接或拓展书目，供有兴趣的学生课外探究。关于写作教学，新教材也有改进。主要是强调读写结合，特别重视写作背后的思维训练。写作教学不能停留于教给一些技巧方法，还要教"用脑"。

关于温儒敏的教材改革，一位一线语文教师如此评价道："温儒敏的语文教育思想在课程改革、课程目标、阅读及作文教学中都有很高的指导意义与应用价值，有助于教师把握语文教育的正确方向，更合理地培养学生的语文能力，更有效地进行阅读教学与作文教学，全面提高学生的语文素养。"

不过"新教材"和"新观念"的出现，在引发了大家对语文基础教学的关注的同时，也掀起了一些热议。这些讨论有的是断章取义的"标题党"，蹭取热度，有的则是观点犀利的讨论和批驳。针对有意义的问题，温儒敏从来不逃避，而是认真地进行回应和思考。针对教材课文选择的激烈讨论，温儒敏表示："存在的问题的确不少，媒体的有些批评是中肯的。特别是某些版本的小学教材，其选文以及问题的设计，包括教师用书编写，对儿童心理照顾不够，导读和问答题设计过于说教，所谓思想性的体现也往往生硬表面，甚至有泛道德化倾向。还有的课文删改过于随意。社会上批评语文教材的意见大都是围绕课文的选择，哪些作品可以选，哪些不一定选，都可以讨论。"

温儒敏认为，语文课最基本的，还是学习语言文字运用，培养读书的兴趣和习惯。有了读书的兴趣和习惯，很自然就可以把素质教育、人文教育等等带动起来。要重视培养学生广泛的阅读兴趣，扩大阅读面，增加阅读量，提高阅读品位。提倡少做题，多读书，好读书，读好书，读整本的书。中小学阶段，读书是精神和智力获得成长的主要营养源。读书不仅是一种能力，也是一种良性的生活方式，也是对整个人生的影响。温儒敏希望通过统编教材的推开使用，能逐步改善教学方式，重视培养读书习惯，立德树人，真正为学生一生的发展打好底子。

开创"文学生活"研究的新空间

进入新媒体时代，大众阅读在方式跟内容上已经发生了天翻地覆的改变，但是学术界对大众阅读的状态缺少关注。温儒敏意识到了这个问题的严重性，于是提出了"文学生活"的概念，希望将普通读者的文学接受与消费纳入研究视野，为学科建设拓展一个新生面。温儒敏认为："关注文学生活，其实也是关注民生——普通民众生活中的文学消费情况。事实上，每一个当代普通人每天接触报纸、电视、互联网或者其他媒体，自觉不自觉都在以某种方式参与文学生活。引入文学生活的视野，文学研究的天地就会陡然开阔。"

温儒敏表示"一代有一代之学术"，而现下的文学研究有点陈陈相因，缺乏活力和温度。现在的很多文学评论或者文学史研究，大都是"兜圈子"，在"作家作品—批评家—文学史家"这个圈子里打转，很少关注圈子之外的普通读者的反应。可是现在我国每年出版三四千部长篇小说，学者们弄不清楚这些小说的生产、销售、传播、阅读情况。那些畅销小说是怎样出炉并引发效应的？如何看待"策划"在文学生产中所起的作用？这些小说（包括那些发行量极大的小说）主要在哪些方面引起当代读者的兴趣或关注？普通读者的"反应"和批评家的评说之间可能存在哪些差异？小说在普通读者的精神生活中有什么影响？畅销书、通俗文学产出与"出版工作室"及"图书销售二渠道"有怎样的关系？等等。这些问题，亟需学者参与讨论。

在 2011 年受聘山东大学文科一级教授之后，温儒敏的"文学生活"概念得到了诸多山大同仁的认可与支持。温儒敏也随即组建团队，展开了"文学生活"的调查研究。2012 年，以温儒敏为首席专家、山大文学院为主体的学术团队申报的课题"当前社会'文学生活'调查研究"被批准为国家社科基金重大项目，在温儒敏带领下，课题组对多省市的"文学生活"状况进行了多项调查，撰写了五十多万字的调查报告。调查中将文学、社会学、传播学、历史学、心理学等多门学科知识进行交叉综合，以"田野调查"的方式，通过实证、量化归纳和数据分析，得出了许多令人"出乎意料"的结论，如农民工的文学阅读量高于普通国民的平均阅读量，大学生的文学阅读状况不如小学生等。这些结论的得出依托大量的调查问卷和数据分析，使我们对当代人的文学阅读和文学接受情况有了更为直观的认识。新的研究视角，新的学术生长点，引起了学界广泛的关注。

2013 年 10 月，山东大学成立了当代中国文学生活研究中心，温儒敏任主任。为了扩大调查范围，普及文学经典，直观地了解普通国民对文学经典的接受情况，同年 12 月，在温儒敏倡议下，文学与新闻传播学院积极参与，开设了山大"文学生活馆"。2015 年"当前社会'文学生活'调查研究"这一重大项目如期完成，在验收时得到专家一致好评。紧接着，在温儒敏的建议下，山大文学院又开始了有关"20 世纪文学生活史"的系列课题研究，关注最近一百年中国人的文学生活，关注普通人对文学的"自然反应"。2017 年 1 月 24 日，《人民日报》发表专访，报道"文学生活"的成果，标题就叫《温儒敏：生活在"文学生活"中》。"文学生活"作为一种崭新的文学研究的方式，以其鲜明的时代性与解释力，逐渐推广开来。

对于一位多年从事文学研究的学者而言，日常的工作便是与"纯文学"打交道，但是温儒敏能跳脱出传统文学研究范式的限制，提出"把文学还给生活"的观点，这是极为可贵的。在温儒敏的倡导下，诸如"韩寒现象"、"杨红樱现象"、网络文学、《故事会》《知音》等热销杂志等等，也渐渐被纳入到了学术研究的视野中来，为文学研究的拓展开了一条新路。

温儒敏如今七十有四，有很多成就和头衔，在旁人看来他早可以"功成身退"了，但他仍然在做学问，写文章，带博士生。近期又被山东大学聘为讲席教授，实际上还不能退休。这次新冠疫情期间，温儒敏宅在家里，各种会议和活动少了，正好可以静心读书和研究，他利用这一段时间编了一本大学生的文学通识读本，还为中小学生写了几篇名著导读。温儒敏虽然闻名全国，却始终比较低调，并没有想过要做"学术明星"。他只是希望扎扎实实做学问，通过自己的所学，为社会发展多做点贡献。诚如其名，温良儒者，敏慧前行！

人文学者也要"接地气" ①

一

1. 温老师，感谢您的信任，让我有机会再次为您做访谈。还记得 2016 年夏秋时节为了纪念《中国现代文学三十年》出版三十周年，我曾经两次登门访问您（访谈稿以《中国现代文学研究的道路、方法与精神——钱理群教授、温儒敏教授、吴福辉研究员访谈录》为题，刊于《文艺研究》2017 年第 10 期）。一晃六年过去。这六年间，您除去继续领衔教育部统编本中小学语文教材的编写，还出版了多部著作。我注意到，其中有数种都是关于中国现代文学的，既包括您的学术自选集《为精神界之战士者安在》（人民文学出版社 2021 年版），也包含若干新著，像《鲁迅作品精选及讲析》（人民文学出版社 2021 年版）与《温儒敏讲现代文学名篇》（商务印书馆 2022 年版）等。尽管您投身语文教育事业之后也一直未离现代文学研究的本行，但像最近几年这么密集地出版现代文学著作，还是挺引人注目的。

---

① 本文发表于《传记文学》杂志 2023 年第 1 期，采访者李浴洋。

请问这是您到了一定的人生与学术阶段有意为之的吗？

跟年龄或者人生阶段好像关系不大，我有七八种著作都是退休之后写的。近几年集中出版三部有关鲁迅与现代文学的书，是我多年来研究积累的梳理和发挥。也因为新冠疫情袭来，居家的时间多了，反而可以静下心来写点东西。我这些年还担任中小学语文统编教材总主编，那工作不像做学问这样单纯，需要面对各方面的要求和压力，花费很多精力，很累。当然，自己最适意的还是做点文学史研究，写点东西。四十年来，我出版了二十多种书，发表了二百多篇文章。说实在的，自己感觉学术上比较殷实、真正"拿得出手"的不多。之所以编选《为精神界之战士者安在》这本自选集，并没有什么高大上的理由，也就是做一番回顾与检讨，让后来者看看一个读书人生活的一些陈迹，还有几十年文学研究界的某些斑驳光影。而《鲁迅作品精选及讲析》，是一本给普通读者编的选本，共选鲁迅各类作品七十六篇（首），逐篇附加"讲析"，融入了一些研究心得，也是点到即止，还要深入浅出，颇费功夫。以往我写过一些鲁迅研究的论文，还有一些未成文的思考，也许是值得深入探讨的题目，引而不发，都体现在"讲析"中了。这样看来，"讲析"就不只是普及读本，也是一种研究性著作。与此同时我还编了《鲁迅精选两卷集》，其选目注重经典性和文学性，每篇都附有几百字的"题记"，交代我对选文理解的要点以及"读法"，同样融入了自己的心得。这两种书花费不少心血，但也知道，如今学术泡沫化，出版鲁迅的书非常多，我这些并非以论著形式呈现的著作，恐怕也难以引起研究界的对话。至于《温儒敏讲现代文学名篇》，出版后倒是有十几家主流媒体报道，许多学界先进也给予肯定和鼓励。这是我四十年来讲授现代文学基础课多种讲稿基础上的节录和重写，并非完整的文学史，也不讲求论文式的章法规矩，但每一讲都力求有所发现，有属于自己的"讲法"。我还是比较看重此书的。

2. 您这三部现代文学研究新著，或许分别可以用"生涯""资源"与"实践"三个关键词加以概括。在《为精神界之战士者安在》的《题记》中，您指出自己自20世纪80年代以来的研究大都"有其现实的针对性"。而鲁迅一书则是您将现代文学最为重要的精神资源接引进当代生活的一种努力。至于《温儒敏讲现代文学名篇》，其间的"致用"意味就更加明显。在2016年接受我的访谈时，您说自己"是比较注重'致用'的，这个'用'不是实用，而是力图回应时代提出的问题，与现实对话，有一些较切实的思考"，"总是以现实关切做研究的驱动力"。那么，是否可以认为"致用"是您的现代文学研究的一条主线，以及您越到晚年对此愈加自觉呢？而这其中是否也蕴含了您对于现代文学研究的当代价值的理解？

你有些"过奖"了，却也说出我做学问的一些想法。我的治学确实较多现实关怀，始终认为人文学科研究要有自由和超越，又最好能在一定程度上回应现实。多年来，我的用功主要是四方面。一是鲁迅研究。我1981年的硕士论文，就是研究鲁迅与日本理论家厨川白村的关系的。我不是"鲁研"圈子里的人，但也断断续续发表有关鲁迅的文章。最近新编鲁迅的两种书，是想强调鲁迅作为现代重要的文化资源的当代意义，注意鲁迅是"文学家的思想家"，在关注和欣赏鲁迅的创作个性与文学性的同时，凸显其富于批判性的思想力。我用功的第二方面，是作家作品研究，包括某些当代作家。第三方面，是文学思潮与文学批评研究。我的《新文学现实主义的流变》和《中国现当代文学批评史》，是这方面的成果。第四方面，是现当代文学学科史的研究，写过《中国现当代文学学科概要》等书。我不太愿意做象牙塔里的学者，学术乃天下之公器，应当有一部分是偏于"致用"的。现代文学以及鲁迅的研究，尤其要回应时代提出的问题，与现实对话。

3. 不过也毋庸讳言，对于现代文学研究始终都有一种批评或者忧虑的声音，那便是认为其与时代贴得太近与太紧，缺乏足够的独立性与主体性。往好处说，"现代文学研究始终和时代的变革息息相关"（这是借用您在《中国现代文学研究会第 11 届年会开幕式致辞》中的说法）；但另一方面，这一学科也的确更易受到时代潮流的干扰以及政治、经济、社会等因素的牵制。前辈文学史家就直言现代文学研究做不出"一流学问"。这也道出了现代文学研究的某种压力与困境。对此您怎么看？

现代文学研究的对象决定了这门学科的现实性，很难如同研究古典文学那样"超然"。但现代文学研究对于现实社会文化及"文学生活"的影响之大，又可能是古典文学研究所不及的。前辈学者说现代文学研究做不出"一流学问"，有他的道理。在学术被政治捆绑的年代，独立思考受到钳制，多数情况下只能"命题作文"，现代文学的现实性往往被简化为政治性，的确做不出"一流学问"。所以当年许多学者宁可去做那些相对远离现实的考证之类学问。现在的情况不同，虽然仍有各种制约，但研究的空间还是开阔多了。问题是，什么是"一流学问"？标准是怎么定的？我看不必照搬古典文学的治学标准来要求现代文学研究。有些学术可能流传更加久远，有些学术则对现实社会影响大一些，都是需要的。那种认为学问越冷僻越"实锤"（比如古文字学）就越是"一流"的看法，也可能失之肤浅。我不赞成把学科分成高低贵贱的等级，都是人文学术大结构中的组成部分，各有各的功能，就看自己喜欢哪样，适合做什么，各美其美，不必妄自菲薄。当然，贴近现实不等于紧跟政治潮流，而是通过自己的研究去和现实对话，回答现实提出的问题。至于说时代的牵制和困境，恐怕也并非现代文学所独有的吧，整个人文学科都面临同样的问题。每代学者只能做他所处时代条件下的学问，个人的学术路数不求一律，但"致用"和"与现实对话"应当是现代文学研究的主流。

4. 还是回到您的新书《温儒敏讲现代文学名篇》。您在《前言》中写到，尽管"本书专业性较强"，但"对于中小学语文老师以及喜欢文学的中学生，也是适合的"。在 2022 年 11 月 16 日商务印书馆主办的《温儒敏讲现代文学名篇》出版座谈会上，陈平原老师特别肯定了您在写作学术著作时怀抱为中学生与中小学语文教师著书的立场，称您是对于朱自清传统的"隔代继承"。您此前也在不同场合说过，现代文学研究中始终都有关注基础教育的面向。您的现代文学史家身份对于从事语文教育研究与实践自然有莫大助益，这些年来您取得的成就已经说明了这点。但我想反过来请教一个问题，即介入基础教育的经历又使得您对于现代文学研究有什么新的体会与发现？在重新进行现代文学研究时是否为您带来了某些新的维度？

中学语文教材中有半数以上是语体文即现代文，包括现代文学作品。很多中学老师以为现代文好懂，不像文言文那样"有讲头"，因此语文课大部分时间都用于古诗文，现代文则基本上"做活动"，甚至"放羊"了。这也说明语文课对于现代文学作品是不够重视的。我看这和老师的学养有关。语文老师一般都是中文系毕业，他们学过现代文学课，可是对于现代文学的历史未必了解，作品也读得少。大学的现代文学课没有学好，当了中学老师，讲现代诗文就难免照抄网上的教案，死板僵化，学生自然没兴趣。反思一下，大学的现代文学基础课、选修课，是否真正能吸引大学生，引起他们研究的兴趣？是否也有内容和讲法上陈陈相因的问题？现代文学研究的成果到底能在多大程度上融入中小学的教育？都是问题。中小学语文课存在的种种弊病，固然有应试教育的制约等原因，但大学中文系学生读书量少，缺少必要的思维训练，也是重要的原因。所以我在节录和重写《温儒敏讲现代文学名篇》一书时，就把语文老师和中学生当作一部分拟想读者，有意识在现代文学课的"讲法"上做些探讨。当然，这本书本来就是大学的讲稿，主要还是面对大学生和文学爱好者。我也不希望把这本书的内容直接"移植"到中学语文课上。中学语文的教学内容目标和大学不一样，但在某些方面（比如多读书，思维训练，以及"方法性知识"的传授）又是可以衔接的。

二

5. 在《温儒敏讲现代文学名篇》出版座谈会上，您提到之所以写作此书，也是为了彰显现代文学的"新传统"。关于这一课题，您与陈晓明老师等人著有《现代文学新传统及其当代阐释》一书（北京大学出版社 2010 年版）。日后您又有《为何要强调"新传统"》（《文艺研究》2013 年第 9 期）等文章发表。我能够感受到，如果说此前您提出"新传统"的议题更多是针对学术界与知识界的或"复古"或"崇洋"的倾向的话，那么如今您谈论这一话题则有意面向更为广大的读者与受众。在您看来，现代文学的"新传统"之于当代中国而言最为重要的，或者最具"现实的针对性"的经验与启示是什么？为何您要不遗余力地倡导？

我在那次座谈会上还说到，现代文学作为一种"新传统"已经无孔不入，渗透到了社会生活的各个方面，影响和制约着我们的思维方式。现代文学"新传统"也有相对稳定的"核心部分",是以白话文为基础的现代文学语言的确定,这也是现代文学区别于古代文学的最重要方面。此外,现代所创造的许多作品,它的文学形象、文化内涵、艺术形式,乃至风格、技巧,许多也已经转化为当代普通社会生活的内容,承载着人们的思想情感,甚至成为某种"共名"。现代文学所形成的新的观念与评判方式,包括对于文学现象的各种"命名",如"现实主义""反映""主题""思想性""典型""教育意义",等等,虽然有的由于频繁使用而变形僵硬,但也有的已经派生出新的含义而成为普适性的概念,至今被批评家乃至普通人所沿用,甚至在中学语文教学的课堂上,也不乏使用这些概念。只不过是,人们似乎总不太在意这些"常识性"的东西,他们没有意识到这就是"新传统"。真可谓"不识庐山真面目,只缘身在此山中"。我强调现代文学"新传统"的传承,也因为看到人们一讲到传统,就只是想到古代,而忽视甚至否定"新传统"。我们有必要提醒和重视"新传统"的传承与发扬。这是很现实的事情,也是现代文学研究的题中应有之义。

6.请教您关于"新传统"的问题,是因为注意到您在《鲁迅作品精选及讲析》的前言中说到"现今强调继承优秀的传统文化,毫无疑问,这是'主心骨',是精神支柱",而鲁迅的意义在于可以为我们提供一种"了解和分析传统文化的角度与方法","如何批判地继承传统文化"。同时在对待外来文化的态度上,您也指出鲁迅能够帮助我们"克服在文化问题上'民粹式''愤青式'的粗糙思维"。读到这些论述，让我想到您所做的语文教育工作其实并非是专门针对现代文学，传统文化与外来文化的资源也需要一并鉴别与吸收。那么在这一参照与比较的过程中，您认为现代文学作为一种文化资源，其最大的特点是什么？其与传统文化和外来文化的理想关系是怎样的？从教育普及的层面来说，"新传统"的自身建设还存在哪些不足？

看看网上就知道，现今在文化问题上"民粹式"或"愤青式"的粗糙思维多么严重！这的确是现实问题，是牵涉到民族精神状态的问题。国际形势变化莫测，中国的崛起受到西方的压迫，为振奋精神，强调民族自信，一段时间以来较多提醒重视传统文化，是必须的。但并不意味着要完全抵制外来文化。我们不会重走闭关锁国的老路，提倡的是多边主义，那么对待外来文化也要有健全的心态，尊重文化的多样性，注重吸收外来文化的优秀成分，吸收人类智慧，以建设磅礴大气的社会主义的新文化。这方面，恰好有五四的历史经验可供借鉴，现代文学"新传统"也体现了尊重文化多样性的胸襟。因为文化思潮总是受到政治特别是国际关系变化的影响，会出现"摇摆"的现象。只要对五四所开辟的"新传统"及其历史经验有较为清醒的认识，既注重民族文化的传承，对外来文化也有鲁迅所说的"拿来主义"，那才真正做到了文化自信。现代文学研究也好，语文教育也好，这方面都还有题目可做。

7. 您的自选集使用了鲁迅的"为精神界之战士者安在"为题，《温儒敏讲现代文学名篇》中也有六分之一的篇幅关于鲁迅，更不必说您专门写了《鲁迅作品精选及讲析》一书与编了两卷本《鲁迅精选两卷集》（人民文学出版社 2021 年版）。此外，您近年还有许多工作也都是直接围绕鲁迅展开的（譬如在微博上开设关于鲁迅的系列讲座）。鲁迅曾经是您学术生涯早期的重要研究对象，而在晚近您再次集中发力，我想知道鲁迅对于您来说最具吸引力与感染力的地方是什么？最近这轮鲁迅研究又让您有什么新的认识与体验？

一百多年来，对中国文化有最深入理解的，鲁迅是第一人。鲁迅的眼光很"毒"，他是重新发现"中国与中国人"。对中国文化有研究的人很多，书也很多，但鲁迅有些特别，是别人不可替代的。鲁迅对中国文化的观察和思考，不是书斋里隔岸观火的学问，而是痛切的感受，从生命体验中总结出来的人生智慧。读鲁迅和读一些学问家的概论与历史之类，是不一样的。鲁迅知人论世，对文化的批判性认知是带有温度的，那是基于对人性的深透了解，基于对自身思想心理不断的"自剖"，格外具有辩证而深刻的思想力。

我对鲁迅最敬佩的，是他的独立人格和批判的精神。我试图用"四反"来概括鲁迅的人格精神，即反传统、反专制、反"精英"、反庸众。所谓"精英"，是指那种端着架子，脱离实际，甚至为权势者帮忙或帮闲的"精英"。"庸众"则是指愚昧、奴性和麻木的国民性，包括民粹主义。鲁迅"不合群"也"不合作"，他很寂寞，没有所谓"同温层"，却也因此脱离了现实利益的牵绊，获得了思想的自由与超越。这几年编《讲析》等书，重读鲁迅，每有所获，越发感到鲁迅的"独一无二"。读点鲁迅，也许可以让我们跳出庸常与习惯，突破"同温层"的约束，用相对超越的眼光看世界，让思想变得深邃，精神得到升华。

8.鲁迅式的"精神界之战士"是您的自我定位吗？

不敢当，是心向往之。国家和人民培养了我，有了一些知识和影响，总要做些事情回报。"今索诸中国，为精神界之战士者安在？"——这是鲁迅在论文《摩罗诗力说》结尾说的一句话。鲁迅于1907年写下这篇鼓吹浪漫主义反抗之声的檄文，时年二十六岁，还是个热血青年。怀抱"新生"理想的鲁迅希望能借域外"先觉之声"，来破"中国之萧条"。记得四十年前，我还是研究生，在北大图书馆二层阅览室展读此文，颇为"精神界之战士"而感奋，相信能以文艺之魔力，促"立人"之宏愿。四十年过去，我要给自选集起名，不假思索又用上了"为精神界之战士者安在"。这是怀旧，还是因为虽时过境迁，而鲁迅当年体察过的那种精神荒芜依然？恐怕两者均有。

三

9.说到鲁迅研究，说到"新传统"，自然就说到现代文学研究本身的传统。在《为精神界之战士者安在》的《题记》中，您说此书可以"让后来者看看一个读书人生活的一些陈迹，还有几十年文

335

学研究界的某些斑驳光影"。也就是说，这既是您个人学术生涯的呈现，也从某个侧面凸显了现代文学学科自 20 世纪 80 年代以来的步履。在对于具体作家作品、文学思潮与文学批评的研究以外，您还是学界最早系统研究现代文学学科史的学者之一。我个人很欣赏您关于《中国新文学大系》、王瑶先生的《中国新文学史稿》以及综论第二代中国现代文学学者的文章（甚至觉得您的《〈第二代中国现代文学学者自述〉序言》没有收入自选集是一件很遗憾的事情）。能否请您谈一下关注学科史的初衷与动力？

关注学科史，是由教学所引起的。我历来主张从事学术研究，开始就要对学术史有所了解。我在北大给研究生开设了"中国现当代文学学科概要"的课，目的就是让学生大致了解本学科发生发展的历史、现状、热点、难点以及前沿性问题。这等于先给学生一幅"学术地图"，领他们进门。值得欣慰的是，一些大学现在也开设学科史这类选修课了。2006 年后，我担任现代文学研究会会长，更加关注学科建设问题，不时写一些学科评论，包括《思想史取替文学史？》（写于 2001 年，2006 年被《新华文摘》转发）、《谈谈困扰现代文学研究的几个问题》和《文学研究中的"汉学心态"》，等等，都曾经引起过学界的热议。而发表于 2011 年的《现代文学研究的"边界"及"价值尺度"问题》，更是紧扣现代文学研究的状况和某些争议而发言。后来这篇论文获得"王瑶学术奖"，大概也是因为涉及学科发展的议题，大家都比较关心。2011 年我从北大退休,受聘为山东大学文科一级教授,第二年我申请并承担了国家社科基金重大项目"当前社会'文学生活'调查",提出"文学生活"这个概念,为现代文学打开一个新生面,影响比较大,包括《人民日报》等许多主流媒体都报道过,这其实也是属于学科研究的范畴。

10.刚才提到的您为《第二代中国现代文学学者自述》所作的《序言》,我认为是目前对于这一代现代文学学者最为恰当的整体评述。从代际上说,您属于紧随其后的"第三代"。那么,您现在是否可以对于第三代学者在学科史上的地位、贡献、作用与局限做出论断?

所谓几代学者,是概略的说法。第三代的年龄跨度较大,少数是"文革"前上大学的,多数是七八十年代之交上大学或者读研究生的,他们经历过政治风暴,又赶上思想解放与改革开放,人生经历丰富,也富于理想。但和前辈学者比,可能有些人(包括我自己)的学养不足,也就后劲不足。这一代学者后来的机会较多,所选择的学术发展路子也各式各样,不如前辈那样专一,其中很多人最终都"走出"现代文学,做到其他领域去了。我自己也大致属于第三代,不好自我评价,还是沉淀一下,让后人去评价吧。

11.在我的观察中,现代文学学科第一、二、三代学者普遍都具有一种"学科情结"。我将之概括为学术研究中的"学科感"与"学科性"。包括您在内的许多第三代学者都会自觉思考学科的历史命运与发展方向,并且愿意将之与个人的研究工作结合起来。但在比你们更为年轻的学者那里，这就不再是一种普遍现象，虽然关心学科的学者代不乏人。您的学术生涯与学科的关系是怎样的？

我从没有把做学问看得无比高尚，不过此生大部分时光投身于现代文学和语文教育，把学术作为一种职业，同时是"志业"，也感到挺充实的。读书、思考和写作，成为我的生活方式。年轻时对于学术是有理想的，发现某个可以深入研究的题目，会有写作的冲动；发表一篇文章，或者出一本书，也很有成就感。但做学问时间长了，自知斤两和深浅，那种理想化的冲动就少了。这不见得是好事。不过因为读书、思考和写作已经成为习惯，就像吃饭喝水那样必需而且自然，学术工作也就化为自己人生的重要部分了。如今年届古稀，我仍然关注现代文学学科，关注语文教育，想继续尽力做点事。

四

12. 2014 年，王瑶先生一百周年诞辰纪念时，您撰文《王瑶先生的三大贡献》。前二是指王先生在中古文学研究与现代文学研究方面的业绩，最后一项则是其晚年承担的学科工作，包括 1979 年创立中国现代文学研究会（学会创办之初名为"全国高校现代文学研究会"，次年更名），并且长期担任会长；同年又创办《中国现代文学研究丛刊》并且出任主编。王先生的这两项职务一直做到他 1989 年溘然长逝，可谓鞠躬尽瘁。您是在 2006 年至 2014 年间出任了学会第四任会长。请问您最初是在怎样的机缘下接触学会工作的？您做会长与王先生做会长有哪些"同"与"异"？

在我之前，王瑶、严家炎和王富仁三位先生先后担任现代文学研究会会长，他们都是学界的权威，是我敬佩的老师，我不能和他们比的。我担任会长毫无思想准备，换届前也没有酝酿，没人打过招呼。会上大家投票，我的票多，就选上了，自感有些突然。现代文学研究会有好的风气，较少见到那种学霸的权威，极少争权夺利，大家参与学会就是为了彼此交流、取暖、通融、帮扶。后来因为网络、刊物和各种会议多了，学会的功能有所减弱，但会员数量却大增。我担任会长八年，仰赖钱理群、吴福辉、王信、吴义勤、刘勇、张中良、傅光明等同仁，管学会具体的工作多一些，总是想着如何传承学会"持重团结"的风气，给学界特别是青年学者一个真正有益于学术交流的平台。

13. 能否请您介绍一下您做会长期间着意筹划与推进了哪些学科工作？您比较满意的工作有哪些？又有哪些留下了遗憾？

做得最多的工作就是维持和发展《中国现代文学研究丛刊》。该刊 1979 年创办，第一辑是辑刊，翌年正式改为季刊，2005 年又改双月刊。这是现代文学研究会和现代文学馆合办的刊物，主管是中国作协，长期都是经费缺乏，有时还拖欠印刷费和发行费。我担任会长后，很为经费的事头痛，三番五次找作协领导要钱，甚至还想过把这个刊物转移到北大出版社。也有人建议增设广告，开辟专栏，让一些大学出钱，多发表他们论文。但几次编委会都否决这个建议。一直到2010年前后，拨款才增加了。考虑到现代文学应当与当代文学打通，《丛刊》在2011年起改为月刊，接纳发表当代文学的论文了。编委和编辑的工作量大增，我几乎每个月都要去文学馆参加编委会讨论稿子，还得负责审稿。

担任会长期间，我把推进学科健全发展作为重要的任务，除了前面说的"打通"现当代，还围绕如何总结和发挥现代文学"新传统"的资源，如何回应社会上和学界出现的否定五四历史地位的思潮，如何让现代文学研究的成果转化到中学语文课程之中，以及提出要重视普通国民的"文学生活"，等等，召开过多次专题研讨会，对于现代文学研究起到一定的推动作用。在八九十年代，现代文学研究会在组织学术活动，推进学科发展方面起到很大的作用。记得80年代初，我还是年轻教员，没有资格参加学会的年会。教研室参会的老师回来还会"传达"会议精神。后来学会虽然也还有组织和推进学术的功能，但实际影响比以前少多了。

14. 现代文学研究会会长似乎从来不仅是一种组织职务，还需要对于学科热点与动向做出捕捉与分析，进而提出建设性与引领性的学术见解。王瑶先生在20世纪80年代就写过多篇关于现代文学学科的重要文章，严家炎老师和王富仁老师在担任会长期间也都写出了类似的大文章。您2007年发表的《谈谈困扰现代文学研究的几个问题》与2010年在现代文学研究会第十届年会上的主题报告

《现代文学研究的"边界"及"价值尺度"问题——对中国现代文学研究现状的梳理与思考》便接续了这一传统,又为学科史贡献了两篇经典文献。能否请您回忆一下这两篇文章的酝酿与写作过程?在由此引起的讨论中您认为有什么值得注意的反馈吗(正反两方面都算)?

2007年发表《谈谈困扰现代文学研究的几个问题》,主要是看到当时现代文学研究存在一些困扰和问题,包括学科的被"边缘化",盲目的套用外来理论的"汉学心态",文学史研究中的"思想史热",以及"泛文化"研究,"现代性"的过度阐释,等等。我都是从学科发展的角度来讨论这些问题的。而2011年发表的《现代文学研究的"边界"及"价值尺度"问题》(后来又发表《再谈现代文学史写作的"边界"与"价值尺度"》),是因为当时现代文学研究面对来自学科内外的潜在危机与挑战,一些有影响的学者都在尝试一些回应模式和学科"突围"方案,以挽救文学史写作的困境。但也带来了现代文学"边界"的不断扩大,以及价值取向日益多元而又有些混乱的问题。当时我是想就这个问题和学界一些权威学者对话。我特别强调在现代文学研究越来越"学院化"的大趋势下,如何弥补过分"学院化"所造成的弊端,找回学术研究与社会责任、研究工作与生活世界的有机联系,如何既要应对生存需求,又要保持学术的尊严与自主,两者间有一定的平衡。这些是十多年前的问题,现在仍然需要面对。也有学界同仁对我的质疑不以为然的。但我想大家还是有共同点,那就是承认现代文学研究的确存在困扰,希望能够引发更深入的探讨。

五

15. 您指导过的不少学生现在都已经成长为现代文学研究界新一代的中坚力量。他们的学术个性各不相同，由此也可以推想您当年的"因材施教"。对于年轻一代的现代文学学者，您有怎样的观察？

一个学生能否走上学术研究的路，是否有所作为，主要是由他的爱好、个性和学养决定，此外还有环境等其他因素，而导师只是发现其特点与长处，给予一些建议。我很少要求学生走我走过的路，或者规定他们必须跟着我做课题。学生苦于找不到论文的题目时，我倒是有各种各样的题目，让学生根据各自的学养和个性去挑选。我指导的学生做的论文题目大都并不"逐新"，却又有学术推进意义的，有些则是跨学科的。他们如今各有各的发展路向，那是得之于自己的努力。一代有一代之学术。每一代学者都有他们的困境，但也不会完全走投无路。现在的问题是学术体制重在管理，比较僵化，所谓"青椒"不能不面对这个现实。但比起前辈学者，也还是有较大的空间。设想一下，如果我还年轻，我还会选择学术的路，以此为"志业"，在不得不应对学术体制要求的同时，静下心来，耕耘"自己的园地"，又多想着点为国家社会做事。

16. 再回到《温儒敏讲现代文学名篇》。您从事现代文学研究，是从解读文学史上的重要文本开始的；而您的新书仿佛又回到了这一"原点",即对于"著名作家及其代表作的鉴赏分析"(《前言》)。对于文本的重视,构成了您的学术研究的底色。跨越四十余年,在这点上您始终如一。

我们所从事的是文学研究,总不能没有"文学",脱离"文学"。现在的中文系并不缺理论,缺的是"文气"。2011年我在华中师大中文系有个发言,讲到"文气"问题。我说,目前中文系教学是理论和史论讲得多,作品读得少,容易造成观念先行,难得培养起文学感觉和想象力,压抑了创造性思维。这样教出来的学生可能"操作性"比较强,理论一套一套的,真正属于自己的东西不多。有些学生刚上大学时还挺有灵气,有悟性,可是训练了几年下来,似乎占有了一些理论,但文学的想象力和悟性反而减少了,离文学也远了。如果要问,中文系出去的学生和哲学、历史或其他文科院系学生相比,有什么特色? 应当就是"文气",对文字的感觉较好,审美的能力较强,当然,也要有一定的理论眼光和分析能力。中文系出来的学生不一定能成为作家、评论家或语言学家,但起码要成为"写家",会写文章。这是我的教学理念,以前讲课,最近连续出版几本书,都在体现这个理念。回顾自己的学术生涯,我始终在做的事情就是文学研究和文学教育,我关注语文,也是偏重文学教育,这是实实在在的。

17. 网上和媒体常见有关您的报道,有时还借您的话题炒作,几乎成了"热点"人物。这会影响您的工作和生活吗? 很想知道您的生活状态。如果请您回顾自己的学术生涯，您会如何评价？您是否有写作回忆录的计划呢？感谢您接受我的访谈。

我受教育部聘任，当中小学语文统编教材总主编，"名声"大了，媒体就想拿你来曝光炒作，博取眼球。也有些网友一肚子怨气，比如语文成绩不好，考试考砸了，不愿意背诵古诗文，等等，以为都是我这个"总主编"的有意为难造成他们的失败（其实不关我的事，有些事也并非个人所能决定的），不管三七二十一，就找到我来当这个"出气筒"。当然，也因为教材统编，社会关注度高，责任重大，动辄引人热议，三天两头铺天盖地地炒作。这对我的工作和生活的确有影响，也感到压力。在现实情况下，要做点事情实在不容易，那就只能自我宽慰，坚持做下去就是了。

我的生活其实很普通且简单，不打牌，不抽烟，不喝酒，少应酬，日复一日就是读读书，写写字。当年我担任北大出版社总编辑，后来又当北大中文系主任，那时的风气，联系工作的饭局和旅游很多，我基本上不参加。甚至还请过一位副手"专门"替我去应酬饭局的。我不认为这样枯燥的生活很好，或者境界怎么高，无非是性格爱好而已。如今年岁大了，更是喜欢独处，珍惜与老伴相濡以沫的日子。我还没有写回忆录的计划，几十年生活平凡无奇，大时代中一个普通的读书人而已，似乎不值得写。不过，我也出过《书香五院》和《燕园困学记》两书，里边记录了以往生活中遇到的一些有趣的人事。

附　录

温儒敏学术年表简编

1946 年 2 月（农历正月十六日），出生于广东省紫金县中坝镇乐平村。祖上是从中原南迁的客家人。祖父担任"崇真会教士"，以传教为业，家贫。父亲温鹏飞（1909—1995），高中毕业后就离家外出打工，在香港东华医院当学徒，后又到广州的医院学医，多年苦练掌握了一些医术，二十六七岁到紫金龙窝圩（镇）开设西医诊所，是当地最早的西医之一。母亲黄恩灵（1917—2002），出身基督教家庭，外祖父是牧师，是其小时候最敬畏的人。母亲受过中学教育，毕生都是虔诚的基督徒。母亲生下九个子女（两个夭折）。家境在当时虽算小康，但因子女多，生活仍然是艰苦的。

在紫金县龙窝圩上小学与初中时，顽皮好动，成绩一般，三年级差点留级，小学毕业后休学一年才上初中。喜欢读书和写作，初中时尝试写小说，开始在《红领巾》等少年儿童杂志发表诗歌，笔名"艾琳"，含有追随诗人艾青之意。高中在县城的紫金中学就读，当时正赶上困难时期，几乎每天都吃不饱，但立志要好好学习，做对社会有用的人。课外大量阅读中外文学名著，做"文学梦"，希望以后能当文学家。

1964 年 9 月—1970 年 7 月

1964 年秋，考入中国人民大学语文系。本科二年级在《光明日报》发表文章，评《欧阳海之歌》。1966 年春夏，"文化大革命"爆发，停课"闹革命"，中止了学业。曾担任红卫兵小报《人大三红》的编辑。曾参与写大批判文章。1968 年 3 月至 1969 年 9 月，参与"毛泽东思想的光辉照亮了安源工人运动"展览（在中国历史博物馆），担任版面文字工作。也曾到工厂、煤矿和农村劳动。其间读书甚多，文史哲政经广泛涉猎，是"漫羡而无所归心"的"杂览"，精力和能量并没有因为"文革"的席卷而耗尽，而是在书本的海洋中，积蓄着某种隐忍待发的精神力量。1968 年秋与在"安展"担任解说员的王文英结识，后与之成为终身伴侣。大学期间生活费主要靠二姐温儒纯（部队文工团舞蹈演员）的资助，并领取国家每月九元的助学金。当时大学本科是五年制，本应该 1969 年毕业，因"文革"拖延一年，到 1970 年 7 月才离校。

1970 年 7 月—1978 年 8 月

1970 年 7 月，被分配到广东韶关地区，担任地委办公室秘书，每年大量时间随同领导下乡下厂，跑遍全区十六个县市。1973 年 3 月与王文英结婚。1975 年 1 月女儿沁园出生。

1976 年，有大半年时间在广东英德县镇南大队和农民"三同"

（同吃同住同劳动）。基层工作让温儒敏有机会接触社会，得到思想和意志的淬炼。其间也曾被指派参与大批判文章的写作。

1978 年

9 月，被录取为北京大学中文系研究生，成为"文革"后第一届研究生。师从文学史家王瑶教授，副导师是严家炎和乐黛云老师。同一届"同门"研究生有钱理群、吴福辉、赵园、凌宇、陈山等。

同年，写《试论鲁迅的〈怀旧〉》，后发表于 1981 年 12 月出版的《鲁迅研究文丛》第 3 辑。

1979 年

撰写《郁达夫年谱》，王瑶先生作序，香港波文书局接受出版，后因故未出。部分内容整理成《郁达夫研究资料目录索引》，在南京师院《文教资料简报》1981 年第 6 期发表。

1980 年

7 月，《赋到沧桑句自工》（评论郁达夫诗词）在《星星》（诗刊）第 7 期发表。

9 月，《论郁达夫的小说创作》发表于《中国现代文学研究丛刊》1980 年第 2 辑。

同年，着手为香港波文书局编《郁达夫文集》。

1981 年

1 月，参与筹备北京大学比较文学研究会，是国内第一家比较文学研究机构，最初成员有季羡林、杨周翰、李赋宁、乐黛云等。

3月，《略论郁达夫的散文》发表于《读书》第3期。

6月30日，硕士论文答辩，题目是《鲁迅前期美学思想与厨川白村》（后发表于《北京大学学报》1981年第5期），答辩委员有王瑶、王士菁、林非、严家炎、乐黛云等。答辩委员肯定论文在以往较少涉及的领域考察了鲁迅前期的美学思想，提出新论断新观点。

9月22日，下午参加北大纪念鲁迅会议，有李何林、王元化、冯至、孙昌熙、季羡林、王瑶等出席。

10月，开始为中南海业余学校大专班授课，讲授现代文学史，每周两节，为期两年。学员多是中直机关和国务院的干部。

11月中旬，正式入职北京大学中文系，属现代文学教研室。

11月，写《外国文学对鲁迅〈狂人日记〉的影响》，后发表于北京大学《国外文学》1982年第4期。

11月，编《比较文学论文集》（与张隆溪合编），收国内比较文学研究的代表性论文，是最早的比较文学论集之一，1984年由北京大学出版社出版。

1982 年

1月，编《中西比较文学论集》（港台和国外学者论著），1988年由北京大学出版社出版。

2月，开始给西语系学生上现代文学史课，为期一学期。

5月13日，因王瑶教授之约，与钱理群、吴福辉、王超冰讨论编写现代文学教材。吴福辉和王超冰负责小说，钱理群负责诗歌与戏剧，温儒敏主要负责文学运动、思潮和散文部分，每个人还要再写几个作家的专章。11 月完成所承担的部分初稿，1983 年开始在《陕西教育》陆续发表（署名王瑶主编），是适合自学考试用的教材。此为《中国现代文学三十年》之肇始。

6 月,《港台比较文学研究述评》在《当代文艺思潮》第 3 期发表。后由香港《文汇报》在 8 月 30 日转载。

9 月，开始给中文系本科生上现代文学史课，为期一学期。

9 月，为《中国大百科全书》撰写有关现代文学的数条条目。

同年，写《深刻的思想　特异的构思：读鲁迅的小说〈药〉》，后收入北京出版社出版的《阅读与欣赏》（现代文学部分）。

1983 年

2 月,《重读王瑶〈中国新文学史稿〉》发表于《读书》第 2 期。

3 月,《〈论沙汀的现实主义创作〉读后》发表于《文学评论》第 2 期。

4 月上旬，受北大中文系委派，去河南新乡市教师进修学院授课三次。

8 月，写完《论〈朝花夕拾〉》，部分作为王瑶先生的文章发表。

9 月，开始担任文学专业 1983 级班主任，为期四年。

9 月，开始为中文系本科生上选修课"中国现代文学作品选"。

10 月，获得美国富布赖特奖学金，有资格申请到美国攻读博士学位，系里也同意。后因家庭住房困难等原因，放弃留学。

10月，《中国现代文学》（《中国现代文学三十年》的"前身"）开始在《陕西教育》发表，每月刊出一至二讲，共刊出十七次，二十四讲，约二十五万字，一直连载到1984年底。署名"王瑶主编，某某执笔"。

1984 年

5月，考取北京大学现代文学专业博士生。中文系首次招收博士生，全系同届只有陈平原和温儒敏二人。后转为在职攻读。

5月，《比较文学论文集》（与张隆溪合编）由北京大学出版社出版。

1985 年

《〈朝花夕拾〉风格论》在《北京大学研究生学刊》创刊号发表。

1986 年

6月，《欧洲现实主义传入与"五四"时期的现实主义文学》发表于《中国社会科学》第3期。

9月，应香港中文大学英文系邀请，作为访问学者赴港进修一年（后在港只住了半年多），主要学习比较文学。

1987 年

1月，与李细尧合作翻译美国学者叶维廉的比较文学论文集《寻求跨中西文化的共同文学规律》，由北京大学出版社出版。

6月，博士论文答辩通过，题目《新文学现实主义的流变》，答辩委员有吴组缃、钱中文、樊骏、吕德申、乐黛云、王瑶等。

7月10日，获北京大学文学博士学位证书。

8月，《中国现代文学三十年》（与钱理群、吴福辉、王超冰合著）由上海文艺出版社出版，后印刷四次，1998年做重大修订，转为北京大学出版社出版。2016年第二次修订，当时因故没有给新书号，以"重印本"出版。2024年正式改为"第三版"。

1988 年

4月，《新文学现实主义总体特征论纲》在《北京大学学报》第2期发表。

6月，博士论文《新文学现实主义的流变》由北京大学出版社出版。

9月，开设本科与研究生的选修课"现当代文学批评十六家"。

11月，所编《中西比较文学论集》由北京大学出版社出版。

同年冬，入住未名湖畔镜春园82号。

1989 年

1月，《香港文学批评印象》在《香港文学》第1—2期发表。

2月，《〈肥皂〉的精神分析读解》在《鲁迅研究动态》第2期发表。

4月，《梁实秋年谱简编》在《文教资料简报》第2期发表。

4月，《〈围城〉的三层意蕴》在《中国现代文学研究丛刊》第1期发表。

7月，《梁实秋及其文学美学论著》在《博览群书》第7期发表。

9月，为本科生讲授现代文学基础课，并开始指导硕士生两名。

同年，编《梁实秋文学美学论著集》，因版权问题未能出版。

1990年

5月，着手编撰《"文化大革命"词典》，大约一年多稿子完成，因故未能出版。后来在北大开设选修课"'文革'文学史研究"，只讲过一学期。

6月，《客家味：传统人文精神及其他》在《小说评论》第3期发表。

8月，《新文学现实主义的流变》获中国比较文学学会与《读书》编辑部联合举办的全国首届比较文学图书评奖活动一等奖。

同年，编《梁实秋年谱简编》和《梁实秋文学美学论著集》。

1991年

2月，为研究生开设"现代文学作家研究专题"讨论课。

9—11月，到烟台大学为中文系讲授现代文学课程。

1992年

3月，《成仿吾的文学批评》在《文学评论》第2期发表。

4月，《略论胡风的文学批评》在《新文学研究》第2期发表。

6月，《王国维文学批评的现代性》在《中国社会科学》第3期发表。

7月，《中国现代文学作品精选》（与严家炎、孙玉石合作主编）由北京大学出版社出版。该书几乎每年重印，2022年出到第四版。

9—11 月，应邀到香港大学比较文学系做访问学者。

10 月，《周作人的散文理论与批评》在《上海文论》第 5 期发表。

10 月，《胡风"主观战斗精神说"平议》在《北京大学学报》第 5 期发表。

同年，晋升为中文系教授。

1993 年

年初，《梁实秋对新人文主义的接受与偏离》在《文学史》集刊第 1 期发表。

4 月，《李长之的〈鲁迅批判〉及其传记批评》在《鲁迅研究月刊》第 4 期发表。

5 月，《沈从文怎样写鉴赏性评论》在《名作欣赏》第 3 期发表。

5 月，《论茅盾的"作家论"批评文体》在《天津社会科学》第 3 期发表。

9 月，获北京大学教学优秀奖。

9 月，参与主持的"中国现代文学史基础课的建设与改革"获国家级优秀教学成果一等奖。

10 月，《中国现代文学批评史》由北京大学出版社出版。该书 1998 年获全国高校人文社科研究成果二等奖，1995 年译成韩文在汉城出版。

1994 年

2—12 月，受韩国高丽大学聘请，赴该校任教两学期。在世宗分校教汉语课，在本校教现代中国文学课。

5 月,《历史选择中的卓识与困扰——论冯雪峰与马克思主义批评》在《学术月刊》第 5 期发表。

8 月,《批评作为渡河之筏捕鱼之筌——论李健吾的随笔性批评文体》在《天津社会科学》第 4 期发表。

同年,《郭沫若其人其诗》在韩国《中国语文论丛》第 7 期发表。

同 年,《境界》(英文)收入 *Tamkang Review*（《淡江评论》）,Spring–Summer,1994。

1995 年

7 月，与丁晓萍合编的《时代之波——战国策派文化论著辑要》由中国广播电视出版社出版。

1996 年

5 月，获国务院颁发政府特殊津贴。

5 月,《茅盾与现代文学批评》在《文学评论》第 3 期发表。

9 月，开设选修课"中国现当代文学学科概要"。

11 月，担任中文系学术委员会主任。倡议开设"孑民学术论坛"，是面向博士生的多学科学术论坛，邀请多领域顶尖学者讲演。此讲座持续多年。倡议在北大中文系率先实行博士论文匿名评审制度。

同年，担任北大中文系副主任，负责研究生工作。

同年，倡议举办全国重点大学中文系主任年度工作会议。

同年，担任博士生导师，开始招收博士生。

同年，参与中国社科院主持的《中华文学通史》的编写。

1997 年

2 月 19 日，《春风沉醉郁达夫》在《中华读书报》发表。

2 月，筹办《北大中文学刊》。

3 月，编写《郁达夫名作欣赏》，该书有范伯群、黄修己、钱理群、唐湜、王朝闻、赵园、曾华鹏等二十三名学者参与，1998 年由中国和平出版社出版。

6 月 3—28 日，受台湾《联合报》邀请，到台湾访问，住"中央研究院"。

7 月 24 日，接受北京大学校方聘任，担任北京大学出版社总编辑。

8 月 15—26 日，赴荷兰阿姆斯特丹出席世界比较文学大会，在会上宣读关于老舍《二马》的研究论文 *The Image of Westerners in the Gaze of Cultural Criticism*, Amsterdam /Atlanta, GA:Rodopi, 2000。其间，曾赴比利时、法国参观。

9 月 9 日，参加清华举办的王国维诞辰一百二十周年庆，提交论文《王国维〈红楼梦评论〉的"误读"价值》，后在《中国文化报》发表。

10 月 30 日—11 月 2 日，与钱理群、吴福辉等在香山修改《中国现代文学三十年》。

1998 年

4月，主持《北京大学》校庆大型画册编撰和出版工作。

4月，与李宪瑜合编《北大风：北京大学学生刊物百年作品选》由北京大学出版社出版。

4月，与费振刚合作主编《百年学术：北京大学中文系名家文存》由北京大学出版社与江西教育出版社出版，2008年修订再版。

7月2日，主持启动新编《鲁迅全集》（北大版）编撰工作，邀集朱正、陈漱渝、张恩和、孙玉石等多位学者开会，商讨编撰原则、体例和分工。大约用了一年多时间完成全集初稿，因故未能出版。后北大版主要编撰者又参与人民文学出版社2005年版《鲁迅全集》的编撰，相关研究成果（主要是注释）也转到人文社。

7月，《中国现代文学三十年（修订本）》由北京大学出版社出版。

同年，主持《全宋诗》编辑出版工作。主持《十三经注疏整理本》出版工作。主持北大建校百周年其他图书出版工作。赴香港主持北大建校百周年图书展。

同年，《中国现代文学批评史》获全国高校人文社科研究成果二等奖。

同年，参与编写的《中华文学通史》（参与编写现当代文学卷，撰写约十万字，张炯、邓绍基、樊骏任主编）由华艺出版社出版。

同年，主编《郁达夫名作欣赏》由中国和平出版社出版。

1999 年

1月,《关于"经典化"与"学院化"》在《文艺研究》第1期发表。

2月,参加纪念老舍诞辰一百周年国际学术讨论会,提交论文《论老舍创作的文学史地位》。

3月8—20日, 出访美国, 参加波士顿举行的"亚洲年会", 先后到洛杉矶、纽约、波士顿、华盛顿、旧金山等城市。

4月14—20日, 参加香港文学国际研讨会, 提交论文《刘以鬯小说的"形式感"》。

7月16日, 出任北大中文系主任。

7月30日, 主持召开"中小学语文教育改革座谈会"。

7月31日—8月12日, 去新疆石河子大学支教。

9月,《大学出版的根基:学术为本——北京大学出版社的选题策划》在《中国出版》第9期发表。

11月22日, 参加在人民大会堂举行的闻一多百年诞辰纪念会, 有中央领导出席。

2000 年

3月, 主持举办北大中文系建立九十周年纪念大会, 在会上提出"守正创新"的办学理念, 后来该理念被校方接受, 逐步在全国产生影响。

7月,《文学史观的建构与对话——围绕初期新文学的评价》

在《北京大学学报》第 4 期发表。

10 月 18 日，在香港中文大学做题为《鲁迅与中国文化变迁》的讲演。

10 月，《文化批判视野中的小说〈二马〉》在《中国现代文学研究丛刊》第 4 期发表。

10 月，赴香港出席"张爱玲与现代中文文学"国际研讨会，提交论文《"张爱玲热"的兴发与变异——对一种接受史的文化考察》，后发表于 12 月 27 日《中华读书报》。

11 月 30 日—12 月 7 日，参与北大文科代表团赴日本访问。

同年，担任国家社科基金评审委员。

2001 年

1 月，除夕，从镜春园搬家到蓝旗营。

1 月，开设研究生"文论精读"课。

1 月，《浅议有关郭沫若的两极阅读现象》在《中国文化研究》春之卷发表。

4 月，主持北大中文系与中央电大合作办学，催生了一批中文学科教材。

4 月，《中国现代文学课程学习指导》（后修订改名为《〈中国现代文学三十年〉学习指导》作为该书的第二版、第三版）由北京大学出版社出版。2023 年出版第四版，恢复原书名。

5 月，《论〈中国新文学大系〉的学科史价值》在《文学评论》

第 3 期发表。

6 月 19—26 日，随北大访问团访问泰国朱拉隆功大学，得到诗琳通公主接见。

6 月，向校方提出不赞成合并文史哲为学院，不赞成搞"大文科"。

7 月，参加南京"中国现代文学传统"国际学术研讨会，提交论文《思想史取替文学史？》，指出混淆文学史和思想史界限之不当。该文第一部分曾以《思想史能否取替文学史》为题，于同年 10 月 31 日《中华读书报》发表，引起讨论。后被《新华文摘》2006 年第 9 期转载。

8 月，《鲁迅对文化转型的探求与焦虑》发表于《北京大学学报》第 4 期。修改稿提交同年 11 月首届"北大论坛"。

10 月，《当代评论与文学史研究的张力》在《现代中国》创刊号发表。

12 月 13—18 日，赴韩国参加中国现代文学年会。

2002 年

1 月，主持启动"名家通识讲座书系"，即"十五讲"系列，担任执行主编。

1 月，《中国现当代文学专题研究》（与赵祖谟合作主编）由北京大学出版社出版。至 2024 年出第三版，总印数五十多万册。

1 月，《文学课堂：温儒敏文学史论集》由吉林人民出版社出版。

10月25日，主持高中语文实验教材编写启动会，与人教社合作，袁行霈任主编，温儒敏、顾之川任执行主编。

10月，参加在湖南举行的现代文学年会，被推选为学会副会长。

11月，《北京大学中文系近期的本科教学改革》在《中国大学教学》第11期发表。

12月13日，母亲去世。

2003 年

1月，主持启动《高等语文》编写，担任主编，朱寿桐、王宁、欧阳光任执行主编，当年由江苏教育出版社出版。

1月，《王瑶的〈中国新文学史稿〉与现代文学学科的建立》在《文学评论》第1期发表。

1月，《"苏联模式"与1950年代的现代文学史写作》在《北京大学学报》第1期发表。

1月，《从学科史考察早期几种独立形态的新文学史》在《中国文化研究》春之卷发表。

2月4日—4月2日，赴法国，在波尔多第三大学任教，讲授中国文学。其间曾携夫人游览法国巴黎、比利时、荷兰、德国、卢森堡。

6月，受聘为第五届国务院学位委员会学科评议组成员。

6月，《中文学科论文写作训练》（主编）由北京大学出版社出版。

8月,《中学语文是人文教育而非文人教育》（访谈录）在《语文教学与研究》第 15 期发表。

9月,受聘为华东师大兼职教授。

10月28日,校方发文批准成立北京大学语文教育研究所,担任所长。

10月,主持《北京大学学报》关于现代文学教学的专题笔谈,在学报第 5 期发表《现代文学课程教学如何适应时代变革》。

10月,《40 年代文学史家如何塑造"新文学传统"》在《中国现代文学研究丛刊》第 4 期发表。

11月,《当代文学思潮中的"别、车、杜现象"》在《读书》第 11 期发表。

2004 年

2月,《文学史的视野》（论文集）由人民文学出版社出版。

2月,《关于现代文学基础课教学改革的思考》在《中国大学教学》第 2 期发表。

5月,《现当代文学研究中的"空洞化"现象》在《文艺研究》第 3 期发表。收入《21 世纪中国文学大系（2004 年文学批评）》,春风文艺出版社 2005 年出版。

6月,担任教育部远程教育语文专家组组长,主编《大学语文》。

7月,主编人教版高中语文选修教材《中外传记选读》。

9月，《从学科史回顾80年代的现代文学研究》在《北京大学学报》第5期发表。

9月，开设"现代作家作品专题研究"选修课。

同年，获全国百篇优秀博士论文指导教师奖，指导的是姜涛的论文《"新诗集"与中国新诗的发生》。

2005年

1月16日，随中文系访问团赴日本访问，团员以北大诗歌中心为主，包括谢冕、孙玉石、洪子诚等。

1月，《中国现当代文学学科概要》（与贺桂梅等合著）由北京大学出版社出版。

2月22—27日，随中文系访问团赴新加坡访问，协商与新加坡大学合作办学事宜。

4月，《作为文学史写作资源的"作家论"》在《北京大学学报》第2期发表。

6月，在韶关学院讲演，题目为《今天我们怎样认识鲁迅》。7月3日讲稿在上海《解放日报》发表，《新华文摘》第9期转载。

9月，所主持"建立严格的博士生教育管理制度，造就最优秀的学术后备人才"项目获高等教育国家级教学成果二等奖。

9月，主讲的"中国现代文学"基础课被评为北京大学精品课程。

12月6日，《大学语文：把"败坏"的胃口调试过来》在《人民日报》发表。

2006 年

1 月 4 日，主持在中文系率先推行论文代表作制度，探索学术评价体系改革。央视采访报道。

2 月 24 日，参加中宣部和教育部在人民大会堂举办的学习孟二冬同志先进事迹报告会，在会上做《生命做学问，心血写文章》讲演。

2 月，主讲现代文学基础课。

5 月，《扎实稳妥地推进课程改革》在《语文建设》第 5 期发表。该文原是 2005 年 9 月 23 日在宁夏"中学语文新课程讨论会"上的发言。

8 月 30 日,《如何看待高考作文》(访谈录)在《光明日报》发表。

10 月 14 日，参加在大连召开的现代文学研究会的年会，被推选为会长，同时担任《中国现代文学研究丛刊》主编。此后八年，用许多精力做学会与丛刊的工作。

12 月，主持教育部课程中心支持的"语文课程网"建设。

2007 年

1 月,《大学的文学教育与全球化背景下的本土人文教育——温儒敏教授答纽约大学学生访谈》在《北京大学学报》第 1 期发表。

2 月,《谈谈困扰现代文学研究的几个问题》在《文学评论》第 2 期发表。

2 月起，本学期为本科生讲现代文学基础课。

4月，受教育部聘请主持义务教育语文课程标准修订，任专家组组长，此项工作花费几年时间。

6月，《语文课改与文学教育》由江苏教育出版社出版。

7月，《文学研究中的"汉学心态"》在《文艺争鸣》第7期发表，《新华文摘》第20期转载。

7月，《高等语文》（修订本，分甲乙两种版本，温儒敏主编，朱寿桐、王宁、欧阳光执行主编）由江苏教育出版社出版。

8月，主持启动"古典名著鉴赏评注书系"。

9月，《梁实秋：现代文学史上的"反主题"批评家》在《河北学刊》第5期发表。

同年，《中国语文》（任总主编，一套六种）由重庆出版社出版。

2008年

1月，主持启动"普通高校中文学科基础教材"编写。

1月，《对中小学课程改革的几点看法》在《语文学习》第1期发表。

3月，《现代文学传统及其当代阐释》在《中国现代文学研究丛刊》第2期发表。

4月22日，在澳门大学"名人讲坛"讲演。

4月，《语文教育研究、文学教育与课程改革》（访谈录）在《语文建设》第4期发表。

5月23日，中文系进行行政换届，卸任系主任职，先后担任此责一共九年。

5月,《书香五院》(散文随笔集)由北京大学出版社出版。

9月,开始在北大讲授"现代文学名著研究"专题选修课程。后来开设多轮,并由"超星"公司录课播放,影响延伸到社会。

9月,获教育部颁发的第四届高等学校教学名师奖。全国共一百人获奖。

10月16—24日,随北大访问团赴台湾访问,到访东海大学、成功大学、中山大学、政治大学、台湾大学等校。成员都是北大文科院系领导。

11月,《中国现代文学的阐释链与"新传统"的生成》在《学术月刊》第11期发表,后被《新华文摘》转载,收入《学术月刊六十年选集》。

12月19—29日,与夫人参加国家人事部举办的专家休假团,赴海南休假。

12月24日,《中国教育报》报道改革开放三十年人民教师典范十人,列名其一。

12月,《中国现当代文学学科概要》获北京市社科优秀成果二等奖。

同年,获北京大学方正奖教金。

2009 年

2月起,本学期主讲本科生现代文学基础课。

4月，在扬州召开的"亲近母语"研讨会上发言，题《儿童阅读是为一生打底子》，后收《温儒敏论语文教育二集》。

8月8日，《语文教育：创新之路怎么走》（访谈录）在《光明日报》发表。

8月21日，《应当把阅读放在首位》在《中国教师报》发表。

9月25日，在华中师大为师范生做讲座，讲座整理稿《对课改应当补台，而不是拆台》收《温儒敏论语文教育》。

9月，《北大传统与大学文化》在《粤海风》9月号发表。

10月30日，参加"世界汉学大会"，做题为《再说文学研究中的"汉学心态"》的讲演。

11月，担任北京大学语文学科"国培"（教育部培训中小学骨干教师专项计划）首席专家。

2010 年

1月，《现代文学新传统及其当代阐释》（与陈晓明等合著）由北京大学出版社出版。

1月，《温儒敏论语文教育》由北京大学出版社出版。

1月，《尊重史料研究的学术价值与地位》在《汉语言文学研究》第1期发表。

1月，《语文教育研究的困扰与前景》在《语文学习》第1期发表。

3月17日，《北大中文系诞生一百年摭谈》在《中华读书报》

发表。

6月4日,《"不要输在起跑线上"是误导》在《人民日报》发表。

9月,《第二代学者对于现代文学研究的巨大贡献》在《中国现代文学研究丛刊》第5期发表。

10月,《北京大学中文系百年图史》由北京大学出版社出版。

12月23日,《教材　怎样改才能让人满意?》在《人民日报》发表。

12月25日,在北大语文教育研究所召开"高考作文现状与问题研讨会"上发言,题《高考作文的现状及其改进意见》,后收《温儒敏论语文教育二集》。

2011年

1月,从蓝旗营搬迁到褐石园。

1月,《语文教学中常见的五种偏向》在《课程·教材·教法》第1期发表。

1月,《现代文学研究的"边界"及"价值尺度"问题》在《华中师范大学学报》第1期发表,后被《新华文摘》转载。

5月25日,《高考作文,改起来并不难》(访谈录)在《南方周末》发表。

6月8日,关于高考作文命题的访谈《不妨往理性思维靠一靠》在《人民日报》发表。

8月2日，在武汉华中科技大学举办的"理工科大学中文系学科建设研讨会"上发言，后整理稿以《中文系的困境与前瞻》为题，收《温儒敏论语文教育二集》。

9月，受聘山东大学人文社科一级教授。

9月，为山东大学本科生讲授现代文学基础课。

10月2日，为家乡广东紫金"紫邑丛书"《永安县三志》（黄海棠点校版）作序。

11月25日，在青岛大学"浮山学堂"讲《大学传统与大学文化》，批评大学教育中存在的一些偏向。其中部分内容以《中国大学的五种"重病"》为题发表于2012年1月8日《羊城晚报》，后被数十家媒体转载。

12月，《再谈现代文学史写作的"边界"与"价值尺度"》在《学术月刊》第12期发表。

同年，被评为山东大学十大新闻人物。

2012 年

1月10日，《关注我们的"文学生活"》在《人民日报》发表。

1月，《忽视课外阅读，语文课就只是半截子的》在《课程·教材·教法》第1期发表。

2月，接受教育部聘任，担任"部编本"中小学语文教科书总主编。同月启动编写工作。

2月，与巢宗祺合作主编《义务教育语文课程标准（2011年版）

解读》由高等教育出版社出版。

3月7日，《课改和高考应相生相克》在《中国青年报》发表。

3月8日，在义务教育语文教材编写启动会上发言，后收《温儒敏论语文教育二集》。

4月，《关于2011年版课程标准的对话》在《语文建设》第7期发表。

7月，《温儒敏论语文教育二集》由北京大学出版社出版。

7月，主编《中外文学作品导读》（全国高等教育自学考试指定教材）由外语教学与研究出版社出版。

8月，《"文学生活"：新的研究生长点》在《中国现代文学研究丛刊》第8期发表，《新华文摘》第23期转载。

9月，在山东大学开设"中国现当代文学学科概要"选修课。

10月，以首席专家身份申请的"当前社会'文学生活'调查研究"被批准列为国家社科基金重大项目，主要团队由山东大学文学院老师组成。

11月10日，在山东大学主持召开"莫言创作研讨会"。

2013 年

1月，《中国现代文学作品精选》（与严家炎、孙玉石合作主编，第三版）由北京大学出版社出版。

2月，《语文课改要摸清底细，直面问题》在《课程·教材·教法》第2期发表。

3月，《鲁迅早年对科学僭越的"时代病"之预感》在《山东师范大学学报》第2期发表。

4月，《莫言历史叙事的"野史化"与"重口味"》在《中国现代文学研究丛刊》第4期发表。

4月4日，受聘为石河子大学师范学院名誉院长兼中文系主任，实际上没有到校工作。

5月，《"文学生活"概念与文学史写作》在《北京大学学报》第3期发表。

5月，《莫言〈蛙〉的超越与缺失》在《百家评论》第3期发表。

6月12日，《大学应回归其本义》在《光明日报》发表。

9月12日，在教育部召开的语文教材编写（修订）会上发言，后以《语文教科书编写（修订）的十二个问题》发表于《语文教学通讯》第31期。

9月，《为何要强调"新传统"》在《文艺研究》第9期发表。

10月19日，在山东大学主持召开"当前社会'文学生活'研讨会"。

10月30日，《通识课程不能满足于"知识拼盘"》在《光明日报》发表。

12月19日，到济南明湖中学听课评课，发言稿整理为《语文课要聚焦"语用"》发表于《语文教学通讯》2014年第7期。

12月，《文学研究也要接"地气"》在《求是》杂志第23期发表。

2014 年

2月11日,《走出信息过量的焦虑》在《人民日报》发表。

3月17日,《文学研究的价值危机与当代责任》在《光明日报》发表。

3月18日,《高考语文改革的走向分析及建议》在《光明日报》发表。

3月,《语文课要聚焦"语用"》在《语文教学通讯》第7期发表。

4月15日,《我怎样讲现代文学基础课》在《光明日报》发表。

4月,《如何理解鲁迅精神的当代价值》在《甘肃社会科学》第2期发表。

5月13日,《把培养阅读兴趣作为语文课头等大事》在《光明日报》发表。

6月8日,《回归理性,注重思辨——2014年高考作文题评议》在《光明日报》发表。

8月29日,《要让学生多读"闲书"》在《中国教育报》发表。

10月,《温儒敏序跋集》由江苏教育出版社出版。2024年10月由团结出版社出"增订本"。

11月5日,《关注普通国民的文学生活》在《中华读书报》发表。

11月8日,在南京召开的现代文学学会的年会上,换届选举新的会长,结束八年的会长任期,会上送给每位与会者一本签名本

《温儒敏序跋集》。

11月18日，《中文学科：传统深厚　路向开阔》在《光明日报》发表。

12月8日，《语文课本，不只是美文汇编》在《人民日报》发表。

12月26日，《高考招生制度改革的难点与模糊点》在《文汇报》发表。

12月，与蔡可合作主编《语文课改调研报告》由北京大学出版社出版。

同年，在山东大学开设"文论精读"博士课程。

2015 年

1月，《南方周末》出品的《mangazine｜精英》杂志第1期发表《温儒敏和他的朋友们》报道。

2月，《环球人物》第4期发表有关温儒敏的专题报道《读经典就是思想爬坡》。

5月，在山东大学主持召开"不平凡的《平凡的世界》"研讨会。

6月8日，《语文命题水平，作文最能见高低》在《人民日报》发表。

8月7日，进中南海参加统编教材会议，向刘云山、刘延东等中央领导汇报编写情况。

11月1日，在济南主持召开"当前社会文学生活与文学研究新视野"研讨会。

2月26 —27 日，在八达岭长城脚下公社，和家人及三十多位弟子庆祝七十生辰。

2月，《温儒敏论语文教育三集》由北京大学出版社出版。

4月26 日，人物报道《温儒敏：踽踽独行的温度》在《北京日报》发表。

6月24 日，再次进中南海，向刘云山、刘延东等中央领导汇报教材编写情况。

6月29 日，《〈中国现代文学三十年〉出版往事》在《中华读书报》发表。

6月，《培养读书兴趣是语文教学的"牛鼻子"》在《课程·教材·教法》第6期发表。

8月18 日，《新教材，新在哪儿》（访谈录）在《人民日报》发表。

8月30 日，《提倡"文学生活"研究》在《人民日报》发表。

9月，《义务教育语文教科书》（"部编本"，温儒敏总主编）由人民教育出版社出版，一、七年级上册首先在全国投入使用，其余各分册三年内陆续推开使用。

10月，获华中师大学报"庄凌学术奖"。

11月，《"部编本"语文教材的编写理念、特色与使用建议》

在《课程·教材·教法》第 11 期发表。

同年，《中国现代文学三十年》（与钱理群、吴福辉合著，二次修订，有较大改动）由北京大学出版社再版。但因故未能标明这是"第三版"，而以"重印本"面世。2024 年正式改为"第三版"。

同年，"语文素养读本"（担任主编，本套丛书跨度从小学到高中，共二十四册）由人民教育出版社出版。

2017 年

1 月 12 日，主持策划的"常春藤传记馆"丛书第一批由长春出版社出版，参加图书发布会。

3 月 19 日，在国家图书馆"文津讲坛"讲《散文史上的周氏兄弟》，后《北京青年报》4 月 30 日做专版报道。

3 月，在山东大学开设"现当代作家作品专题研究"选修课。

4—5 月，北京《传记文学》第 4—5 期连载长篇学术传记《温儒敏：澹泊敬诚的问学之道》。

5 月 24 日，在小学语文统编教材使用国家级培训会上讲话，整理稿以《回答小学语文统编教材使用的十个问题》为题，收《温儒敏论语文教育四集》。

5 月，《燕园困学记》（散文随笔集）由新星出版社出版。收文八十三篇，分"说事""写人"和"聊书"三辑。

6 月 2 日，在济南主持召开"当前社会'文学生活'调查研究"成果发布会，论文集《当前社会"文学生活"调查研究》由江苏凤凰教育出版社出版。

8月16日，参加教育部高中三科统编教材编写工作启动会议，被聘任为高中语文统编教材总主编。主编完成小学初中语文教材之后，本来不想继续参与高中教材的编写，但经过教育部领导几次动员，从大局考虑，只好又承担。

9月13日，接受中央电视台《焦点访谈》节目采访，谈"部编本"语文教材的特色。

10月18日，《光明日报》"光明学人"整版刊出报道《温儒敏：办教育要守正创新》。

11月29日，被推选为"当代教育名家"，评选由中国教育学会、中国高等教育学会等机构举办，全国共选出在世又贡献较大的教育名家九十名，涉及高等教育、基础教育、职业教育各个领域。

2018年

年初，推动建立"云集备课网"，为一线语文教师使用"部编本"教材服务。

5月8日，参加在成都召开的教材使用培训会，做题为《如何用好初中语文统编教材》的主题报告。收《温儒敏论语文教育四集》。

5月8日，《〈红星照耀中国〉魅力何在》在《人民日报》发表。

6月8日，《作文贴近现实　注重立德树人》在《人民日报》发表。

6月，新华社《瞭望东方周刊》发表专访《温儒敏：在课程改革中"守正创新"》。

8月，参加高中语文统编教材编写推进会，因不同意某些与会人员提出的要以学习"活动"和"任务驱动"为中心的编法，坚持主张"读书为本"，引发激烈争论。此后，高中语文编写过程愈加复杂，经常需要协调、妥协、平衡。

9月20日，主持参与北大中文系"文革"后首届研究生入学四十周年聚会。

11月，为人民文学出版社出版的《哈利·波特与死亡圣器》撰写"前言"《孩子们喜欢"哈利·波特"的N个理由》。

同年，《现代文学研究的"边界"及"价值尺度"问题》一文获"王瑶学术奖"。

2019年

3月21日，参加在昆明召开的"儿童文学与小学语文教学研讨会"，做题为《小学语文教学中的"诗教"》的讲座。

3月，山西《名作欣赏》杂志第3期"别册"《温儒敏画传》出刊。

4月，《温儒敏谈读书》由商务印书馆出版，后连续五六年畅销，有十六次印刷，2024年5月出增订本。

5月，参加山东大学纪念五四一百周年研讨会，提交论文《"五四"辩证：传统的颠覆与赓续》，后发表于《文史哲》第5期。

6月，国家教材委通过三科统编教材（含语文）审查。七年艰辛，如履薄冰，工作告一段落。

6月，《教育家》杂志发表封面人物温儒敏的报道《以教师为"志业"，不只是"职业"》。

6月，《小学语文中的"诗教"》在《课程·教材·教法》第6期发表。

7月，参加商务印书馆在吉林举办的"阅读行动大会"，做题为《语文教师要做"读书种子"》的主题报告。

7月，决定不再续任山东大学一级教授，改为兼任讲席教授。

8月，参加教育部举办三科统编教材使用国家级培训会，在会上讲话强调课程改革要实事求是，"守正出新"，不搞颠覆。

8月，《温儒敏语文讲习录》由浙江人民出版社出版。有多次印刷，亦有盗版。

9月，中央领导为三科统编教材批示："此乃铸魂工程。统编教材是基础，成功完成，功不可没。"

10月，《环球人物》杂志第18期刊出报道《温儒敏：有什么样的教材，就有什么样的国民》。

11月，去重庆参加《课堂内外》四十周年庆典。后与文英乘游轮游长江。

12月，去上海参加人教社高中语文编写组总结会。

12月，获北京大学离退休教职工学术贡献奖一等奖。

2020 年

1 月始，新冠疫情肆虐，居家读书写作。

3 月，开始整理重写现代文学讲稿，准备出书。

6 月，担任华东师范大学出版社出版的语文教学教师用书主编。

6 月，《中华儿女》（海外版）6 月号发表有关温儒敏的报道《温良儒者，敏慧前行》

7 月，《刷视屏玩游戏还是读书，这是一个问题！》（访谈录）在《人民教育》第 16 期发表。

8 月，《"学习"与"研习"》（关于高中语文统编教材"选择性必修"）同时发表于《语文学习》第 8 期和《中学语文教学》第 8 期。

9 月 21 日，接受北大中文系"学人系列专访"，作为中文系建立一百一十周年活动之一。专访题目《北大中文系还是应当坚持"守正创新"》在北京大学中文系公众号发表。

9 月，为"中语会"组织的网上直播做视频讲座，题《语文老师要读点鲁迅》。

9 月，《守正创新用好普通高中语文统编教材》在《人民教育》第 17 期发表。

9 月，主编《中国现代文学通识读本》由中国传媒大学出版社出版。

9 月，紫金中学设立"儒敏班"。

10月，为紫金中学创作校歌，张盛金作曲。

11月1日，担任人教社高中语文选修课主编。

12月15日，参加人民教育出版社成立七十周年社庆，被评为"功勋作者"，授予奖章。

2021年

2月26日，《让优秀传统文化在孩子心田发芽》在《人民日报》发表。

2月，《为精神界之战士者安在——现代文学研究自选集》由人民文学出版社出版。

3月10日，《我与现代文学研究》在《中华读书报》发表。

3月24日，《温儒敏再谈鲁迅："鲁迅带给我们对于自身文化的真切体验"》（访谈录）在《中华读书报》发表。

4月9日，北大人文学部和中文系举办《为精神界之战士者安在》座谈会，钱理群、陈平原、李敬泽、张颐武、吴晓东等二十余人参加。

4月，《温儒敏论语文教育四集》由北京大学出版社出版。

5月7日，为"中语会"主办的"名家讲名著"网络视频做讲座，题《关于鲁迅与现代文学课文的教学》。

6月，《语文课改　守正创新》作为"名家论语文丛书"之一，由山东教育出版社出版，收文四十三篇。

9月，《鲁迅作品精选及讲析》由人民文学出版社出版。精选鲁迅作品七十六篇（首），每篇附有千把字的"讲析"，下过很多功夫。

9月，《文艺争鸣》第9期设立"温儒敏评论小辑"栏目，围绕《为精神界之战士者安在》发表五篇论文，作者有吴晓东、贺桂梅、姜涛、程凯和李国华。

10月20日，《文学史家的境界高格》（评论严家炎老师学术）在《中华读书报》发表。

10月，在微博视频开播"聊鲁迅"。

10月，所编《鲁迅精选两卷集》由人民文学出版社出版。

12月13日，《文汇报》发表《两年被炒31次！因统编语文教材古诗文太多"怒怼温儒敏"？总主编发博"回应"》，《人民日报》所属"人民资讯"转发。

12月，左眼患眼疾。

12月，人民教育出版社编，温儒敏主编的高中语文选修教材五种（非统编）完成并出版。

2022年

1月22日，为北大中文系与北大语文教育研究所举办的高中语文教学研讨班授课。

5月10日，在人教网做视频直播，题目《遵循课标精神，尊重教学实际，用好统编教材》。后发表于《语文学习》第5期。

5月，网上流传《温儒敏关于语文教育的二十三条建议》（亦有题为《温儒敏语文教育金句》的）。微博转发，七十多万点阅。

5月，《核心素养、任务群与建构主义》在四川教育出版社出版的《基础教育与教师发展研究》第1辑发表。

7月，因人教版数学教材问题，网上炒作所谓"毒教材"，"火"也"烧"到统编语文教材，温儒敏发微博澄清语文教材编写事实，也一度遭受网暴。

9月13日，在北大中文系"认识中国的方法"系列讲座（贺桂梅主持）讲《当代视野中的鲁迅阅读》。

9月，《温儒敏讲现代文学名篇》由商务印书馆出版。

10月，《中国现代文学作品精选》第四版由北京大学出版社出版。该书初版于1992年，与严家炎、孙玉石共同任主编。

11月16日，商务印书馆举办《温儒敏讲现代文学名篇》出版座谈会，会后有《人民日报》、《光明日报》、《中国青年报》、《南方都市报》、澎湃新闻、中新社等各大主流媒体报道。

2023年

1月，《人文学者也要"接地气"》（访谈录）在《传记文学》第1期发表。

2月，《中国现代文学课程学习指导（第四版）》由北京大学出版社出版。该书2001年初版，有过二十六次印刷。

3月4日，参加义务教育语文统编教材修订启动会。由教育部组织"编修委员会"，温儒敏与王立军担任委员会主任，成员由主管部门人员、专家、编辑和一线教师等组成。定调是"稳中求进"，不做大的变动。此后一年多"修订"，围绕如何落实课标和尊重教学实际，争论和妥协很多。具体工作由"编写组"（主要是人教社中语和小语两个编辑室）完成。

3月31日，写诗赠文英，纪念金婚："忆昔安展识得君，海棠初绽戏东风。青梅无猜撒花雨，人前有意递饭盆。雾锁五台重倚望，云开韶关依稀梦。相濡以沫五十载，再圆花烛钻石婚。"

3月，《青少年读书是为终身发展"打底子"》在《人民教育》第7期发表。

4月22日，在商务印书馆第十届阅读论坛做题为《读书，一种良性生活方式》的讲座。

12月，《关于经典阅读》在《阅读与成才》第6期发表，温儒敏并作为封面人物。

2024 年

1月5日，参加"北京大学语文教育研究所成立二十周年纪念会"，有全国政协副主席朱永新、教育部原副部长郑富芝、北大党委书记郝平和四十多位专家学者参加。做主题发言，题为《防止形式主义，不宜笼统提倡大语文、大单元、大情景教学》。后有《光明日报》、新华社、澎湃新闻等多家媒体报道。

1月起，为人民文学出版社出版"语文阅读推荐丛书"写导读之六种陆续出版，畅销，其中有《西游记》《朝花夕拾》《骆驼祥子》《昆虫记》《经典常谈》《乡土中国》等。

3月12日，发微博视频《语文课为何难教》，二百多万点阅。

4月19日，线上参加"贾平凹创作国际研讨会"（陕西商洛），并做视频发言，整理稿题为《贾平凹作品的"三绝"》，发表于《小说评论》第4期。

5月7日，出席在现代文学馆举办的"王瑶先生学术史料展"启幕式。

5月，《中国现代文学三十年（第三版）》由北京大学出版社出版。该书2016年修订，部分重写，订正史料，花费功夫甚多，因故当时只能作为"重印本"出版。1998年北大版出版至今，已经五十六次印刷，总印数一百六十万册。

5月，《温儒敏谈读书（增订本）》由商务印书馆出版。该书初版于2019年，有过十六次印刷，增订本删七篇，增十二篇。

5月，主编《中国现当代文学专题研究（第三版）》由北京大学出版社出版。

6月，《师友感旧录》（散文随笔集）由河南文艺出版社出版，收师友回忆四十三篇，北大史述七篇，问学忆旧十一篇。上了《光明日报》等多个报刊的好书榜，入选当代文学研究会"文学档案"之纪实散文"十佳"。

7月，《用好语文统编教材》由商务印书馆出版，收有关语文统编教材编写理念、思考、争议及使用的讲座整理稿、访谈、论文等四十六篇。有多次印刷。

8月5日，在人教社接受新华社记者采访，内容关于语文教材编写的历史与统编教材编写情况，回答大众关心的问题。后有视频播出。

8月27日，北京大学官网"北大之光"发布有关温儒敏治学和教材编写的视频报道。

8月29日，接受中央电视总台"焦点访谈"记者采访，谈教材编写。9月7日播出。

9月11日，《语文教材编写很难超越所在的时代》（访谈录）在《南方周末》发表。

9月，义教语文统编教材修订版一、七年级上册在全国投入使用，其余年级在三年内陆续推出。

10月28日，接受香港凤凰卫视主持人吴小莉的专访，讲述语文统编教材编写之重要与艰难。

10月，《追求做学问的淑世精神》（访谈录）在《传记文学》第10期发表。系"第三代中国现代文学学人访谈录之一"，主要内容是关于温儒敏研究现代文学的学术道路。

10月，《温儒敏序跋集（增订本）》全两册由团结出版社出版，收序文一百零七篇，其中自序四十七篇。

2025 年

1月17日，参加教育部和人民教育出版社举办的"义务教育语文统编教科书编修工作总结会"。

1月,《语文教育要起"兜底"作用》在《中国基础教育》第
1期发表。此文是2024年12月7日在北师大举办语文独立设科
一百二十周年研讨会上的发言稿。

1—2月,《名作欣赏》杂志第1、4期设"大家讲谭"专栏,
围绕《温儒敏讲现代文学名篇》一书讨论,发文十六篇,作者有
刘勇、朱永新、聂震宁、孙绍振、陈平原、吴义勤、陈晓明、李
洱、王本朝、陈国恩、黄心村、吴晓东、倪文尖、张洁宇、姜涛
与马兵等。

3月25日,《不能用来造"芯片",为何还要背诵古诗文》在《光
明日报》发表。

3—5月,编写学术叙录《在时间的河流里》。